JN025919

『中小企業季報』第200号記念論文集

深化する
中小企業研究

― 中小企業研究を本質論、経営的、政策的側面から捉える ―

【編】 大阪経済大学中小企業・経営研究所
『中小企業季報』200号記念企画委員会

巻 頭 言

　この度，大阪経済大学中小企業・経営研究所が発行する紀要『中小企業季報』200 号の出版を記念し，本書を出版することになった。当研究所の使命として，本書が新たな中小企業研究の議論を呼び起こし，読者に日本経済の将来，それを支える中小企業像について考える時間を提供することができることを念頭に編集している。

　執筆をいただいた先生方は，我が国が誇る中小企業研究の第一人者であり，寄稿いただきましたことに対し深くお礼を申し上げる。

　さて，大阪経済大学中小企業・経営研究所（以下，中小研）は，1963 年開設し，日本の中小企業研究の先駆けとしてこの分野の発展に寄与してきた。開設に際し主導的役割を担われたのは，本学学長でもある藤田敬三先生（大阪市立大学名誉教授）である。研究所設立の背景として，戦前から中小企業研究の第一人者であった藤田先生が，下請制の本質についての論争などを通じて全国的にも名を知られ，その豊富な研究業績から，関西における中小企業研究をリードする存在だったこともあり，本学に専門研究所開設の機運が高まったことにある。

　中小企業研究に特化した大学附属研究機関は，当時，日本で唯一の存在であり，その基本方針の一つとして掲げたのは，中小企業研究，中小企業に関する日本語文献資料の網羅的収集である。図書・雑誌から各種統計資料まで幅広く収集して，閲覧，複写，レファレンスサービスを提供，既存研究をサーベイできる環境を長きにわたり構築してきた。1972 年に『中小企業季報』を発刊し，中小企業研究論文，中小企業文献目録，その中から選んだ文献に関するレビューを掲載するなど，資料の収集・分類・整理だけでなく，解説・レビューにも取り組んできた。また，中小研の特徴として，学内の共同研究機関にとどまらず，関西を中心とした中小企業研究者の拠点となり，本学だけでなく他大学の研究者も集まるサロンとして機能を保有していたことにある。手前味噌ではあるが，中小企業研究のメッカと目される存在となっていたことから，1980 年に日本中小企業学会が設立された際，翌年に開かれた第 1 回目の全国大会の会場が大阪経済大学であったこともその証左であろう。

　中小研は，学内組織である 1950 年開設の産業経済研究所，1964 年開設の経営

研究所と統合され，1989年に現在の中小企業・経営研究所となった。以来，東アジア，東南アジアなどアジア圏での中小企業ネットワークなどグローバリゼーションの進む時代の中小企業像について，多面的な研究を進めるとともに，海外の研究機関との連携，国際シンポジウムの開催などにも取り組んできた。また，2013年には大阪産業経済リサーチセンター，2016年には独立行政法人中小企業基盤整備機構近畿本部と包括連携協定を締結したことのように，今後も地域政策の立案，地域における中小企業やベンチャー支援などに中小研の知見を役立てることができるよう，積極的な連携を促進させていく所存である。

　2020年度からは，企業支援に特化した「企業支援担当研究所員」制度を創設し，DAIKEI 2032に掲げる社会実践ビジョン「商都大阪の原動力になる」の実現に向けて，研究成果の実装や学術的知見に基づく助言など，研究所の特性を活かした中小企業支援に資する取組も始めている。

　経済のグローバル化が進み，国境を越えた人の移動が活発化する中で，産業の国際的な競争はかつてなく厳しくなっている。この間，中小企業を取り巻く環境は，人々のライフスタイルや価値観の変化による消費者ニーズの多様化，SDGsの視点で見た持続可能な社会への移行や，IoTデバイスやロボット，AI，ビッグデータ，これらを結ぶ5Gなど，社会の在り方に影響を及ぼす技術革新によるサービス・技術の進化により，日々急速に変化している。こうした時代だからこそ，中小研が培ってきたライブラリー機能及び大学の研究機関として研究サロン的機能を基に社会実践ビジョンの実現に向けた活動を通して，大阪並びに関西地域を中心とした中小企業の発展を支えていく存在であり続けたいと願っている。

　発刊にあたり，これまで多くのご尽力をいただいている日本中小企業学会をはじめとする学術機関や経済団体，並びに研究所業務に携われた本学関係各位に深く感謝申し上げる。また，編集にあたり大変お世話になった日本中小企業学会前会長である故佐竹隆幸先生（関西学院大学），会長代理である池田潔先生（大阪商業大学）には心よりお礼申し上げる次第である。

　本書発行を契機として，新たな歴史の一歩を踏み出す中小研に対して，今後も一層のご支援・ご指導を賜りますようお願い申し上げる。

大阪経済大学中小企業・経営研究所長

梅村　仁

目　次

巻頭言 ……………………………………………………………… 梅村　仁　　i

〈本質論的研究〉

第1章　共生視点から見た中小企業本質論と ………………………… 池田　潔　　1
　　　　中小企業ネットワーク
　　　　Symbiosis Theory of Small and Medium sized Enterprises:
　　　　New Development of SME Essence Theory and SME Network
　　1. はじめに ………………………………………………………………… 1
　　2. 共生視点から見る新たな中小企業本質論 …………………………… 3
　　3. 中小企業ネットワークに見る共生性 ………………………………… 9
　　4. おわりに ……………………………………………………………… 15

第2章　「中小企業の組織」研究深化の可能性を探る ……………… 桑原武志　　19
　　　　―日本の歴史研究から学ぶこと―
　　　　Exploring the Possibilities of Deepening "SMEs Organizational Research"
　　　　―Learning from Japanese History Studies―
　　1. はじめに ……………………………………………………………… 19
　　2. 『日本の中小企業研究』における「中小企業の組織」研究 ………… 20
　　3. 歴史（経済史・経営史）からみた「中小企業の組織」研究 ………… 23
　　4. 残された課題 ………………………………………………………… 26
　　5. おわりに ……………………………………………………………… 28

第3章　中小企業の分析をめぐる視点と対象 ……………………… 関　智宏　33
　　　　―アントレプレナーシップ研究領域における個人，組織，
　　　　　社会レベルでの分析レベルの考察―
　　　　Views and Objects on Analysis of SMEs: Considering Levels of
　　　　Analysis at The Individual, Organizational, and Societal Levels
　　　　in Entrepreneurship Studies
　　1.　問題の所在 ……………………………………………………………… 33
　　2.　個人，組織，社会の分析レベルからみたアントレプレナーシップ ………… 35
　　3.　アントレプレナーシップを複数の分析レベルからプロセスとしてみる …… 41
　　4.　ディスカッション ……………………………………………………… 43
　　5.　おわりに ………………………………………………………………… 47

第4章　中小企業の「成長」と「中小企業存立論」……………… 髙橋美樹　57
　　　　The Growth of SMEs and the Reasons for the Existence of SMEs
　　1.　はじめに―― "Big is beautiful"？ ………………………………… 57
　　2.　中小企業「規模拡大」支援策・中小企業再編促進策の論理 ………………… 59
　　3.　企業規模と労働生産性――試論的分析 ……………………………… 61
　　4.　中小企業の企業規模拡大が正当化される条件 ……………………………… 65
　　5.　まとめに代えて ………………………………………………………… 69

第5章　わが国中小企業研究の遺産 ……………………………… 寺岡　寛　73
　　　　―中小企業政策研究の変遷から―
　　　　Heritage of SME Research in Japan: Through the Transition
　　　　of SME Policy
　　1.　はじめにかえて ………………………………………………………… 73
　　2.　中小企業の課題 ………………………………………………………… 74
　　3.　中小企業研究史 ………………………………………………………… 77
　　4.　研究遺産を探る ………………………………………………………… 79
　　5.　遺産の継承方向 ………………………………………………………… 83
　　6.　新たな遺産形成 ………………………………………………………… 85
　　7.　おわりにかえて ………………………………………………………… 86

〈経営的研究〉

第6章　アントレプレナーシップ論の再考 ……………………… 江島由裕　89
　　　　―富の創造を超えて―
　　　　Reconsidering Entrepreneurship Study: Beyond the Wealth Creation
　　1. 問題の所在 ……………………………………………………………… 89
　　2. アントレプレナーシップ（ENT）とは ………………………………… 90
　　3. ブライトサイド ………………………………………………………… 91
　　4. ダークサイド …………………………………………………………… 92
　　5. 考察と展望 …………………………………………………………… 100

第7章　競争優位を創出するネットワークに関する研究 ………… 太田一樹　105
　　　　―タビオのビジネスシステムを事例に―
　　　　Study on Networks Creating Competitive Advantage:
　　　　Focusing on Case Study about "Tabio" Company's Business System
　　1. はじめに ……………………………………………………………… 105
　　2. 先行研究と分析視角 …………………………………………………… 106
　　3. タビオのケース分析 …………………………………………………… 109
　　4. 考察と研究課題 ……………………………………………………… 118

第8章　DX 時代における中小企業の存続と成長発展 …………… 岡田浩一　127
　　　　Survival, Growth and Development of SMEs in the DX Era
　　1. はじめに ……………………………………………………………… 127
　　2. 情報化社会の進展と社会的問題の深刻化 …………………………… 128
　　3. 社会的問題の深刻化と低い労働生産性 ……………………………… 131
　　4. IT 化推進政策展開の推移 …………………………………………… 137
　　5. 中小企業がかかえる課題 …………………………………………… 140
　　6. まとめ ………………………………………………………………… 143

第9章　中小企業診断士の課題と可能性 ………………………… 遠原智文　147
　　　　Issues and Possibilities for Small and Medium Enterprise Management
　　　　Consultants
　　1. はじめに ……………………………………………………………… 147

2. 先行研究と問題意識 ……………………………………… 147

3. 中小企業診断士の現状・課題 …………………………… 149

4. 中小企業診断士の可能性 ………………………………… 157

5. おわりに …………………………………………………… 160

第10章　ビジネスと人権に関する国別行動計画の策定と ………… 渡辺俊三　165
　　　　中小企業の課題

　　　　The Formulation of Japan's National Action Plan on Business
　　　　and Human Rights and the Challenge of SMEs

1. ビジネスと人権に関する指導原則と国別行動計画の策定 ………………… 165

2. 行動計画の概要 …………………………………………… 169

3. 中小企業の対応と課題 …………………………………… 172

〈政策的研究〉

第11章　自治体中小企業政策の新たな展開 ……………………… 梅村　仁　183
　　　　—エコノミックガーデニング—

　　　　New Developments in Local Government SME Policy:
　　　　Economic Gardening

1. はじめに …………………………………………………… 183

2. 自治体中小企業政策 ……………………………………… 184

3. エコノミックガーデニング ……………………………… 188

4. 寒川町のエコノミックガーデニング …………………… 194

5. まとめ ……………………………………………………… 200

第12章　中小企業政策研究の発展を目指して ………………………… 岡室博之　205
　　　　Towards the Development of SME Policy Studies

1. はじめに …………………………………………………… 205

2. 中小企業政策は（なぜ）必要か ………………………… 207

3. 中小企業政策は誰が誰のために行うべきか …………… 209

4. 政策の評価と研究の方法 ………………………………… 212

　　5.　むすび ………………………………………………………… 218

第13章　起業増・起業文化醸成につながる社会連携 ……………… 堀　　潔　223
　　　　　―オランダの経験に学ぶ―
　　　　　Increase of Micro Scale Entrepreneurs and its Social Impacts;
　　　　　Lessons from the Netherlands
　　1.　はじめに―オランダでの小規模企業増加への関心― ……………… 223
　　2.　オランダにおける起業（企業）の現状―増え続ける「ひとりビジネス」― …… 224
　　3.　「ひとりビジネス」の生産性と成長性 …………………………… 228
　　4.　起業増加への教育の果たす役割―地域での多様な社会連携に注目して― …… 231
　　5.　まとめにかえて―起業増・起業文化醸成につながる社会連携― ………… 235

第14章　東京都城東地域における皮革関連産地の変容 ………… 山本俊一郎　241
　　　　　The Changing of Leather and Leather Goods Industries
　　　　　in the Eastern Part of Tokyo
　　1.　はじめに ………………………………………………………… 241
　　2.　木下川皮革産地の概況と課題 ………………………………… 243
　　3.　皮革産業衰退の背景 …………………………………………… 249
　　4.　皮革産業と地域ブランド ……………………………………… 252
　　5.　まとめ …………………………………………………………… 254

補論　紀要『中小企業季報』の傾向分析 ……………… 梅村　　仁，大塚好晴　257
　　1.　はじめに ………………………………………………………… 257
　　2.　分析結果のポイント …………………………………………… 258
　　3.　中小企業季報の傾向 …………………………………………… 259
　　4.　おわりに ………………………………………………………… 272

索　引 ……………………………………………………………………… 273

第 1 章
共生視点から見た中小企業本質論と
中小企業ネットワーク

大阪商業大学　池田　潔

1. はじめに

　筆者は，「地域中小企業」をテーマに研究を開始したが，その後「自立化・自律化」や「ネットワーク」について研究を進め，現在は，「共生」の視点から研究を進めている。広辞苑によると，共生とは「ともに所を同じくして生活すること。異種の生物が行動的・生理的な結びつきをもち，一所に生活している状態。共利共生（相互に利益がある）と片利共生（一方しか利益をうけない）とに分けられる」（新村編，2008）とある。

　中小企業の共生は，中小企業と地域・社会（俗にいう世間）との間で見られるような，特定の誰彼とは明示できない相手との共生と，取引相手など，顔が見える相手との共生がある。前者の共生は，少し奇妙な表現となるが，中小企業側から見ると，短期的には片利共生に近く，長期的には共利共生が期待される。中小企業が地域・社会に利益を与える（貢献する）[注1] 活動とは，CSR 活動に他ならないが，CSR 活動をしても当該企業が地域・社会から対価として，即時的に利益を得ることはまれで，遅れて何らかの利益を享受することがあるかもしれない[注2]。したがって，長期時間軸の中で必ずしも利益を得るわけではないが，共利共生が実現されることがあると考えれば，両者は「持ちつ持たれつ」の関係となる。

　後者の共生は，中小企業が活動する上で，様々なステークホルダーとの間で見られる関係である。ステークホルダーすべてが共生の関係とはならないが，下請取引で見られる親企業との間にも共生性が形成されているものがある。筆者がか

つて考察した「自律型下請企業」と親企業との関係もその一つである[注3]。一般的に，下請企業は親企業から様々な指示を一方的に受けて部品づくりや加工をするが，親企業から要請される QCD に対して，こういうやり方をする方でコストが下がるとか，納期が短くなるなど，親企業に逆提案する企業がある。これが自律型下請企業で，オンリーワン企業となるが，親企業からすると切っても切れない関係となる。こうして，自律型下請企業は，親企業と共利共生の関係となる。なお，紙幅の関係，で本章ではこの自律型下請企業については取り上げない。

あらかじめ本章の概要を記すと，図表1-1のようになる。地域・社会の中で活動する中小企業は，様々なステークホルダーと関係性を築いて活動しているが，そもそも中小企業は保有する経営資源が少ないという問題や，過小・過多の問題，大企業との関係性の中では下請問題等を有している。そこから，中小企業本質論として，問題性や発展性，両者の統合物としての複眼的中小企業論がこれまで展開されてきたが，本章では新たな視点として，中小企業は地域・社会の中で共生性を有する存在であることを示す。

図表1-1　中小企業にみる共生

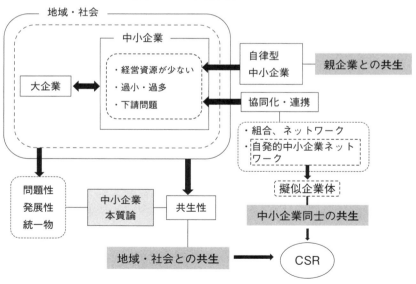

（出所）著者作成。

　次に，経営資源が少ないことを補完したり，大企業のカウンターパワーとなるために協同化や連携が行われ，その具体的な姿である組合やネットワークが形成された。このとき形成された自発的中小企業ネットワークの中に，擬似企業体として行動するものが現われ，そこではメンバー間の中小企業同士が共生している。こうして，中小企業は地域・社会との共生，中小企業同士の共生が見られるが，そこでの活動は CSR につながっている。

2.　共生視点から見る新たな中小企業本質論[注4]

　ここでは，中小企業の本質は地域・社会との共生にある，との新たな見方を提示するが，その前に，これまでの中小企業本質論について概観しよう。

(1)　これまでの中小企業本質論の展開

　中小企業本質論とは，中小企業とは何かを考えることだとされるが，この問題が大きくクローズアップされたのは，第二次世界大戦以降，「問題性型中小企業本質論」が本格的に展開されだした頃とされる（瀧澤，1992，p.5）。この時の嚆矢とされるのが山中篤太郎で，山中（1948）では，「問題」としての中小工業を以下のように記している。すなわち，中小工業が学問的に位置づけられた理由として，近代的な資本制大規模工場は自身の経営利益を確保するために，同じ産業部門内の中小工業を競争のうえ淘汰したが，大規模工場のこうした経営利益を求める活動によってはじめて，中小工業の存在が意識される。大規模工場が経営利益を求めて活動する以前から中小工場は存在するが，その場合の中小工業は中小工業としては意識されない。したがって，中小工業論とは問題性における（筆者注：を有する）中小工業論でなければならず，それ故に中小工業論とは中小工業「問題」論にほかならない。さらにそれ故に「中小工業とは何か」とは，「問題としての中小工業とは何か」にほかならない（山中，1948，pp.43-45）[注5]とする。
　山中の問題性論[注6]は，その後，当時の経済学の主流だったマルクス経済学者によって議論が深められ，中小企業が有する問題性を基に，中小企業の本質を解明しようとした。当時はマルクス経済学が隆盛だったが，中小企業の本質として，中小企業は問題性を有する存在であるとする考え方が，マルクス経済学の考え方と相性が良く，発展性の議論が登場するまで，問題性論が中小企業本質論の主流

であった。

　発展性議論の嚆矢に関しては複数の見解がある。一つは，末松玄六を嚆矢とする見解である（川上，2005a）。末松（1953）は，中小企業の問題性の議論が，中小企業が置かれている外部環境にのみ注目していることに対し，「戦後，中小企業の危機を克服するには，金融をはじめとする中小企業を取り巻く環境を良くすることが根本ではあるが，環境論を振り回すだけでは中小企業を救い出すことはできない。率直に自己の経営の中に巣食う欠陥を認め，改善すべきは改善し，遅れたところを近代化して競争に勝ち抜くだけの態勢を整えることも大事である」（末松，1953，pp.1-2）。さらに末松（1954）では，「もし人が問題としての中小企業のみを分析し，問題解決の方向性を探ろうとするならば，それは研究方法上の大きな欠陥をはらむものといわねばならぬ。問題としての中小企業は，いわば，原因が内的であれ外的であれ，つねに欠陥を抱くところの中小企業である。従って，この欠陥を除去し，あるいは少なくとも軽減するには，『問題でない』中小企業，あるいは大企業に比較して経済的合理性を有する中小企業の本質を分析し，それが何に基づくのかを明らかにする必要が生ずる」（末松，1954，pp.307-308）とする。

　もう一つの見解は，問題性に関する議論が活発だったころの1964年，中村秀一郎が『中堅企業論』（中村，1964）を出版したときを嚆矢とするものである（黒瀬，2018，p.8）。これを機に，経営資源が少なく，問題性を有する中小企業の中から，経営資源を蓄え中堅企業に発展する企業が出現し，発展性を有する中小企業の論考がいくつか出された[注7]。

　この問題性論と発展性論を統合したのが複眼的中小企業論である。この複眼的中小企業論は，黒瀬直宏によるネーミング[注8]だが，「問題型中小企業論も積極型中小企業論も部分理論であり，2つを統合することが重要である」（黒瀬，2012 i）とする。「中小企業は固有の発展性を内在させている点では積極型中小企業論と言えるが，問題性も中小企業の本質規定に組み込む点で，従来の積極型中小企業論とは異なる。複眼的中小企業論は積極型中小企業に足場を置き，積極型中小企業論と問題型中小企業論を統合するもの」（黒瀬，2018，p.16）と捉えている。中小企業の本質を考えるには，「市場競争の本質に遡らなくてはならないとし，市場競争の根幹は情報発見競争である。ここで，商品は売れなければ商品ではないが，売れるとは限らない。そこで，情報発見活動こそが「販売の不確

実性」を低下させ，商品生産者が商品生産者であり続けることを可能にする」(黒瀬，2018，pp.22-23) としている。

(2) 新たな中小企業本質論

① これまでの本質論の問題点

　問題性，発展性，複眼的中小企業論と中小企業本質論が展開されたが，問題はこれらが中小企業を問題の中心に据えた見方で考察されていることである。また，問題性，発展性を議論するときに，対象となるのは当該中小企業（群）と，問題性を引き起こす原因となる大企業だけであり，しかも業種的には製造業だけが取り上げられ議論されていることがある。

　中小企業本質論を考察するときに，中小企業を中心に据えることは当然である。また，製造業を中心に，中小企業の多くは大企業から支配，従属を受けており，大企業との関係の中で本質論を考察することも理解できる。しかし，ここで欠落しているのは，中小企業は地域・社会の中で活動していることから，大企業との関係性の中だけでなく，地域・社会の中で本質を考察する視点である。中小企業本質論は，中小企業に内在する問題性，大企業との関係で発生する問題性，中小企業自身の努力による発展性など，中小企業を中心に据えた視点で捉えるだけでなく，中小企業が活動する地域・社会の中で考える必要がある。

② 共生性から見た本質論

　地域・社会と共生性を有する中小企業とはどのようなものだろうか。東大阪市のレッキス工業㈱を例に見よう[注9]。

〈レッキス工業株式会社〉

　同社の創業は1925年で，現社長の宮川一彦氏は6代目に当たる。主な事業内容としてはパイプマシン（切削ねじ加工機），各種切断機，融着機，銅管工具，ダイヤモンド機械工具，環境機器等の企画，設計，製造，販売などで，2020年10月時点での国内従業員は186人，中国，アメリカの海外工場を含めると300人規模の企業である。創業社長が「三利の向上」の社是を定めたが，三利とは「お客様」「社員」「社会」の三者の利を言う。現在の中期経営計画では「独自の技術とサービスで豊かな社会造りを実現する」「感動を与える製品・サービスを提

供し信頼される会社を実現する」「社員一人ひとりが元気と笑顔で，働きがいの
ある会社を実現する」をうたっている。

　同社は障がい者雇用を積極的に進めているが，東大阪市「工場を記録する会」
によると[注10]，「1937年に日中戦争が始まったが，工場では一般工員の大部分が
徴兵されて人手不足となり，作業の継続が難しい状態となった。そんな時，創業
者が大阪市立聾唖学校（現・大阪市立聴覚特別支援学校）を訪れる機会があり，
そこで耳は聞こえなくても黙々と仕事に打ち込む人たちの姿にすっかり心を打た
れた。そして，この人たちに技術を教えて旋盤工に育ててみよう，と決意する。
これは当時，日本ではまだあまり前例のない身体障がい者雇用の先駆的な取組と
なった。

　創業者は身体障がい者を一般社員と同じように接するとともに，職場の指導者
には全員にテマネ（手話）を学ばせて意思疎通に不自由がないようにした。また
作業面でも，働きやすい職場づくりを常に心がけた。その後，職場では中堅幹部
として後輩の指導にあたる人も出てきたし，定年まで勤めるような永年勤続者も
相当の人数に達した。さらに，1970年ごろから知的障がい者も入社するように
なる。1972年には東京で行われた身体障害者職業技能大会で，同社から参加し
た2人が旋盤の部と溶接の部で，それぞれ日本一に選ばれている。一つの仕事を
一心にやる，その集中力は並外れたものがある。事業のうえで大きく貢献してい
る者が多い」とある。他社では障がい者が就労するための受け皿として「特例子
会社」を作り，工場内の清掃部門だけを担わせているところもあるが，同社では
障がい者も健常者と同じ作業を行っており，賃金も同一労働同一賃金が支払われ
ている。

　こうした障がい者雇用が一つのきっかけとなってCSR活動に積極的に取組む
ようになり，その内容は毎年発行されているCSRレポートで報告している。障
がい者雇用以外では，近隣の支援学校生の工場見学や職場実習の受入，支援学校
生が作った夏野菜を同社従業員や近隣の住民への即売会の実施，また，工場前の
花壇に季節を彩る花を植えてもらったりしている。このほか，児童施設への定期
的な寄付[注11]をはじめ，児童施設の子供たちを東大阪市民ふれあい祭りや，工場
でのバーベキュー大会への招待など，多彩な活動を行っている。本業面では，同
社はパイプをつなぐ機器を製作しているが，阪神淡路大震災以降，特に主要顧客
であるガスや水などのライフラインを守る事が大事であることを再認識し，社会

貢献や環境に配慮した商品開発に取組んでいる。

　同社に残っている資料によれば，1964（昭和39）年には障がい者を90人採用していたとあるほか，1997（昭和52）年には障がい者が51人在籍し，従業員に占める割合は44%，また，1989（平成元）年では47人が在職し，構成比は24%となっている。近年では，2009（平成21）年が9人（9.1%），同22年6人（7.3%），2011（同23）年7人（8.0%）2012（同24）年11人（10.4%），2014（同26）年12人（11.5%）となっている。

　2020年10月現在では従業員186人の内，障がい者は14人（7.5%）で，その内訳は聴覚障がい者11人，知的障がい者3人，職種別では製造部門12人（聴覚9人，知的3人），事務部門2人（聴覚1人，身体1人）となっている。なお，今後，障がい者の雇用割合は10%を確保したいというのが現社長の方針である。

　同社のミドルマネジャーN氏によると，N氏が入社した当時は，障がい者が職場にいることがすでに当たり前で，最初の仕事は彼らから教わったという。入社時には手話の研修があり[注12]，日常の簡単なコミュニケーションができるようになる。また，新入の障がい者に対しては，生活相談や研修の仕組みが備わっているほか，災害等の緊急事態を告げるサイレンが聞こえないため，赤色ランプが灯るような配慮が施されている。N氏が入社した時には，社是である三利の向上が従業員の中にも深く浸透していた。具体的には，障がい者に対してどうすれば一緒に楽しく定年まで働けるかという仲間意識が芽生え，それを実行するために，一種の使命感にも似た気持ちが生まれるという。そうした気持ちは，社内だけでなく社外にも向けられ，結果，三利の向上の「社会」の利につながる行動が自然と起こるという。

　CSR活動に取組んだことにより，環境を意識した商品作りが行われているほか，社会貢献を評価する顧客が増加したり，社内でもそれらを誇りに思って仕事をする従業員が増えてきている。ちなみに，同社では毎年社員満足度を測定しているが，2010年に72.6%だったのが2016年には78.8%へと上昇したほか，2017年度より健康経営の取組をはじめ，2019年度には健康経営優良法人の認定，2021年度には認定企業上位500法人に授与されるプライド500を受賞している。

　③　ケースからのインプリケーション
　同社の特筆すべき点として，創業者による社是である「三利の向上」が，100

年近い社歴の中で綿々と引き継がれていることがある。三利で対象となる三者とは，顧客，社員，社会で，まさに地域・社会の中で企業活動を持続するために，この三者が利することを基本方針に掲げている。国内従業員は186人と，中小企業の中では比較的規模が大きい部類に入るが，大きくなればなるほど社是を従業員の一人一人に浸透させるのは難しくなる。これに一役買ったのが実は障がい者である。日中戦争で人手不足の折に雇用しだしたのがきっかけだったが，健常者と変わらない作業ができることがわかったことを機に，以来，法定雇用率を上回る障がい者を雇用し続けている。障がい者が職場にいることが当たり前となり，配慮はするが特別扱いしておらず，このことで，皆で助けあう企業文化が醸成されている。すなわち，障がい者が同社のCSR活動推進の上で，なくてはならない存在となっている。この障がい者雇用は，現在，国の課題としても取り沙汰されているダイバーシティ・マネジメントにもつながっている。

　次に，組織面でも変化が表れている。健常者にも得手不得手な分野があるように，障がい者にも得意な作業や不得手な作業がある。同社では，得手な分野を伸ばすように健常者も含め職場配置しているが，それが従業員満足を高めることにつながっている。また，これまで何事もトップダウンで行ってきたことが，障がい者のいる部や課単位で考えるようになり，ミドルマネジャーが育ってきたことがある。それにより，ミドルマネジャーに多くを任せるようになったが，障がい者の存在がミドルマネジャーの役割を高めたといえる。

　このほか，企業文化としても，社内の障がい者だけでなく，地域の障がい者を積極的に受け入れるなど，社外の地域・社会に対するCSR活動にも積極的に取組むことにつながっている。これらのことは，障がい者を雇用することにより生まれた活動と言え，これも同社の企業文化となっている。

(3) 中小企業が地域・社会と共生性が成立する背景と理論

　ここで，今回のケースから共生性が成立する背景と理論について考察してみよう[注13]。

　まず，中小企業が地域・社会との関係で共生性が成立している背景として，まずもって経営者が地域と深い関わりがあり，地域・社会によって生かされていると感じていることがある。多くは，当該地域が経営者の出身地であったり，子供時代を過ごしたところ，あるいは自分の子供が世話になったところだったり，関

わりの深い地域で創業・操業しており，その地域・社会に何らかの社会貢献によって恩返しをしたいとの思いがある。

　ケースから導出される理論は以下である。

① 　多くの中小企業は，何らかの理由（縁）があり，当該地域で創業・操業（存在）している。

② 　当該地域で操業することで，下記のような様々な恩恵を受けている。

　・顧客が当該地域に存在し，売上・利益をあげている（特に小売業）。

　・当該地域から多くの従業員を雇用している。

　・製造業の場合，当該地域から多くの原材料・部品等を仕入れている。

　・製造業の場合，当該地域から多くの下請を活用している。

　・当該地域に相談相手など，仲間がいる。

　・当該地域で知られた存在となる。

　・子供が当該地域の学校で世話になっている。

③ 　この恩に報いたいと考えることが，CSR活動につながっている。

　中小企業は地域・社会と共生しているが，「共生している」という表現は，実は中小企業側から見た表現となっている。しかし，地域・社会（俗にいう世間）からすると，共生しているのは中小企業の方で，このことを敏感に感じ取った経営者は，地域・社会に対して恩返しをしようとし，これがCSR活動となる。したがって，CSR活動の項目として掲げられる法令遵守は当然のこととして，それ以外にも積極的なCSR活動をしていると見ることができる。

　ところで，組織としての中小企業が地域・社会と共生することは，経営者の思いだけではなく，企業として地域・社会と共生する必要があるが，企業として地域・社会と共生するためには，経営者の思いを従業員にも伝え，従業員もそれに則った活動をする必要がある。このためには，経営理念や社是などで経営者の思いを明文化することや，具体的な活動に従業員も巻き込むことが重要となる。

3.　中小企業ネットワークに見る共生性

　ここでは，中小企業のステークホルダーとの間で生まれる共生性について見る。「はじめに」で見たように，自律型下請企業と親企業との関係のほか，中小

企業の経営資源の少なさを補うための組合など，中小企業同士の協同化，ネットワーク化などが該当する。以下では，中小企業ネットワークの中の「自発的中小企業ネットワーク」^{注 14)} を取り上げ，共生性について考察する。

(1) 自発的中小企業ネットワークの概要

　自発的中小企業ネットワークは，中小企業が自らの目的遂行のために中小企業が主宰者となり，2 社以上の中小企業が自発的に集まった中小企業ネットワークである。主宰者とネットワーク内の他の中小企業との紐帯が強いのはもちろんだが，中小企業どうしの紐帯が強いことも特徴である。中小企業ネットワーク内でメンバーが活動するときに，他から一方的に指示・命令を受けることはなく，一方で，中小企業ネットワークの目的達成に向けてメンバーに働きかけながら，協働して事に当たるなど，メンバー企業それぞれに自発性が備わっていることが重要である。

　ここで，自発的中小企業ネットワークの代表的事例として，京都試作ネットを取り上げよう。

〈京都試作ネット〉^{注 15)}
　京都試作ネットは，京都府南部に所在する機械金属関連の中小企業 10 社が2001 年 7 月に立ち上げた「試作に特化したソリューション提供サービス」のサイトである。母体となったのは，機械金属関連の中小企業約 80 社からなる京都機械金属中小企業青年連絡会（機青連）で，1982 年に中小企業数社の情報交換の場として発足した。

　機青連で代表幹事を務めた秋田公司氏は，役員としての任期終了後も何らかの活動を続けたいとの思いから，92 年 1 月に「経営研究会」を立ち上げた。研究会そのものはマーケティングを中心とする勉強会だったが，回を重ねるなかで自分たちの生活基盤である京都に対するこだわりと地域を活性化したいとの思いが強まった。すなわち全国的に空洞化の懸念が強まるなか，自分たちの仕事は自分たちで創出するしかない，中国に出て行くのは大手企業に任せておき，地域の雇用や暮らしを守るのはむしろ地域中小企業の役割ではないか，といった議論を交わしたという。これには，秋田氏がこれまで PTA の会長を務めるなど，地域への思いが人一倍強かったことがある。

　研究会はその後，「未来企業の会」（97 年 6 月発足）や「新未来企業の会」（98 年 6 月発足）へと発展し，さらに議論を重ねる中で，当時急速に普及しつつあったインターネットや携帯電話を活用することに活路を見出すことになり，現在に至っている。

　現在は，京都試作ネットのメンバーになるには，35 人の理事のうち 2 人の推薦と，入会時の面接，その後，半年間の準会員を経て正式メンバーになれるかが決定される。準会員のときにドラッカーのマネジメントに関する本を学習してもらい，京都試作ネットの共通言語であるマーケティングやイノベーションについて，修得する必要がある。メンバー企業は年会費を 60 万円（当初は 120 万円）収める必要があるが，初代代表理事の鈴木三朗氏によると，代表理事[注 16]の企業であっても 10 年間は会費以上の仕事をもらったことはなく，現在も，京都試作ネット経由の仕事が件数で 5 割以上を超えているメンバー企業はいないとのことであった。また，受注を得るためだけの目的で会員になりたい希望者には加入を認めておらず，実際，これまでに断ったケースもあるという。

(2) 自発的中小企業ネットワークを疑似企業体として捉える

　自発的中小企業ネットワークを一つの疑似企業体として見ることの妥当性を検討するため，ネットワーク体の行動特性やネットワークに所属する企業行動から見よう。ここでは，企業と同じような行動をネットワーク体で採れているかが，疑似企業体として見られるかの評価ポイントとなる。

　そこで，企業とはどんな存在か。伊丹・加護野（2003）によれば，企業の本質として，①技術的変換体（需要と技術をつなぐ存在）としての企業，②情報蓄積体としての企業，③ヒトの結合体とカネの結合体としての企業，④資源配分体としての企業，⑤分配機構としての企業の 5 つがあり，企業を率いる経営者の役割として，①トラブルシューター（もめごと解決人），②まとめ役，③戦略家，④伝道師の 4 つを挙げる。

　この企業の本質と経営者の役割は，自発的中小企業ネットワークにおいても無理なく適用できる。その理由は，今回想定している中小企業ネットワークは，事業協同組合や融合化法時代のネットワークのような「官製ネットワーク」ではなく，あくまで中小企業が自発的に形成したものであるからである。また，事業協同組合でよく見られる共同購入等のスケールメリットを追及する共同事業ではな

く，受注，開発，試作など，本業と直結する事業を共同で行っている。したがっ
て，中小企業ネットワークというネットワーク体ではあるが，企業としての特徴
を備えている。

　京都試作ネットを例にとると，企業の本質として挙げられた①は，同ネット
ワークが試作することを目的としており，試作依頼（需要）をメンバー企業の技
術を結集した試作品で応えている。②は，様々な加工ノウハウ等を持ったメン
バー企業の集合体（ネットワーク体）を情報蓄積体として捉えることができる。
③は，メンバー企業の人材や設備，さらには京都試作ネットの場合，年間３千万
円ほどの研究資金を活用しながら試作品づくりを行っているが，資金を出して材
料を買い，試作品を販売して代金を受け取る市場取引を行っている。④は，試作
を受注したとき，メンバー企業の誰が，あるいは誰と誰が組んでやるのかという
ことを決める必要があるが，当然，ネットワーク体の中で調整・判断が行われて
いる。ただし，１企業では経営者が最終的に調整や判断を行うが，本稿で想定し
ている自発的中小企業ネットワークはフラットな組織であるため，一方的に誰か
が命令・指示するのではなく，協議して決定される。⑤は，伊丹・加護野（2003）
の中では，富の分配機構，権力の分配機構，名誉の分配機構，時間の分配機構を
挙げ，その４つの分配機構の背後に共通するものとして，働く人々の間の仕事の
分配を企業が行っているとする。「分配」という表現は，上下関係を含んでいる
ため，フラットな組織を想定している自発的中小企業ネットワークにはそぐわな
いところがあるが，受注した試作品をメンバー企業の誰かが作ることは，結果と
して京都試作ネットがメンバー企業に仕事を分配していることになる。

　次に，経営者の役割であるが，自発的中小企業ネットワークには，ネットワー
クを最終的に束ねるリーダー（代表理事）が存在する。ネットワークのメンバー
企業も企業経営者であり，自社企業の中で４つの役割を果たしているが，自発的
中小企業ネットワークのリーダーも，ネットワーク体の中で同様の役割を果たし
ている。京都試作ネットを例に考えると，①はトラブルが起こらないように，頻
繁に会議や勉強会を行って信頼関係を築いているほか，超試作を考えるため，③
の戦略家としての役割を担いながら，②のまとめ役も果たしている。さらに，④
は新規メンバーが加入したときに，京都試作ネットの理念を伝えている。

　以上から，今回想定している自発的中小企業ネットワークは，企業と同じよう
に捉えられることがわかったが，これは，自発的中小企業ネットワーク体に，経

営学や経営の理論が適用できることを意味している。中小企業は中小企業自らがネットワークを組織することで，自社単独ではできなかったことができるようになるほか，経営学の経営戦略論や組織論で使われている理論やツールを実際の経営に応用し，将来を見据えた経営を遂行することにつなげられる。

　以下では，なぜ共生性を有する中小企業がネットワークを形成するのか，その理由について掘り下げてみよう。

(3) 自発的中小企業ネットワークに流れる情報と創発による共生性の深化

　京都試作ネットの中で取り交わされる情報で重要な点は，閉じられたメンバー間だけの情報であることと，「暗黙知」であることである。限られたメンバーだけの，ここだけの情報だからこそ価値があり，その内容もデータ化（形式知化）できない暗黙知であるところに意味がある。京都試作ネットに新製品作りに関わる試作依頼が舞い込んだとき，その多くはこれまで実在しないものを作ることになるが，当然，試行錯誤して作られ，そこにメンバー企業の持つノウハウや知恵，工夫が投入される。やり取りされた情報は，最終的には設計図に落とし込まれ，形式知になるとしても，途中でやり取りされる暗黙知に，自社，あるいは京都試作ネットとしてのイノベーションにつながるヒントが含まれている。

　京都試作ネットでは暗黙知や集合知が発生しているほか，創発も発生している。ネットワークメンバーの発言がきっかけとなって自分の問題意識に油が注がれ，新しいアイデアが生み出されることや，アイデアとアイデアがぶつかり合って新しい加工方法などの技術，製品が生まれるのである。この様々なアイデアを議論する暗黙知や，議論を契機にそれぞれ経営者が持つ知識や知恵を総動員し，様々に思いを巡らして工夫を凝らし，創発[注17]を生み出すことにこそ中小企業ネットワークの意味がある。京都試作ネットでは，まさにそうした場が形成されている。なお，創発を生み出すためには，メンバーの誰彼に遠慮することなく，フリーに議論できる場が備わっていることが重要であり，こうした雰囲気に引き寄せられる形でメンバーが集まってくると考えられる。

　形成された中小企業ネットワークが一過性で終わることなく，次につなげるためには，ネットワーク体が擬似企業体として，常にどうあるべきかを考えることが求められる。したがって，中小企業ネットワークに参加する企業は，そもそもお互いに共利共生が見られるが，京都試作ネットのような疑似企業体にまで進化

14

したものは，共生性の面でも深化が見られ，お互いに切っても切れない関係，なくてはならない間柄となっている。

（4）自発的中小企業ネットワークによる CSR

　現在，新型コロナウィルスが世界中に蔓延し，多くの中小企業が倒産，廃業する未曾有の危機に直面している。そうした折，大阪市大正区内の中小製造業 10 社で形成された「りびんぐラボ大正」が，「医工福連携プロジェクト」注18) を 2020 年 1 月に立ち上げた（その直後に今回のコロナ騒動が発生した）。このプロジェクトに参加するメンバーは，医療現場で医療機器が不足し，医療崩壊が叫ばれるなか，ウィルスの拡散を防ぐ陰圧テントや，飛散防止カバーフレームをいち早く制作し，大正区内の病院に寄付を行った。代表を務める木幡巖氏によると，それぞれ企業の得意分野を生かし，飛散防止カバーフレームは病院から相談があってから 25 時間で納入したという。1 社単独では様々な部材調達に時間がかかり，できない加工もあることから，たとえ完成したとしてもかなりの時間がかかるが，メンバー企業が所有している部材を活用したこと，また，それぞれの得意とする加工を持ち回りで施すことで，即納することができたという。まさに，個別の中小企業ではなしえなかったことを行ったわけだが，本稿で論じてきた自発的中小企業ネットワークが，疑似企業体として機能したことによると言える。

　事例のもうひとつの重要なポイントに，この活動が中小企業ネットワークによる CSR 活動となっている点である。これまで CSR 活動は，単独企業による社会貢献活動として捉えられてきたが，地域に根差して活動する中小企業にあっては，思いを同じにする中小企業がネットワークを組み，疑似企業体となることで，1 社ではできない社会貢献活動を可能とした。地域になくてはならない企業，地域や社会に貢献できる企業となるために，共通の問題意識を持った中小企業が，自発的に中小企業ネットワークを形成し，疑似企業体として活動することが今後欠かせない。

　りびんぐラボ大正のメンバーである池田鉄工所（大阪市大正区，従業員 8 人）の社長，林幸代氏によれば，町工場が集積している大正区で生まれ育ったこと，従業員にも地元の人が多いこと，同社の協力工場や得意先も地元が多いことなどから地元愛が強く，そのことが地域との共生に向かわせているという。地元愛を有する複数の企業によって，官民連携や医工連携の取組が生まれたが，そこから

企業同士の横の連携が生まれ，新しい情報が入手できることが期待できるという。りびんぐラボ大正への加入動機は，即時的，即物的なメリットを期待してではなく，あくまで地元のためになんとかしたい，というものである。もっとも，企業であるからまったくのボランティアではないが，CSVのように売上・利益を上げることを第一としている活動ではない。

4.　おわりに

　本章では，中小企業の共生性を見たが，この共生性はCSRと深いつながりがあることがわかった。ところで，企業の中心には経営者や従業員など，ヒトが存在している。これまでの中小企業本質では，このヒトの部分が捨象されて議論が展開されたが，企業を動かしている，すなわち，企業を活動させているのはヒトであり，ヒトが共生性を考える際の中心である。今後，中小企業研究も，ヒトの行動の側面に着目する必要がある。

　ところで，共生性の原点は，隣人や隣人の住む地域・社会が，これまでの状態よりも少しでも喜んでもらえる状態にしたいと考えることにある。企業のCSR活動を享受した地域・社会は，企業のステークホルダーなど，顔が見える相手や，特定の誰彼とは明示できない相手の満足度が高まり，地域の豊かさや幸福度，公益が高まると考えられる。

　中小企業と地域・社会や，中小企業同士のネットワークに共生の視点を導入することで，現実社会の理解や洞察が深まったと考える。今後，中小企業と地域・社会との「共生」が，より深化していくことが求められる。

〈注〉
1　ここでは，「利益を与える」と「貢献する」とを同義としている。
2　CSR活動を熱心にしている企業が地域住民に認められると，立地場所が分かりにくい所にあっても道案内をしてくれることがある。
3　自律型下請については池田（2018）を参照。
4　この章の多くは，池田（2021）に依る。
5　原本は旧字体，旧仮名遣いのため，意訳している。
6　山中篤太郎氏（1901-1981）は日本中小企業学会の初代会長（1980-81）や，日本中小企業学会の親学会である日本経済政策学会の代表理事を務めたこともあり，学会へ

の影響力は大であった。

7　差し当たり，清成（1970）。

8　なお，複眼的中小企業論は研究史上先行者がいるとし，佐藤芳雄（佐藤編，1981）を挙げている。

9　ケースの詳細は池田（2021）を参照のこと。この項はその内容を簡略化したものである。

10　東大阪市「工場を記録する会」（http://factory-museum.main.jp/k06_REX.html）。

11　同社は就労継続支援 A 型事業所に該当し，国から助成金を受けているが，障がい者自身は健常者と同一労働同一賃金であるため，この助成金を寄付に当てている。

12　同社では，入社時の新人研修で簡単な手話を学ぶほか，管理職になると，手話で意思疎通ができることが当たり前となっている。

13　紙幅の関係でレッキス工業 1 社からの背景と理論となる。

14　自発的中小企業ネットワークの詳細は池田（2020）を参照。

15　池田（2012），池田（2018），池田（2019）による。詳細はそちらを参照のこと。

16　代表理事は 1 期 5 年の任期で，現在の鈴木滋朗氏は 4 代目である。

17　京都試作ネットの理念の中にも「創発」の言葉を見ることができる。

18　このプロジェクトには，地元の泉尾病院も参加している。

〈参考文献〉

1　有田辰男（2003）「本質論研究」（財）中小企業総合研究機構『日本の中小企業研究 第 1 巻 成果と課題』同友館

2　安藤良雄（1971）『興業意見　他前田正名関係資料』光生館

3　池田潔（2002）『地域中小企業論』ミネルヴァ書房

4　池田潔（2005）「新たな中小企業ネットワークの台頭とその特徴」兵庫県立大学『商大論集』第 56 巻第 3 号

5　池田潔（2006）「中小企業ネットワークの進化と課題」日本中小企業学会編『新連携時代の中小企業』同友館

6　池田潔（2012）『現代中小企業の自律化と競争戦略』ミネルヴァ書房

7　池田潔（2017）「ソーシャル・ビジネスにおけるヒューマン・ネットワーク―買物弱者支援事業を行う企業のケース」関智宏・中山健編著『21 世紀中小企業のネットワーク組織』同友館

8　池田潔（2018）『現代中小企業の経営戦略と地域・社会との共生―「知足型経営」を考える』ミネルヴァ書房

9　池田潔（2019）「SDGs 時代の中小企業 CSR 活動の一考察」公益社団法人中小企業研究センター『年報』

10　池田潔（2019）「経営戦略論から見た中小企業ネットワークの成果と課題―サステナブル組織の形成に向けて」『大阪商業大学論集』第 191・192 号

11　池田潔（2020）「中小企業研究の分析視点に関する新たな考察―中小企業ネットワー

クを疑似企業体として捉える」大阪商業業大学比較地域研究所紀要『地域と社会』

12　池田潔（2021）「共生性から見た中小企業本質論」大阪経済大学 中小企業・経営研究所『中小企業季報』No.1

13　伊丹敬之・加護野忠男（2003）『ゼミナール経営学入門』日本経済新聞社

14　井上善海（2009）『中小企業の戦略―戦略優位の中小企業経営論』同友館

15　今井賢一・金子郁容（1988）『ネットワーク組織論』岩波書店

16　小川正博（2000）『企業のネットワーク革新―多様な関係による生存と創造』同文館

17　川上義明（2004）「日本における中小企業研究の新しい視点（Ⅰ）―二分法のジレンマ：戦前期」『商学論叢』第 49 巻　第 2 号

18　川上義明（2005a）「日本における中小企業研究の新しい視点（Ⅱ）―二分法のジレンマ：終戦期」『商学論叢』第 49 巻　第 3・4 号

19　川上義明（2005b）「日本における中小企業研究の新しい視点（Ⅲ）―複合的視点の提示」『商学論叢』第 49 巻　第 3・4 号

20　清成忠男（1970）『日本中小企業の構造変動』新評論

21　清成忠男（1993）『中小企業ルネッサンス』有斐閣

22　国領二郎（1999）『オープン・アーキテクチャ戦略―ネットワーク時代の協働モデル』ダイヤモンド社

23　黒瀬直宏（2018）『改訂版　複眼的中小企業論―中小企業は発展性と問題性の統一物』同友館

24　佐藤芳雄編（1981）『ワークブック中小企業論』有斐閣

25　佐藤芳雄（1983）「日本中小企業問題の到達点と研究課題」慶應義塾大学商学会編『三田商学研究』第 26 巻　第 5 号

26　（財）商工総合研究所（1999）『中小企業の戦略的連携―変革の時代を乗り越える創造性とネットワーク』

27　末松玄六（1953）『改定増補　中小企業の合理的経営―失敗原因とその克服』ダイヤモンド社

28　末松玄六（1954）「中小企業の経営的特質」藤田敬三・伊藤岱吉編『中小工業の本質』有斐閣

29　末松玄六（1956）『中小企業経営論』ダイヤモンド社

30　関智宏・中山健編著（2017）『21 世紀中小企業のネットワーク組織―ケース・スタディからみるネットワークの多様性』同友館

31　瀬戸正則（2017）『戦略的経営理念論』中央経済社

32　祖田修（1987）日本歴史学会編集『前田正名』人物叢書新装版　吉川弘文館

33　瀧澤菊太郎（1992）「『本質論』的研究」中小企業事業団・中小企業研究所編『日本の中小企業研究 第 1 巻 成果と課題』同友館

34　谷本寛治（2006）『CSR ―企業と社会を考える』NTT 出版

35　谷本寛治（2013）『責任ある競争力― CSR を問い直す』NTT 出版

36　谷本寛治（2014）『日本企業の CSR 経営』千倉書房

37　手塚公登（2002）「信頼と企業間ネットワーク」成城大学『経済研究』第 158 号
38　寺本義也（1990）『ネットワーク・パワー—解釈と構造』NTT 出版
39　中村秀一郎（1964）『中堅企業論』東洋経済新報社
40　中村秀一郎（1990）『新中堅企業論』東洋経済新報社
41　中村秀一郎（1992）『21 世紀型中小企業』岩波書店
42　中山健（2001）『中小企業のネットワーク戦略』同友館
43　新村出編（2008）『広辞苑　第 6 版』岩波書店
44　西口敏宏編著（2003）『中小企業ネットワーク』有斐閣
45　マイケル・E・ポーター／マーク・R・クラマー「経済的価値と社会的価値を同時
　　実現する共通価値の戦略」DAIAMOND　ハーバード・ビジネスレビュー　2011 年 6
　　月号
46　三井逸友「理論・本質論的研究」（2013）（財）中小企業総合研究機構『日本の中小
　　企業研究 第 1 巻 成果と課題』同友館
47　水尾順一・田中宏司（2004）『CSR マネジメント—ステークホルダーとの共生と企
　　業の社会的責任』生産性出版
48　水野武（1979）「中小企業論の展開—その政策展開にそって」『国民経済学雑誌』第
　　139 巻 3 号
49　安田洋史（2010）『アライアンス戦略論』NTT 出版
50　山倉健嗣（1993）『組織間関係—企業間ネットワークの変革に向けて』有斐閣
51　山中篤太郎（1948）『中小工業の本質と展開—國民經濟構造矛盾の一研究—』有斐閣
52　Yoshino. M. Y. and Rangan. U. S. (1995) *Strategic Alliance : An Entrepreneurial
　　Approach to Globalization*. Harvard business school press.

第2章
「中小企業の組織」研究深化の可能性を探る
—日本の歴史研究から学ぶこと—

大阪経済大学　桑原武志

1. はじめに

　中小企業研究の成果と課題を体系的に集大成した『日本の中小企業研究』では，「中小企業の組織」に関する研究は，主に各論的研究の「中小企業の組織化と運動」という分野に分類され，レビューされてきた。しかし，「中小企業の組織」に関する研究は，もうひとつの分野すなわち総論的研究の「歴史的研究」でも扱われてきた[注1]。

　2分野に分けられた研究は，「中小企業の組織化と運動」研究は中小企業専門の研究者によって，「歴史的研究」は中小企業研究者に加えて歴史（経済史・経営史）研究者によって進められた（大林，1992，p.104；植田，2003，p.89）。特に後者の歴史（経済史・経営史）を専門とする研究者による「中小企業の組織」研究は，中小企業専門の研究者とは異なる学問的土壌のもとで産みだされた成果であり，その意味では，「中小企業」専門研究者にとって，そこから得られる学問的刺激は少なくないと思われる（大林，1985，p.148）。本論文では，「中小企業の組織」に関する研究成果の中で，特に歴史研究者による「歴史的研究」に焦点をあてて，それらの成果をいわば“掘り起こして”再検討しながら，そこから得られるものをあらためて確認し，これからの中小企業研究をさらに深めていく手がかりとしたい。

　第1節では，中小企業専門の研究者による「中小企業の組織」研究と，歴史（経済史・経営史）研究者による「中小企業の組織」研究の特徴をみた上で，2つの分野の研究を比較検討する。第2節では，歴史（経済史・経営史）研究者による

「中小企業の組織」研究を再検討しながら，そこから得られる論点を提示する。
最後に，第3節で残された課題について説明する。

2. 『日本の中小企業研究』における「中小企業の組織」研究

(1) 中小企業専門の研究者による「中小企業組織化」研究

　中小企業の研究者であれば誰もが知っていることであるが，中小企業事業団に
よって1980（昭和55）年度から継続して行われてきた「中小企業研究の成果の
整理に係る研究」の成果である『日本の中小企業研究』では，10年毎に日本に
おける中小企業研究の総括を行ってきた。本論文で検討する「中小企業の組織」
に関する研究については，「各論的研究」の中の「成果と課題を展望するレ
ビュー・アーティクル」（中小企業研究所，1985，「序」）で，ほとんどが「中小
企業の組織化と運動」という表題のもとで扱われている（図表2−1参照）[注2]。

図表2−1　『日本の中小企業研究』で「中小企業の組織」研究が取り扱われた項目

	対象期間	各論的研究の成果と課題を展望するレビュー・アーティクルの表題	執筆者	総論的研究の歴史的研究（その中の分類項目）	執筆者
1985年版	戦前〜1980年	中小企業の組織化と運動	磯部浩一	中小企業運動史・中小企業労働運動史研究	大林弘道
1992年版	1980年代	中小企業の組織化と運動	磯部浩一	中小企業運動史・中小企業労働運動史研究	大林弘道
2003年版	1990年代	中小企業の組織化と運動	古川浩一	産業革命期の在来産業研究両大戦間期の中小工業その他　時代区分の中に収まりきらない研究（戦前期の国際関係と中小企業との関係を重視した研究／中小企業組織）	植田浩史
2013年版	2000年代	中小企業の組織化・連携	大林弘道	歴史的研究の展開（組合・組織と政策）	植田浩史

（出所）『日本の中小企業研究』各年版より桑原作成。

　それらの研究は「中小企業の組織化」研究（組織化論）であり（傍点は筆者に

よる），大林（2013）では，その特徴を中小企業の「集団的主体性の研究」であるとして，論点と研究タイプをあわせて4類型に分類している（pp.350〜351）。すなわち，第1類型は，1999年の中小企業基本法改正後の中小企業政策のもとでの中小企業組合をめぐる諸研究，第2類型は，中小企業組合の論題と共通する論点をもち，かつ固有の課題を持つ商工会議所・商工会に関する研究，第3類型は，第1・2類型と研究上の問題意識を共有しながら，ネットワークあるいは連携という概念をより積極的に採用し，中小企業間，大企業・中小企業間，あるいは産業間，地域内・地域間に拡張して，従来の組織化を超える主体間の関連性を論じ，第1・2類型にある問題意識を前提に新たな方法・方向において課題とその解決に迫ろうとするもの，第4類型は，運動という観点から中小企業の集団的主体性を検討した研究である。

(2) 歴史研究者による「中小企業の組織」研究

「はじめに」でも述べたように，『日本の中小企業研究』では，「中小企業の組織」に関する研究について，別の分野すなわち総論的研究の「歴史的研究」でも扱ってきた（前掲図表2-1参照）[注3]。特に，1990年代の研究を対象とした『日本の中小企業研究』2003年版になると，「産業革命期の在来産業研究」という分類項目がみられるように，日本経済史で中小企業の経済発展や経済構造に占める役割が重視されるようになって，「在来産業」研究が盛んになり（植田，2003，p.90），在来産業における「中小企業の組織」についての研究が多く登場してきた。例えば，2003年版で，在来産業の発展のメカニズムについて，同業組合などの組織・団体等の積極的・戦略的対応を重視する研究として紹介されている安岡重明「市場の拡大と同業組合の品質規制」，松本貴典「両大戦間期日本の製造業における同業組合の機能」，大森一宏「明治後期における陶磁器業の発展と同業組合活動」・「在来産業と組織化」などの研究（植田，2003，pp.93-94．本文中に例示したのは安岡，1991；松本，1993；大森，1995；同，1997）が取りあげられている。また，「その他」の分類項目で，同業組合，商業・工業組合などの中小企業組織について，藤田貞一郎『近代日本同業組合史論』が取りあげられている（植田，2003，pp.93-94．本文中に例示したのは藤田，1995）。

これらの多くは，中小企業の専門的研究者に加えて，歴史（経済史・経営史）研究者による中小企業研究の成果であるが[注4]，「それらの個々の研究において，

あるいは個々の調査において過去の研究の成果が十分踏まえられて」いないこと，「同じテーマの研究や調査が接点なく分散・累積していく傾向が少なからずみられる」こと（大森，1992，p.104），両分野の研究において「問題意識，分析視角，史料の活用の仕方などに十分な交流がなく，それぞれ独自に展開している傾向が強い」ことが指摘されている（植田，2003，p.91）。

(3) 2つの分野の比較

　以上，2つの分野における「中小企業の組織」に関する研究の特徴をみてきたが，これらを比較すると，以下の2点が指摘できよう。すなわち，第1に，両分野の研究に共通していることであるが，研究成果の多くは，中小企業政策によってつくられた「中小企業組織」を対象にしており，中小企業政策にかかわりのない任意団体の「中小企業組織」については研究が少ないということである。第2に，流通，生産それぞれの立場からみた「中小企業組織」研究が存在しているが，製造業・生産面からみた同業組合・工業組合に関する研究が多く，流通面に注目した研究は少ない（藤田，1995，pp.294-301）ということである（後者の研究は主に流通研究者によるものと紹介されている）[注5]。なお，この点について，藤田（1995）は，同書の中で繰り返し，山田盛太郎『日本資本主義分析』の影響ではないかと指摘している（藤田，1995，p11）。

　ところで，「中小企業の組織」研究が両分野に分類されていることは，メリットがあるように思われる。すなわち，大林（1985）が「日本経済史，産業史，経営史その他の歴史学的な分野において，実際上中小企業研究の立場から学びうることが多い」（大森，1985，p.154）と指摘しているように，中小企業専門の研究者にとって，歴史研究から得られるものが多いのではないか。なぜなら，両分野における「中小企業組織」研究は，それぞれ異なる学問的土壌のもとで産みだされた成果であり，そこから得られる新たな学問的刺激は，相互に少なくないだろう（大森，1985，p.148）。特に，中小企業研究者にとって歴史研究から得られるのは新たな視野や論点であり，それらは研究をさらに深化させる可能性があるように思われる。現代では，経済学に限らず広く社会科学において「学問の専門化」が進み，その分野の専門家以外あまり業績や研究内容を互いに知らない状況にあることが指摘されている[注6]が，だからこそ，互いの分野を知ろうとする姿勢と努力が大事だといえよう。そこで，続く第2節では，歴史研究からみた「中小企

業の組織」研究から得られる視野・論点について具体的に検討してみてみたい。

3. 歴史（経済史・経営史）からみた「中小企業の組織」研究

第2節では，歴史からみた「中小企業の組織」研究のうち，とりあげられることの多い「同業組合」に関する研究成果にしぼって，そこから学ぶことのできる論点について検討してみたい。

(1) 藤田貞一郎による「同業組合」研究

「中小企業の組織」に関する歴史研究の成果を再検討する出発点としてとりあげたいのは，藤田（1981）と同（1995）である[注7]。特に後者については，「同業組合の研究に大きな前進をもたらし」（小岩，1998，p.59），同業組合研究の水準を高めたものと評価されている（大森，1996，p.117；小岩，1998，p.60）。以下，まず，藤田の「同業組合」に対する理解を見た上で，次に論点を提示してみたい。

藤田の「同業組合」理解

藤田が「同業組合」をどのように理解していたかについては，次のように要約することができるだろう[注8]。すなわち，明治政府は「営業の自由」を確保したいと考え，株仲間解放令を出したが，それによって経済的混乱を招いてしまった。しかし，都市商人たちは経済的秩序を取り戻すべく，株仲間的性格を濃厚に残している組合的結合を再編成し，のちには政府によってつくられた「同業組合」をもって，「問屋資本を中心とした循環構造」すなわち生産者製造業者→問屋卸売業者→仲買業者→小売業者という縦断的同業者の連携（全国的物資の配給機構，金融の疎通といった金融支配を含む）を維持してきた。いい方を変えれば，江戸期の「株仲間体制」が，明治政府の株仲間解放令によって雲散霧消したわけでなく，その影を残して存在していたのであり，この縦断的同業者の連携・同業組合すなわち「問屋資本を中心とした循環構造」こそ，戦前期日本資本主義の特徴であった。

政府は，生産性を向上させるために，この「問屋資本主義」を打破しなければならないと考え，1916年に，同業組合から雇傭規制機能，賃金規制機能，価格規制機能を取りあげ，強制加入権を有名無実のものとして，生産者製造業者によ

る組織化を図って新たに工業組合法を制定した，というものである。

　論点１：同業組合は株仲間と同じ性質のものであるのか
　以上が，藤田による「同業組合」理解であるが，ここで論点というかさらなる疑問点をいくつか示してみたい。第１に，江戸期の「株仲間」と「同業組合」は同じ性質の組織とみていいのだろうか。図表２-２に示したように，藤田は既存の研究成果を大きく３つの説に整理しているが，これをみると，同業組合を徳川期の株仲間と関連あるものとする説は（イ）だけで，あとの（ロ）・（ハ）は関連を否定している。（イ）説は，江戸期から続く都市商人は，明治政府によって株仲間が解散させられた後も，経済的混乱を解消し秩序を維持するために，株仲間的性格を残存させているいわゆる組合的結合そして「同業組合」を活用した。つ

図表２-２　藤田による同業組合に関する学説の分類

	同業組合と徳川期の株仲間との関連	同業組合と明治政府との関係（特に営業の自由との関連で）	代表的な研究者	備　考
（イ）	肯　　定	同業組合を，営業の自由を否定ないし制限する組織として把握する。	尾城太郎丸 宮本又次 岡田与好 竹内庵	都市商人たちは，株仲間的性格を濃厚に残存させている仲間組合，準則組合，重要物産同業組合などいわゆる組合的結合を再編成して，旧くからの経済体制を温存。
（ロ）	否定（いずれの同業組合の規定にも，営業独占（株の固定）をねらった条項が見当たらないから。）	同業組合を，明治政府の営業の自由の基本原則の範囲内にあるものとする。	由井常彦 正田健一郎	明治政府は同業組合による営業の自由の侵害を許さず，政府の経済に対する態度が放任的なものになったと理解。
（ハ）	否定（組合が生産制限・価格協定などを行って株仲間の再現になることを強く否定。）	同業組合を，実業者の「自奮ノ気象」を創出し，「殖産興業」の主体として定置していくために，農商務省は画一的・干渉的政策を取らざるを得なかった。	上山和雄 上川芳美	明治期の同業組合は株仲間が洋装しただけの組織ではないし，株仲間の延命策を狙った組織でもない。明治政府の産業政策すなわち明治10年代以降の農商務省による間接的勧業政策の一環を構成するものとして，同業組合準則に基づく同業者組織化政策を高く評価。

（注）尾城・由井以外の研究は，主として明治期を対象とする。
（出所）藤田（1981），同（1995）「序論」より桑原作成。

まり江戸時代からの経済体制は残ったとみている。

　藤田自身の考えは，小岩（1998）が指摘しているように，この（イ）の立場に近いと思われる（小岩，1998，p.58）が，藤田と（イ）説とはまったく同じというわけではないだろう。例えば，同業組合の何が問題なのかという点で，（イ）説は，同業組合が「営業の自由」を否定・制限する存在であることを問題視したが，藤田は，戦前期日本資本主義の特徴である「問屋資本支配」と，同業組合がその「問屋資本支配」に有利な組織になっていることを問題視している。いいかえれば，この違いは，問題関心のウェイトの違いによるものだと思われる。また，そもそも政府と「営業の自由」についてどうみるかということ自体，別の論点になっている[注9]。

論点 2：同業組合の機能として，どのような機能があるか

　第 2 に，同業組合の機能として，どのような機能があるとみるかという論点がある。藤田（1995）は，同業組合は，宮本又次の指摘する株仲間の経済的機能である（ⅰ）独占機能，（ⅱ）権益擁護機能，（ⅲ）調整機能，（ⅳ）信用保持機能の 4 機能のうち，（ⅰ）と（ⅱ）を排除して，（ⅲ）と（ⅳ）を存続させる組織として成立する組織だと位置づけている（藤田，1995，p.3）。そして，加入強制の理念の上に立ち，同業組合の持つ機能として，明治期には，価格規制機能，賃金規制機能，雇庸規制機能，信用保持機能があったとみている（藤田，1981，p.24）。

　なお，藤田（1981）では，同業組合の機能を検討する際，和歌山県名草海郡フランネル織同業組合の規約条項や海草郡製傘同業組合の総会決議文といった様々な史料をみて，どういった機能があるのかを判断していることを指摘しておきたい。

論点 3：同業組合は「同業組合問題」として論じるべきなのか

　藤田（1981），藤田（1995）でも，「同業組合問題」というとらえ方をしており，「同業組合問題」が研究主題とされている（藤田，1981，p.3；同，1995，p.6）。同業組合を「問題」としてとりあげる理由については，おそらく，戦前期日本資本主義の問題点である「問屋資本支配」を維持する組織として「同業組合」が存在していたことが関係していると思われる。

コメント

　以上，同業組合について，本格的に正面から取り組んだ藤田（1981）と藤田（1995）を再検討しながら，論点というか新たな疑問点をいくつか提示した。今後，これらの論点・疑問点を改めて検討するにあたって，いくつかの点に留意する必要があると思われる。第1に，例えば，藤田は「同業組合」と株仲間との関連については，『和歌山県史』記載の商法会議所記事を中心に，「同業組合」の機能については，同じく『和歌山県史』記載の同業組合規約等をもとに検討しているが，これらの事例は，同じ和歌山県のものが多いが，業種は様々でばらつきがみられる。特に，第1の論点である株仲間と同業組合の関連を再検討する際には，ある一つの同業組合を事例として取りあげて考察した方がよいように思われる。また，その際，江戸期の組織から戦前期まで継続して検討したほうが，株仲間と同業組合の連続性を正確に考察できるのではないだろうか。同業組合に関する研究は現在でも増えており，多くの業種・地域の同業組織に関する事例研究が蓄積されれば，一般化を検討できる可能性が高くなると思われる注10)。

　第2に，上記論点1と関連するが，江戸時代では，民間経済で発生する事象・紛争に対しては，民間で解決すべきで，幕府は直接介入しないという幕府の伝統的態度があったという。すなわち幕府は株仲間の調整機能を活用して取引ルールの定率化を図ろうとしたのであり，制定商法が生まれなかったといわれている（宮本ほか，1995，pp.48-49）。例えば，江戸時代から明治時代にかけて，ある人物が同業組織にかかわっていたとしても，明治以降は経済の発展とともに，政府と経済社会との関係も変わっていったのであり，近世から近代以降の背景や体制の違いも十分に配慮した上で，論点を再検討する必要がある。

(2) その他

　ところで，「同業組合」に関する歴史研究について，藤田以外に，白戸伸一（2004），大森一宏（2015）をとりあげて検討する予定であったが，これらについては，稿を改めて，今後，継続して検討を進めていきたい。

4. 残された課題

　以上，本論文では，歴史研究から見た「中小企業の組織」の研究成果を再検討

して，そこから学ぶべき視野・論点について検討した。この試みは，筆者にとって，ある意味"大それた"試みであり，しかも簡単なものではない。植田（2003）が指摘するように，経済史・経営史の研究者による研究と中小企業の専門的研究者による研究との接点は少なく，両者が実際の研究でも問題意識の上でも必ずしも有機的に関係しあっていないという問題が生じているし（植田，2003，p.89），両者の研究において，過去の研究の成果が十分踏まえられていないという問題もある（大林，1992，p.104）。そもそも，学んできた学問の土台が異なっているため，それらを改めて学ぶこと自体容易なことではない。しかし，これからの「中小企業の組織」研究をより発展・深化させるためには，チャレンジする価値があることだと考える。

　最後に，今回はとりあげることができなかった歴史研究における「中小企業の組織」に関する課題についてまとめておきたい。第1に，同業組合準則など中小企業政策に関係なく，自主的につくられた中小企業組織を考察すべきではないだろうか。例えば，戦前，工場協会の支部として設立され，警察署管轄の協力団体となり，戦中期は産業報国会支部となった一般社団法人板橋産業連合会などの「地区別工業会」[注11] などが例として挙げられる。

　第2に，「中小企業の組織」については，日本経済史研究における「中間組織」論研究がある。この場合の「中間組織」は個別企業と市場との中間に介在するもので，同業組合などが具体的に取り扱われている[注12]。他にも，この「中間組織」論と類似の概念である「組織間関係」という経営学的観点から同業組合などを考察したものとして，松本貴典編（1996）がある。

　本論文でも検討した藤田（1995）も「中間組織」論研究のひとつとみることができる。同書は，同業組合を「中間組織」として論じているが，この場合，「中間組織」とは，政府と自立的な私的個別経済主体の中間に位置して，重要な役割を演じているものとされている（藤田，1995，p.1）。先ほどの定義とあわせて考えると，同じ「中間組織」という用語であっても，その意味とイメージは異なることに気をつけなければならない。

　なお，「中間組織論」については，日本経済史以外でも，西洋経済史，経済思想，西洋政治思想史でも論じられている。経済思想の分野では，「中間組織」・「中間団体」を，先ほどの藤田（1995）と同じく，国家と個人の間に存在する組織としてとらえている（猪木，2008，2012）。また，西洋経済史でも，「中間団体」につ

いて，同様の理解をしているし（坂巻，2016），民主主義と経済団体という論点で「中間集団」をとらえる西洋政治思想史における研究でもそうである（宇野，2016）。「中間組織論」に関連して，「アソシエーション論」という議論もある（Hirst, Paul, 1994 など）。

　第3に，日本経済史研究の宮本（1938）・同（1957）・同（1977）から続く「株仲間研究」と「同業組合」との関連や「株仲間」と「ギルド」の比較，そして，西洋史研究における「ギルド」研究として，アンウィン（樋口徹訳）（1980）（原著は1904），前出の坂巻（2016）などの研究成果がある。

　第4に，現在も「中小企業組織」に関する新しい歴史研究の成果がうまれており，これらを検討する必要がある。例えば，「中小企業組織」に関する歴史研究（政治史）として，「中小企業団体の組織に関する法律」（1957年制定）と日本中小企業政治連盟に関する浅野敬一（2021）がある。他にも，経済地理学の研究成果として，産業集積における同業組合の役割を考察した小木田（2017），すでに紹介した在来産業研究としての材木業における同業組織研究がある（丸山，2016，2018）。特に丸山のように，ある一つの同業組織について，（史料が残されているかどうかという制約はあるが）江戸期から近代まで継続してみることができれば，史料にもとづいた事例研究の積み重ねによって，「中小企業組織」の実態がより明らかになり，本論文で提示した論点・疑問点について，より正確な考察が可能になってくるだろう。

5. おわりに

　本論文の試みは，レビューというよりも，研究に関する個人的な覚書のようなものになってしまっているかもしれない。本論文を書こうと思いたったのは，そもそも筆者自身が都市政治と都市経済そして中小企業・中小企業政策を並行して研究してきたからである。都市政治に関心をもって大学院に進学して研究を始めてから，筆者の関心は，都市経済そして産業集積，中小企業，中小企業団体，地域経済団体，中小企業政策，そして歴史，政治理論，政治哲学，経済思想などへ広がっている。このことは，興味関心が広がって知見が豊かになる反面，研究テーマが「拡散」してしまい，それが論文・研究成果として実を結ばないのではないかという「あせり」を常に感じてきた。

　研究者は，自分の狭いテーマよりも広く関心を持って学ぶ一方，自身の専門テーマをしぼって深めていかなければならないとよくいわれる。筆者の場合，本論文に取り組むことで，広く学び続けてきたことが，自身の狭い研究テーマにつながったのではないかと考えているところである。これから，広く学び，新たなテーマや視点を得て，自身の設定したテーマを深めていきたい。

〈注〉

1　瀧澤菊太郎編集代表（1985），中小企業事業団 中小企業研究所（1992），中小企業総合研究機構（2003），中小企業総合研究機構（2013）が挙げられる。
2　2013年版だけが表題が異なっていることについて，大林（2013）は，従来の表題は「組織化と運動」とされていながら，「組織化は論じられてきたが，運動はほとんど論じられていなかった」ことを指摘する（p.351）。
3　大林（1985），同（1992），植田浩史（2003），同（2013）がある。
4　大林（1992）p.104，植田（2003）pp.89-91，植田（2013）p.75。なお，植田（2013）は，中小企業を対象とする歴史研究が，経済史，経営史だけでなく，社会史，政治史などに領域が広がっていることを指摘する（p.75）。
5　藤田（1995）p.11では，商業学やマーケティング論を専攻する研究者である石原武政，山本景英，川野訓志，鈴木幾太郎氏の名前が具体的に挙がっている。
6　例えば，橘木・根井（2014）p.197。
7　藤田による特段の断わりはないが，藤田（1995）の構成・内容を見る限り，藤田（1981）をベースにしているといえよう。
8　以下は，藤田（1981）・同（1995）による。
9　藤田（2003）では，この論点が提示され，参考文献として岡田与好の業績が挙げられている（同第16章）。岡田与好の業績については，岡田（1975）・同（2014）などを参照。
10　例えば，埼玉県の西川林業地帯において，同業組織を準則組合から重要物産同業組合へと継続して考察したものとして，丸山（2016）・同（2018）がある。
11　地区別工業会については，桑原武志（2004）を参照のこと。これらのなかには，きっかけが親睦会として設立されたものも存在する。
12　白戸（2004）pp.2-3。同書の注（2）によれば，同じ「中間組織」の概念を使った研究成果として，今井賢一，伊丹敬之，小池和男（1982）が挙げられている（pp.8-9）。

〈参考文献〉

1　浅野敬一（2021）「高度経済成長初期における社会政策としての中小企業カルテル —中小企業団体の組織に関する法律に求められた役割と諸集団の利害—」『社会経済史学』87巻1号

2　アンウィン，G（樋口徹訳）（1980），『ギルドの解体過程』岩波書店（原著 1904 年）

3　磯部浩一（1985）「16 中小企業の組織化と運動」瀧澤菊太郎編集代表（1985）『日本の中小企業研究 第 1 巻〈成果と課題〉』有斐閣

4　磯部浩一（1992）「16 中小企業の組織化と運動」中小企業研究所『日本の中小企業研究 第 1 巻〈成果と課題〉』同友館

5　猪木武徳編著（2008）『戦間期日本の社会集団とネットワーク―デモクラシーと中間団体―』NTT 出版

6　猪木武徳（2012）「第 9 章 中間組織の役割―個人でも国家でもなく」『経済学に何ができるか―文明社会の制度的枠組み―』中央公論新社

7　今井賢一，伊丹敬之，小池和男（1982）『内部組織の経済学』東洋経済新報社

8　植田浩史（2003）「5 歴史的研究」中小企業総合研究機構『日本の中小企業研究 第 1 巻 成果と課題』同友館

9　植田浩史（2013）「4 歴史的研究」中小企業総合研究機構『日本の中小企業研究（2000-2009）第 1 巻 成果と課題』同友館

10　宇野重規（2016）「第Ⅲ部 政治哲学から社会へ」『政治哲学的考察―リベラルとソーシャルの間』岩波書店

11　大林弘道（1985）「6 歴史的研究」瀧澤菊太郎編集代表（1985）『日本の中小企業研究 第 1 巻〈成果と課題〉』有斐閣

12　大林弘道（1992）「6 歴史的研究」中小企業事業団 中小企業研究所『日本の中小企業研究 第 1 巻〈成果と課題〉』同友館

13　大林弘道（2013）「17 中小企業の組織化・連携」中小企業総合研究機構『日本の中小企業研究（2000-2009）第 1 巻 成果と課題』同友館

14　岡田与好（1975）『独占と営業の自由－ひとつの論争的研究』木鐸社

15　岡田与好（2014）『競争と結合―資本主義的自由経済をめぐって』蒼天社出版

16　大森一宏（1995）「明治後期における陶磁器業の発展と同業組合活動」『経営史学』（経営史学会）30 巻 2 号

17　大森一宏（1996）「藤田貞一郎著，『近代日本同業組合史論』（清文堂出版，1995 年 9 月，341 頁，7931 円）」『社会経済史学』（社会経済史学会）62 巻 3 号

18　大森一宏（1997）「在来産業と組織化―戦前期日本の藁製品生産と同業組合―」中村隆英編『日本の経済発展と在来産業』山川出版社

19　大森一宏（2015）『近現代日本の地場産業と組織化―輸出陶磁器業の事例を中心として―』日本経済評論社

20　桑原武志（2004）「第 8 章 地区別工業会の機能―東京・大阪を比較して―」植田浩史編著『「縮小」時代の産業集積』創風社

21　小岩信竹（1998）「書評 藤田貞一郎著『近代日本同業組合史論』」『土地制度史学』（土地制度史学会）40 巻 2 号（第 158 号）

22　小木田敏彦（2017）「産業集積における同業組合の役割―明治・大正期における羽二重産地の比較研究―」『経済地理学年報』（経済地理学会）第 63 巻 2 号

23　坂巻清（2016）『イギリス近世の国家と都市—王権・社団・アソシエーション—』山川出版社

24　白戸伸一（2004）『近代流通組織化政策の史的展開—埼玉における産地織物業の同業組合・産業組合分析—』日本経済評論社

25　瀧澤菊太郎編集代表（1985）『日本の中小企業研究 第 1 巻〈成果と課題〉』有斐閣。

26　橘木俊詔・根井雅弘（2014）『来るべき経済学のために』人文書院

27　中小企業事業団　中小企業研究所（1992）『日本の中小企業研究　第 1 巻〈成果と課題〉』同友館

28　中小企業総合研究機構（2003）『日本の中小企業研究 第 1 巻 成果と課題』同友館

29　中小企業総合研究機構（2013）『日本の中小企業研究（2000-2009）第 1 巻 成果と課題』同友館

30　藤田貞一郎（1981）『近代日本同業組合史論序説』国際連合大学

31　藤田貞一郎（1995）『近代日本同業組合史論』清文堂

32　藤田貞一郎（2003）『近代日本経済史研究の新視角 国益思想・市場・同業組合・ロビンソン漂流記』清文堂

33　古川浩一（2003）「19 中小企業の組織化と運動」中小企業総合研究機構『日本の中小企業研究 第 1 巻 成果と課題』同友館

34　松本貴典（1993）「両大戦間期日本の製造業における同業組合の機能」『社会経済史学』（社会経済史学会）58 巻 5 号

35　松本貴典編（1996）『戦前期日本の貿易と組織間関係 情報・調整・協調』新評論

36　丸山美季（2016）「近代材木商同業組合の成立と機能—準則組合西川材木商組合を事例として—」『林業経済』69 巻 7 号

37　丸山美季（2018）「近代材木商同業組合の展開と役割—重要物産同業組合「武州西川材木商同業組合」を事例に—」『林業経済』71 巻 1 号

38　宮本又次（1938）『株仲間の研究』有斐閣

39　宮本又次（1957）『日本ギルドの解放』有斐閣

40　宮本又次（1977）「株仲間とその変遷・解体」宮本又次編『江戸時代の企業者活動』日本経済新聞社

41　宮本又郎，阿部武司，宇田川勝，沢井実，橘川武郎（1995）『日本経営史—日本型企業経営の発展・江戸から平成へ』有斐閣

42　安岡重明（1991）「市場の拡大と同業組合の品質規制—同業組合の歴史性と地域性—」『同志社商学』（同志社大学商学会）42 巻 4 - 5 号

43　Hirst, Paul (1994) *Associative Democracy: New Forms of Economic and Social Governance*, Polity Press

第3章
中小企業の分析をめぐる視点と対象
—アントレプレナーシップ研究領域における
個人，組織，社会レベルでの分析レベルの考察—

同志社大学　関　　智宏

1. 問題の所在

　日本の中小企業研究では，中小企業は何かという本質的な課題とともに（関，2021b; 関・曽我，2021），大多数の中小企業がなぜ日本で存立しているのかを説明する中小企業存立論がその中心的な課題とされている（佐竹，2003; 2008）[注1]。この中小企業存立論のように，中小企業がなぜ存立しているかを説明することと同じく，日本の中小企業が長期にわたって存立している（きた）という存立実態をどのように捉えるか，また，そのことをどのように説明するかについても同時に考えていく必要があろう。それは，中小企業が何か，また中小企業がなぜ存立しているかという課題が，日本において中小企業が長期にわたってどのように存立している（きた）という実態に基づくものでなければならないためである[注2]。

　日本において中小企業が多く存立していることは知られているが，それにもかかわらず，その存立実態を把握することは必ずしも容易なことではない。中小企業にかんする情報は，大企業と異なり，一般的に広く公開されておらず，統計など一部においてその情報があるとしても，内容はきわめて限定的である[注3]。そのため，中小企業にかんする情報を入手するためには，その情報の源泉に直接アクセスしなければならない。日本の中小企業研究では，古くから様々な方法で中小企業の代表個人に対して直接的にコンタクトがとられ，当該中小企業にかんする一次情報としての「現場」の情報が収集されてきた（三井，2016）。中小企業の代表個人の情報をもってして，中小企業の実態を説明しようとしてきたのであ

る。これは，日本においては，中小企業の約半数が法的形態をとっているにもかかわらず，その実態は所有と経営が未分離である個人事業者に近く，中小企業では，企業の代表の意思決定が，その組織のそれと一致しており，中小企業の代表個人＝（イコール）中小企業とみなされるためである。

　たしかに，日本の中小企業にはいろいろなイメージが抱かれているなかで（関・曽我，2021），中小企業の代表の意思決定が組織のそれを反映するようなイメージ（例えばワンマン経営など）があろう。しかしながら，中小企業の代表はあくまで個人であり，中小企業はその構成者が代表だけでない限りにおいて組織である。そのため，中小企業の代表個人のみの情報をもってして，中小企業という組織の存立実態を捉え，また説明していくことになると，分析をめぐる視点とその対象との間に相違が生じていると言わざるをえない。しかし，日本の中小企業研究では，この分析をめぐる視点とその対象との相違をめぐって，一部の研究を除いて必ずしも積極的に検討されてきたわけではない[注4]。

　そこで本研究では，中小企業の存立実態の解明をめぐる分析の視点と対象との関連について検討していく。日本の中小企業研究ではこの点はあまり積極的に議論されていないと考えるため，本研究ではおもにアントレプレナーシップ研究領域の国際ジャーナルに発表された研究成果の諸議論を整理する。アントレプレナーシップの研究領域をおもにとりあげるのは，中小企業研究との親和性が高いと言われるばかりでなく（Blackburn and Kovalaine, 2009）[注5]，アントレプレナーシップ研究が量的にも，また方法論上でも質的な飛躍的成長を見せているためである（Karatas-Ozkan et al., 2014）。これに対して，中小企業関連の主要な国際ジャーナルの動向をみると，中小企業研究の領域は機能主義のパラダイムに支配されてきたが，ここにきてより幅広い存在論や認識論から積極的に検討していく余地があるにもかかわらず（Blackburn and Smallbone, 2008; Grant and Perren, 2002），比較的最近では，中小企業研究に対する関心，さらに言えば中小企業に対する関心すら衰退してきたと指摘されている（Runyan and Covin, 2019）[注6]。なおここで国際ジャーナルの研究成果に限定するのは，本研究の考察対象の範囲を明確にするというねらいもあるが，ここではむしろ，その研究成果が，公開されるまでのピア・レビューによって，研究成果に一定レベルの研究水準が保たれており，かつ後の様々な研究領域での研究展開にインパクトを与えうるためである（関，2021a）。

　本研究では，アントレプレナーシップ現象を捉えようとする研究に焦点を当て，その現象を捉えるための分析をめぐる視点に着目する。アントレプレナーシップの研究領域では，アントレプレナーシップという現象をどのように説明するかをめぐって議論がなされてきた（Gartner, 1985）。これは，アントレプレナーシップの分野は比較的歴史が浅いこともあり，その対象が何であるか，どのような疑問があるのか，そしてそれを研究することができるのかという根本的な問題を解決しようとされてきたことに起因する（Davidsson, 2003; Gartner, 2001）。本研究では，アントレプレナーシップ現象を捉えるための分析をめぐる視点に着目し，現象を把握するという方法論的立場から，おもに定性研究の諸研究をとりあげる。また本研究では，分析をめぐる視点と対象にかんして5つの分析レベル，すなわち個人レベル，グループレベル，組織レベル，産業レベル，社会レベルの5つから選択することができるという議論（Low and McMillan, 1988）を参考にしつつ，本研究では，これらの分析レベルのうち，個人，組織，社会の3つのレベルでアントレプレナーシップの現象をとらえようとした諸研究をとりあげ，その知見を基に中小企業の分析をめぐる視点と対象について考察し，中小企業研究に対する含意を導出する。

2.　個人，組織，社会の分析レベルからみたアントレプレナーシップ

(1)　個人レベルからみたアントレプレナーシップ（企業家研究）

　アントレプレナーシップの研究領域において，分析レベルとしての個人の企業家がどういう存在なのかをめぐって，起業機会（entrepreneurial opportunity）を発見する企業家の個人属性，特に心理的要因を解明しようという認知からのアプローチがある（Baron, 2004; Bird, 1988）。

　認知からのアプローチは，アントレプレナーシップ研究領域において，今日に至るまでも1つの大きな研究潮流となっている（Mitchell et al., 2002）。しかしながら，企業家の個人属性に着目するあまり，起業機会を個人から切り離すことができず，さらに実証的な厳しさもあり，方法論上の諸課題が指摘されている（Berglund, 2007）。こうした課題を克服するべく，ある研究コミュニティでは，方法論のツールボックスを広げ，研究の幅を広げようとする関心が高まるようになった。こうしてアントレプレナーシップ研究の新しいアプローチとして提唱さ

れたのが，現象学的手法である（Berglund, 2007; Berglund and Hellström, 2002）。

　現象学的手法は，特定の状況における現象や人間の経験の意味を研究し，その意味を共感的で明快な方法で捉え，伝えようとすることに主眼をおいている。なかでも Smith らは，現象学的手法を，経験された現象の一般的な構造（それは何か）を概説し，現象に遭遇したローカルな経験（それはどのようなものか）を再創造することの間の中間地点を求めるものであるとしている（Smith, 1996; Smith and Osborn, 2003）。現象学的手法をもちいた研究では，その分析レベルは企業家個人であり，その企業家の活きた人生を辿りながら，企業家個人の物語や経験のなかに意味を理解し，見つけていこうとする（Berglund, 2007; von Eckartsberg, 1986）。個人の行動や思考は，われわれが現象や状況に対して有している意味に影響されるために，日常生活における企業家の経験の意味を捉え，伝えることが企業家に焦点を当てた研究の重要な目標となる（Morris et al., 2012）。現象学的手法は，一方では現実の出来事や理論的概念と，他方ではこれらの出来事や概念に対する個人の解釈との間のギャップを調査するのに特に適しているといわれることから（Smith, 1996），現象学的方法をもちいることによって，新たな理論的構成を発展させ，既存の理論的構成の有効性を高めることができると期待されている（Berglund, 2003）

　現象学的手法をもちいた企業家個人レベルのアントレプレナーシップ研究として，例えば，Hjorth や Steyaert らの研究がある（Hjorth and Steyaert, 2004）。ここでは，アントレプレナーシップの表現や出来事を，既存の言説や出現した言説をもちいて，企業家の行動や出来事が意味を持つようになるまでのストーリーに焦点が当てられている（Hjorth and Steyaert, 2004）。またそれ以外のいくつかの研究では，企業家の事業での失敗がとりあげている（Cope and Watts, 2000; Shepherd, 2003）。なかでも Cope は Watts とともに，企業家が危機的な出来事や時期からどのように学ぶかという学習プロセスを明らかにするために，6 人のイギリス人企業家に対して非構造化インタビューを行った（Cope and Watts, 2000）。なかでも，Cope らがとりあげた企業家の 1 人は，自分自身が犯した重大なマーケティングミスが会社を破滅に追い込んだという。このような状況は，「危機の時にはすべてが高まり，小規模事業の感情的な側面が前面に出てくる」（Cope and Watts, 2000, p.122）ことを明らかにしている。さらに Cope は，後に，

イギリス人4人とアメリカ人8人の企業家を対象としたベンチャーの失敗からの学習のプロセスと内容の次元のより深い理解を開発しており，企業家がどのようにリスクを取り，失敗からどのように学ぶのかを理解するには，非常に個人的，感情的，社会的な性格を持つ問題を含めなければならないことを明らかにしている（Cope, 2011）。これら Cope ら一連の研究は，一般的な合理的・非合理的な企業家の意思決定にかんする冷静な記述（Busenitz and Barney, 1997）に代わる価値のあるものと評価されている（Berglund et al., 2015）。

　アントレプレナーシップ研究において企業家個人に焦点を当てた分析としては，現象学的手法以外には，ライフ・コースにかんするものが知られている。例えば，ライフ・コース分析の自伝的アプローチの好例として Reveley（2010）がある。Reveley は，19世紀のイギリスの企業家であり貿易商でもあった Jules Joubert の自伝を批判的に検証することで，その人生計画とアイデンティティ形成の興味深い例を提供している（Reveley, 2010）。また，Hulsink と Rauch は，企業家が生涯にわたってどのように学び，成長していくのかを研究するためには，学生時代，研究者時代，従業員時代，家業の後継者時代，失業中の頃まで遡って，企業家としての過去の経験を記録し，それまでのネットワーク作りやその他のビジネス関連の活動を時間をかけてマッピングする必要があることを指摘する（Hulsink and Rauch, 2021）。

(2) 組織レベルからみたアントレプレナーシップ（コーポレート・アントレプレナーシップ）

　アントレプレナーシップ研究において，企業家はホットな研究視点および対象であったし，いまもその1つとなっている。しかし，企業家には様々なタイプがあり，また企業家になるためにも様々な方法があり，さらには企業家が生み出す企業も様々である（Gartner, 1985）。認知からのアプローチによる実証研究は，ことさら「平均的な」企業家だけに焦点を当てがちであったが，Gartner は，誰が企業家であるかということよりも，急成長企業の成立におけるバリエーション，つまり組織が成立する組織化の方法を追求するべきであると主張している（Gartner, 1985）。

　企業家によって牽引される企業は，その企業が企業家のみで構成されていない限りにおいて組織である。もとより，企業という組織レベルでの研究は，企業の

競争優位の源泉を明らかにしようとする戦略研究領域で独自に展開されてきた（Zahra et al., 1999）。企業を含めた組織のアントレプレナーシップは，コーポレート・アントレプレナーシップ（Corporate Entrepreneurship）（以下，CE とする）と呼ばれる。CE は，組織再生のプロセスを意味し，2 つの異なるが関連し合う現象に関係している（Guth and Ginsberg, 1990）。1 つは，イノベーションとコーポレート・ベンチャリング（Corporate Venturing）活動である。イノベーションは，競争上の優位性を生み出すとされていたが，その優位性を維持するのではなく，常に更新しなければならないものである（Minora et al., 2021）。またコーポレート・ベンチャリングは，例えば，新規事業を展開するさいに外部の企業を活用することである。もう 1 つの現象は，企業の競争力やリスクを取る能力である。CE は，これらの能力を高めるための更新活動を具体化したものであり，この側面は戦略的アントレプレナーシップと定義されることがある（Kuratko and Audretsch, 2009）。戦略的アントレプレナーシップは，機会を特定して活用すると同時に，競争上の優位性を生み出し，維持することができる（Ireland et al., 2003）。

　CE は，新規企業と既存企業とに区分すると，どちらかと言えば新規企業の説明にもちいられがちであるが，問題視しなければならないのはその区分よりもむしろ企業組織のあり方である（Phan et al., 2009）。組織の複数のレベルごとで必要なマネジメントが異なるために，それぞれのレベルで CE を発揮させていく役割が知られている（Dess et al., 2003）。Phan らは，組織の様々なレベルのマネジャーが，起業活動を誘発したり支援したりするうえで，どのような役割を果たしているのかを問うべきであると主張する（Phan et al., 2009）。また Kelly らは，企業の組織内の複数のマネジメント・レベルの問題を提起しており，業界をリードするグローバル企業 12 社の様々なレベルの管理職の従業員 246 件のインタビューを行うことで複数のレベルのマネジャーを考慮することにかんする実証的な証拠を提供している（Kelly et al., 2003）。Kelly らは，具体的には，異なる経営レベル（シニア・マネジャー，ミドル・マネジャー，プロジェクト・リーダー），異なる職務経歴（研究開発，マーケティングなど），異なるビジネス・グループの代表者に対して，4 年の期間をかけてインタビューを行った。インタビューを進めていくなかで，当初の中心的な対象であったキー・インフォーマントがあまり知らないような，情報提供が可能な人物がおり，組織のネットワーク能力が企

業の起業活動に重要であることを明らかにしている（Kelly et al., 2003）。

（3）社会レベルからみたアントレプレナーシップ（アントレプレネリング）

アントレプレナーシップ研究は，「企業家」（個人），「急成長企業」（組織化の方法）だけでなく，さらに加えて「機会」（環境条件）という3つの分野が交差する包括的なアプローチであることが提案されている（Busenitz et al., 2003）。起業機会は，アントレプレナーシップ研究の主要なトピックの1つとなっている（Dimov, 2007）。

これまでの諸研究では，企業家，（急）成長企業といったものと同じように名詞としての実体を捉える傾向が強くあったことが指摘されている（Rindova et al., 2009）。しかしアントレプレナーシップで焦点が当てられるべきは起業するという起業行為（entrepreneurial action）である（McMullen and Shepherd, 2006）。アントレプレナーシップを名詞の実体ではなく，行為面により焦点を当てていくために，動詞としての実践へと転換させることが提案されていくことになった。これが，Steyaertが提唱する，プロセスの概念化としてアントレプレネリング（entrepreneuring）である（Steyeart, 2007）。

こうした提案を受けて，アントレプレナーシップを創造的で社会的・集団的な組織化のプロセスとして捉えていこうという試みがある（Johannisson, 2002）。アントレプレナーシップを継続的な創造的な組織化として捉えることによって，活動の集合体には（個人的な）関係性の束が含まれることになり，行為と相互作用，その源，パターンメイキングと結果という「事を成し遂げる」ことに焦点があてられる。さらに認知など合理主義的でなく，情熱や感情，即応性，即興性などの非合理性が存在すること（Hjorth et al., 2003），さらに日常的な実践（Steyaert, 2004）といったことを認めることになる（Steyeart, 2007）。

アントレプレナーシップが「事を成し遂げる」というようにみていく研究の1つが，Rindovaらによる解放としてのアントレプレナーシップである（Rindova et al., 2009）。「解放」の視点は，経済活動に加えてその解放を生み出す社会的かつ組織的な力とその力を生み出していくプロセスに焦点を移していくことに大きく貢献している[注7]。このように「解放」の視点のように，アントレプレナーシップを創造的で社会的・集団的な組織化のプロセスとして捉えていくということは，アントレプレナーシップの分析をめぐる視点や対象を企業に限定してしまう

ことを避けることにある（Scott and Rosa, 1996）。Calás らも，フェミニストの
視点から，アントレプレナーシップは「共通の対象」ではなく，「複雑な社会活
動とプロセスの集合」であるとし，アントレプレナーシップを「社会的な変化を
もたらす可能性のある経済活動」から，「多様な変化をもたらす可能性のある社
会的な変化活動としてのアントレプレナーシップ」へと再定義する必要性を主張
している（Calás et al., 2009）。そうしてアントレプレナーシップは組織のレベル
を越え，社会のレベルでの変化，新しさ，発展によって定義される現象ベース，
すなわち社会で何が起こるかをみることになる（Welter, 2011; Wiklund et al.,
2011）。

　こうした社会レベルでの視点を強調したと考えるのが，Gaddefors と
Anderson による「アントレプレナーシープ（entrepreneursheep）」である
（Gaddefors and Anderson; 2017）。これは，アントレプレナーシップとシープ
（羊）とをかけ合わせた彼らたちの造語である。Anderson らは，アントレプレ
ナーシップを，価値の創造や抽出と考えており（Alvarez and Busenitz, 2001;
Diochon and Anderson, 2011），プロセス，人，場所との間のつながりがアント
レプレナーシップを説明するのに役立つと主張している（Anderson et al.,
2012）。

　Gaddefors and Anderson（2017）は，彼らたちの 10 年にわたるエスノグラ
フィーの研究成果の一部であり，スウェーデンの中央部にある小さな町であるス
コーヘム（Skoghem）の芝生に羊が持ち込まれてから，この羊たちをめぐって
スコーヘムの町にもたらされた成果と社会プロセスをめぐる事例である。
Gaddefors and Anderson（2017）では，そのプロセスの詳細が，豊かに描かれ
ている。ここで彼らたちの記述の一部を引用する。

　　羊が町に来たときには，エチオピアからの難民に助けを求めることができ
　た。そのため自治体の職員は喜んだ。エチオピアからの難民たちは羊の世話
　や見張りをしてきた長い歴史があり，時間のある人もいたので，彼らは羊の
　群れを柵で囲んだり，見張りをしたりする仕事を引き受けた。羊飼いたちに，
　この場所についての地元の知識を身につけさせることを目的に，長期失業者
　を何人か雇うようになった。羊に餌を与えることで，別の幸運な偶然が起
　こった。自治体の縮小予算は，多くの地元の芝生や道端が放置されているこ

とを意味していた。法律に抵触しないように，もっとも適した場所を選ぶために，3人の庭師が羊飼いを助けるように頼まれた。…（中略，筆者）…庭師と羊飼いたちは，最初の牧草地を地元の学校の外にすることを決めた。羊たちは子どもたちの注目を浴びるのが好きで，先生たちが羊を主役にして，例えば，年少の子どもたちには算数の数え方を教え，年長の子どもたちには羊の毛や皮，肉のことを教えたりした。羊はよく働き，草がなくなると羊飼いたちは柵を駅に近い道端に移動させた。食用の茂みや芝があったが，すぐに自治体の老人ホームの近くの川に放牧地を移した。そこは静かで，食べるものがたくさんあって良いところだった。最初は羊飼い以外の誰も呼ばれなかったが，しばらくすると，高齢者が訪問し始めた。彼らは長くは滞在しなかったが，毎日のように来てくれた。老人ホームで働いている看護師の1人は，羊飼いたちに，老人たちがベッドから出る理由ができたことを話してくれた。羊の様子を見ることができたことで，羊飼いたちは皆で話す機会を得て，従業員たちも感謝していた。

(Gaddefors and Anderson, 2017, p.272)

　GaddeforsとAndersonは，アントレプレナーシップは，状況の変化の流れの中での出来事である可能性の方が高いとしたうえで，「羊と人との結びつき方は，彼らのアントレプレナーシップを発展させるための新たな扉を開いた」とした。そして，例えば「羊がいつ到着したのか」というアントレプレナーシップの起源を見つけることよりも，羊プロジェクトの「すること」のなかで，これらの成果がどのように進化し，時間の経過とともに重なり合っていくことを強調している（Gaddefors and Anderson, 2017）。GaddeforsとAndersonは，羊が町にもたらされたことをきっかけとして，その後に起業を生み出した様々な出来事を多面的に観察することで，それがどのようにして起こったのかというそのプロセスに光を当てることに成功している。

3.　アントレプレナーシップを複数の分析レベルからプロセスとしてみる

　これまでみてきたように，アントレプレナーシップという現象をめぐる議論が展開されていくにつれて，アントレプレナーシップは時間をかけて起こるプロセ

スであるという考え方が多くみられるようになった。そして，このプロセスに影響を与える要因を幅広く考慮することを目的に，1つには，より多くの現象を把握するためにも，研究者は分析レベルを1つに限定せず，より豊かなマルチレベルの研究デザインを試みなければならないこと，またもう1つには，研究者は「広い時間枠での研究」を試みることで，よりコンテクストやプロセスを重視したものであるものに限り意味のある研究にしなければならないこと，といった諸点が（Low and McMillan, 1988），さらにいっそう重要視されていくことになった。

　アントレプレナーシップの現象をより豊かに説明するためには，上でみてきたような個人，組織，社会といったいずれかの分析レベルにとどまらず，分析レベルを広げ，より豊かなマルチレベルでの検討が必要であろう。このことは，上でとりあげたいくつかの研究でも明示されている。例えば，Cope と Watts は，企業家の学習プロセスを明らかにしようとするなかで（Cope and Watts, 2000），その分析レベルを企業家の個人レベルとしながらも，「蓄積された学習がスタートアップにもたらした膨大な多様性，すべての小規模なスタートアップの文脈と発展の両方の個性，そして『個人』と『ビジネス』の間の超複雑な相互作用」（Cope and Watts, 2000, p.118）を評価している。また，Phan らは，組織レベルの観点から，CE を発揮するためには，組織の様々なレベルのアクターがその役割を担っているだけでなく，それらが互いに独立していないことを示し，このような相互依存関係をどのように促進するかを理解する必要があると指摘している（Phan et al., 2009）。さらに，企業家個人と企業の組織レベルとの関連では，企業家個人のパーソナリティが，組織の構成員が創り出していく組織の経験と相互に作用し，組織の文化を形成し，さらには組織文化が企業のパフォーマンスにも影響を与えることが知られている（Kets de Vries, 1985）。また社会レベルでは，企業家個人や企業組織に限定せずに社会のコンテクストが取り扱うようになる。ここで Gaddefors and Anderson（2017）の「アントレプレナーシップ」の一部をここで再び紹介しよう。まず田舎町に羊がもちこまれると，その世話や見張りが難民たちの仕事になり，また羊飼いを確保するために長期失業者が雇用された。さらに牧草地が学校の外に決まると，羊のことが地元の学校で扱われるようになり，放牧地が老人ホームの近くになると高齢者がリハビリの一環として羊を訪れるようになった（Gaddefors and Anderson, 2017）。羊が町にもたらされたことをきっかけとして，起業を生み出した様々な出来事が社会でどのようにして

起こったのかということが取り扱われるようになる。

　分析レベルを広げるといっても，その対象となるケースの数を増やしていけばよいというわけではない。ここで重要なことは，プロセスに影響を与える要因を明らかにする観点から，時間的観測の数を増やすことにある（Langley et al., 2013）。時間は，こんにちアントレプレナーシップ研究で注目され，かつ話題の中心ともなりつつあるテーマの１つである（Lévesque and Stephan, 2020; McMullen and Dimov, 2013）。企業家個人のレベルに位置づけられる学習プロセス（Cope, 2011; Cope and Watts, 2000）やライフ・コース（Hulsink and Rauch, 2021; Reveley, 2010）は，ある一定期間にわたる時間的な流れを想定した分析である。組織レベルでのCEの発揮については，従前では数年程度のタイムスパンに焦点を当てた研究が多く（Minora et al., 2021），企業のライフサイクルのなかで企業のCEの性質が変化する可能性が軽視されがちであったが（Phan et al., 2009），Minoraらは，ファミリー企業の事業活動を数十年にわたって観察することで，個人，家族，企業の各レベルでの成果が，将来の起業活動へのモチベーションや能力にどのように影響するかというフィードバック効果の視点を提案している（Minora et al., 2021）。社会レベルでは，その社会のなかで生じうる成果がどのように進化し，時間の経過とともに重なり合っていくかが対象となっており，GaddeforsとAndersonは，起業を生み出した様々な出来事がどのようにして起こったのかというプロセスを取り扱うなかで，「誰が，何を，なぜ，どこで，そして特定の活動の結果をリスト化すること」でアントレプレナーシップが時間や場所によってどのように変化し，変化していくのかという文脈を記述することを提案している（Gaddefors and Anderson, 2017）。

4.　ディスカッション

　ここまでのアントレプレナーシップという現象をどのようにとらえるかというアントレプレナーシップ研究領域での諸研究の整理を踏まえ，本節では，中小企業研究のなかでも，とりわけ中小企業が存立しているという実態をどのように捉えるかという点との関連性について，分析をめぐる視点としての個人レベル，組織レベル，社会レベル，また複数レベルの組み合わせおよびプロセスについて考察していくことにしたい。

　第1に，個人レベルで中小企業の存立実態をみていくという点である。中小企業では，当該企業の代表の意思決定が，その組織のそれと一致しているとされる。中小企業で個人レベルというときの個人とは，多くの場合，中小企業の代表，すなわちオーナーやトップ・マネジャーなど企業家に該当する。個人レベルで中小企業の存立実態をみていくさいには，企業家個人に直接的に深くアクセスすることで得ることになる情報から，中小企業としてとられうる様々な行動が，その行動を牽引する企業家によってどのようにとられ，また意味が与えられるのかがを検討していくことになる。企業は企業家個人の目的を達成するための活動の場となる。中小企業家個人の情報を基に，現象学的手法，なかでもライフ・ヒストリーやストーリーテリングといった手法をもちいることで，企業家の生き生きとした日々の態度や行動の意味を捉え，伝えていくことができると期待される。

　第2に，組織レベルで中小企業の存立実態をみていくという点である。中小企業の多くが小規模企業であるとしても，従業員が1人でも従事している場合には，中小企業はその代表個人と必ずしも一致せずに，組織体となる。さらに従業員の人数がより多くなると，組織が多層化し，それぞれに担当の役割が組織内で分業されることになる。ここでは，組織体として中小企業組織そのものをみていくということになる。上でとりあげた CE などのアントレプレナーシップ研究では，様々な組織レベルのマネジャーに焦点が当てられているが，中小企業の場合には，大企業ほどの組織の階層化は生じておらず，マネジャー自体が必ずしも多くないであろう。それゆえ中小企業組織の場合には，マネジャーだけでなく一般の従業員も対象に含め，それらの複数レベルから中小企業組織のあり様を検討することで，そのパフォーマンスにつながるメカニズムを解明していくことが期待される。中小企業には，株主が必ずしも代表個人と合致せず，株主が少数であるが複数に分散している場合もある。中小企業を組織レベルでみていくさいには，中小企業組織を構成する多様な組織構成員を分析対象に含めていく必要があろう。

　第3に，社会レベルで中小企業の存立実態をみていくという点である。もとより企業は社会的な存在であると言われており，企業が事業を開始した時点で企業組織の外部に位置する顧客とのかかわりをもつことになる。また中小企業が担う事業活動の範囲は，当該企業が存立するある特定の地域と一致することが多く，直接的には当該地域の地方公共団体などと，さらに間接的には，その中小企業の代表や従業員が当該地域に居住している場合にはその代表や従業員の家族ともか

かわりをもつことになる。人間社会はコミュニティ内部との関係に基づく「パーソン・イン・コミュニティ」であると言われるように（Cobb, 2007），中小企業の存立は，ある特定地域のなかの社会に組み込まれたものとみなされる。当該中小企業がその地域に存立することによって，当該中小企業組織の構成者や当該地域の社会を構成する様々な主体の行為がそれぞれと相互作用をしていくことになる。社会レベルから中小企業を検討することで，中小企業を社会の構成者とみて，中小企業に分析対象を限定せず，社会の様々な主体のそうした行為と相互作用を解明していくことが期待される。

　以上のように，中小企業がいかに存立している（きた）かという実態をみていくさいには，個人，組織，社会それぞれのレベルごとで，その分析をめぐる視点と対象とを一致させることがまず重要となる。しかし，中小企業研究という場合には，私見では，企業組織としての組織レベルを軸とし，そのうえで個人レベルや社会レベルなど異なる分析レベルを組み合わせた研究が展開されていくことが期待される。この点を考えてみることにしたい。

　中小企業研究で多くみられうるのは，個人レベルでの分析であろう。これは，中小企業の代表のみから得た情報を基に中小企業の存立実態を描こうとするものである。しかし，分析レベルの観点からすれば，企業家を分析対象とした分析である限り，それは企業家を分析視点とした企業家の研究となろう。中小企業研究において，企業家の研究はそれ自体重要なトピックの 1 つとなっている[注8]。こうした個人レベルでの分析は，企業家個人の人生のなかでの起業という行為の意味の理解や発見の解明につながることが期待される。しかし，中小企業という企業組織で起こる現象を深く記述し，また説明するためには，企業家個人だけにとどまらず，中小企業組織の構成員という組織レベルでの分析対象を加えることが必要になる。中小企業の組織レベルでの分析は，人的資源管理や労務管理といった研究領域で議論が展開されている。例えば，中小企業で支払われる賃金は大企業で提供される賃金よりも低いことが多いにもかかわらず，従業員の満足度が高いのは，そのような企業の職場文化や対人関係，雇用者と従業員の間に明白な信頼関係があるためであることが，企業家と従業員の双方に対する調査から明らかにされている（Curado and Vieira, 2019, Mazzarol et al., 2021）。中小企業研究においては，中小企業という企業組織を論じようとその視点を強調するのであれば，個人だけでなく，組織をも分析対象に加えた研究がよりいっそう展開される

べきであろう。

　また，中小企業研究では，政策的見地から，中小企業が地域に根ざした社会的な存在であるとして位置づけられることがある（佐竹，2021）。中小企業研究では，そうした社会的な分析視点をもちながらも，分析対象としては企業家個人に焦点が当てられがちである。しかし，分析レベルの観点から，社会レベルで中小企業を分析するとなると，中小企業は社会を構成する多様な主体の1つとし，社会を構成する様々な主体の行為との間の相互作用を描くことになる。こうした社会レベルでの分析は，中小企業の社会的な性質をより具体的に描き出していくうえで重要な示唆をもたらすであろう。こうした社会レベルでの分析は重要な視座をもたらすことを前提としながらも，中小企業研究という限りにおいては，社会における中小企業の組織体そのものや諸活動など組織レベルに重きを置くことで，敢えて「組織レベルを越え」（Welter, 2011; Wiklund et al., 2011）な̇い̇かたちで，組織レベルと社会レベルとを複合的に組み合わせた研究がよりいっそう展開されるべきであろう[注9]。

　中小企業研究は，中小企業の代表個人のみの情報をもって，中小企業をめぐる現象を説明しようとする傾向がある。しかしながら中小企業研究の射程は企業であり，となれば，その企業組織をめぐる現象を説明することがまずもって重要となる。組織をめぐる現象を説明するためには，分析レベルの観点からすれば，組織レベルとして分析視点とその対象とを一致させなければならない。そしてそのうえで個人や社会などの異なる分析レベルを組み合わせ，さらに同時に時間を注視してそのプロセスを描いていくことが，中小企業研究において重要になると考える。ただし中小企業研究が中小企業を研究対象の中心に据えるとは言え，企業のあり様を説明することに没頭してはならない。Tsoukasはその現象を説明することをめぐって，研究者は，「ここで何が起こっているのか」という問いに答えながら，「これは何の事例なのか」というより広い問いに答えるために，状況的な特異性を捉えることを求めている（Tsoukas, 2009, p.298）。中小企業研究におけるプロセスの視点は，中小企業それ自体を説明するというよりかは，むしろその中小企業が存立している（きた）なかで起きている（きた）現象を説明していくことにあるのである[注10]。

5.　おわりに

　本研究では，「現場」重視とも言われる日本の中小企業研究において，中小企業の代表のみの情報から，中小企業の存立実態を捉え，また説明していくことがあるという，分析をめぐる視点とその対象との間に相違が生じていることを受け，中小企業研究における分析をめぐる視点とその対象との関連を検討することを目的としていた。そこで中小企業研究と親和性のあるアントレプレナーシップの研究領域の知見を基に，研究者がアントレプレナーシップ現象をとらえるための個人，組織，社会という３つの分析レベルでの諸研究をとりあげ，その諸研究でアントレプレナーシップ現象をどのように捉えようとしているかを説明した。それを踏まえ，中小企業研究においては，個人レベルでは，企業家の生き生きとした日々の態度や行動といった企業家の人生そのものの意味を捉え，伝えていくことができることを，組織レベルでは，組織構成員であるマネジャーや一般従業員（さらに株主など）など複数レベルから中小企業組織のあり様を検討することで，そのパフォーマンスにつながるメカニズムを解明していくことができることを，そして，社会レベルでは，中小企業を社会の構成者とみて，中小企業に分析対象を限定せず，社会の様々な主体のそうした行為と相互作用を解明していくことが期待される。

　日本の中小企業研究の多くは，中小企業の代表のみの情報をもってして，中小企業の存立実態を捉え，また説明しようとする傾向があるが，分析対象からすれば，あくまでこれは個人レベルでの分析視点である。しかしながら，中小企業は組織であるため，組織レベルでは，多様な層の従業員にかんする情報が必要となる。また中小企業は存立している地域など社会とのかかわりも深いため，社会レベルでは社会を構成するアクターの様々な諸活動の情報が必要となる。このように，中小企業研究においては，分析をめぐる視点と対象とを一致させたかたちで，それぞれの分析レベルでの研究展開と深化が期待される。また，中小企業研究はあくまで企業の研究であるとすると，分析レベルはあくまで組織レベルを中心としながらも，１つに限定することなく，個人や社会などといった異なる分析レベルを組み合わせることで，より豊かなマルチレベルの研究デザインもまた求められるであろう。さらに，中小企業の存立実態は多様でかつ複雑な現象である。そ

のため，中小企業の存立実態を解明していくためには，時間を注視したプロセス
の視点を導入することが肝要となるが，複数レベルの分析をどのようにその解明
に組み込むかが課題となる（Welter, 2011; Zahra and Wright, 2011）。こうして
中小企業研究では，中小企業自体を説明するのではなく，その中小企業をめぐっ
て起きている（きた）現象を説明していくことが求められる[注11]。

　本研究では，検討すべき課題が多く残されている。例えば，アントレプレナー
シップの研究領域での分析をめぐる視点にかんする5つの分析レベルのうち，本
研究では個人レベル，組織レベル，社会レベルの3つに限って考察したため，グ
ループレベルおよび産業レベルの2つの分析レベルについては考察することがで
きていない。日本の中小企業研究では，中小企業家個人同士のつながりや，同一
産業内での企業間のつながりなどによる様々な取組が行われているが（池田,
2020; 佐竹, 2008），本研究ではこの点について検討ができていない。さらに本研
究では，とりあげた諸研究の限りでみたとしても，それら諸研究での方法論的立
場などといった詳細についての検討が十分にできておらず，日本の中小企業研究
の学術コミュニティに対する問題提起にとどまっている。ここでとりあげた諸点
については，今後の検討課題としたい。

　日本の中小企業研究のコミュニティでは，研究対象を含む研究デザイン，さら
にはその前提となるより幅の広い存在論や認識論については（Blackburn and
Smallbone, 2008; Grant and Perren, 2002; van Burg and Romme, 2014），一部の
例外を除き（平野, 2018; 三井, 2016），そもそもほとんど検討がなされていない
という現実がある。本研究で試みた検討は議論の途上ではあるが，本研究が日本
の中小企業研究の学術コミュニティにおける議論の起点となり，研究コミュニ
ティの活性と議論のさらなる発展につながることを祈願する。

〈注〉
1　日本における中小企業研究の歴史は長く，その研究蓄積も多くあると言われる。し
　　かしながら，どこまでの研究成果を中小企業研究とするかについては議論の余地が残
　　されていると考える（関, 2020）。
2　「日常生活と同様に科学においても，ないものやなかったものについて説明がなさ
　　れることがよくある」と言われるように（Merton, 1987, p.21），実態，すなわち観察
　　されるあらゆる事実としての現象を確立することが科学の第一歩とされている。
3　日本において存立する中小企業の数がどのくらいかについて，中小企業庁による政

府統計が公表されているが，その統計どおりに中小企業が存在しているかどうかは必ずしも定かではない（関, 2017）。

4　ここでの例外には，例えば池田（2020）がある。池田は，中小企業研究における分析視点について考察している（池田, 2020）。また「中小企業論研究」の成果と課題について論じた渡辺によれば，「社会学では社会調査の方法論をめぐる理論・研究があるが，中小企業論の分野ではそうしたことは重視されてこなかった。調査の方法論を示した著書がまったくないわけではないが，中小企業論の研究を志すものは，多くの場合，見様・見真似にもとづいて，経験的に調査の方法を修得してきたのが実情であろう」と述べている（渡辺, 2008, p.133）。なお渡辺が紹介している例外的な「調査の方法論を示した著書」というのは，Curran and Blackburn（2001）である。

5　中小企業関連の国際ジャーナルである International Small Business Journal（ISBJ）に Researching Entrepreneurship というサブタイトルが追記されるようになったように，中小企業研究領域でのアントレプレナーシップ研究の親和性やそれへの関心の高まりを知ることができる。

6　アントレプレナーシップ研究をめぐっては，記述的研究よりも理論的研究が増加している反面，中小企業の分野ではアントレプレナーシップ研究のような理論的研究にかんする議論がほとんど行われていないとの指摘もある（Volery and Mazzarol, 2015）。

7　解放という考え方は，1つには，経済活動と変革的な野心の両方が強調されるようになる（Rindova et al., 2009; Steyaert and Hjorth, 2006），2つには，企業家としてのエージェンシーがより徹底的に理解されるようになる，3つには，「解放」をキーワードとすることで，権力の不平等の（再）生産と抵抗における組織化プロセスの役割にかんするより広範な懸念にも触れられるようになる，4つに，個人のエージェンシーへの関心が「他者の力から解放される」という「解放」という考え方を後押し，他者の力による制約もまた，企業家の挑戦する力と同じように，「する」という観点から考えることができるようになる，といった諸点につながっていくことになった。

8　例えばイギリスを代表する中小企業研究者である Blackburn らは，事業を閉鎖する企業家や事業から撤退する企業家に何が起こるのかを調査し，事業を閉鎖する企業家の態度や将来の意図をより深く理解することが，オーナーやマネジャーの退社と廃業にかんする分野の新しい研究領域として位置づけている（Blackburn and Kovalaine, 2009）

9　この点に関連して，組織研究の領域であるが，日本の中小企業を対象にした国際ジャーナルに掲載された先駆的な研究成果に Sasaki et al.（2019）がある。Sasaki らは，京都で創業して100年以上が経過した老舗の家族企業を対象に，どのようにして地域社会の中で高い社会的地位を維持しているかを調査した（Sasaki et al., 2019）。京都における酒造業，菓子業，日本の伝統工芸品（木の人形，木版画，仏壇修理など）の3つの産業に従事する老舗の経営者および従業員だけでなく，経営者の家族，地域社会の代表者，さらに地域社会を構成する政治（府庁，市議会議員），文化（僧侶，

檀家），経済（商会，商工会議所，百貨店）の各分野のコミュニティの人々が調査の対象となっている。100年以上の歴史を回顧しそのプロセス自体を描きだすことは必ずしも容易ではないが，ここではその歴史の上に積み重なる現象をより具体的に描き出すために，多様な情報源にアクセスしていること，またある一定期間をかけてのインタビューがなされていること，にある。これらから得られた豊富なデータを基にして，アクター間の継続的な相互作用が，地域社会の文化的完全性や集団的アイデンティティの維持に役立つ慣行や構造に継続的にコミットすることと引き換えに，老舗に明確な社会的地位を与える社会秩序を再生産し，再現していることを明らかにしている（Sasaki et al., 2019）。中小企業研究においては，組織レベルから，企業組織を取り巻く個人や社会とのさまざまなつながりを対象に含めた研究がよりいっそう展開されるべきであろう。

10　プロセスの視点は，時間の経過とともに物事がどのようにして発生し，発展し，成長し，終了するのかという問題を扱うことだけでなく，進化する現象に経験的に焦点を当てることで，説明や理解の要素として活動の時間的進行を明示的に組み込んだ理論化を目指すものであると指摘されている（Langley et al., 2013）。

11　Selden と Fletcher は，アーティファクト（artifacts）の出現を分析単位とすることで，起業をめぐる出来事が起業の旅によってどのように文脈化されているかを説明することができるとしている（Selden and Fletcher, 2015）。

〈参考文献〉
1　池田潔（2020）「中小企業研究の分析視点に関する新たな考察―中小企業ネットワークを疑似企業体として捉える―」大阪商業大学比較地域研究所『地域と社会』第23号，pp.31-58
2　佐竹隆幸（2003）「現代中小企業存立論と中小企業の存立」大阪経済大学中小企業・経営研究所『中小企業季報』2003年第1号，pp.1-10
3　佐竹隆幸（2008）『中小企業存立論―経営の課題と政策の行方―』ミネルヴァ書房
4　佐竹隆幸（関智宏編集責任）（2021）『中小企業政策論―持続可能な経営と新しい公共―』関西学院大学出版会
5　関智宏（2017）「産業実態調査と中小企業研究― 2014年度における松原市製造業実態調査をケースとして―」『同志社商学』第69巻第3号，pp.383-414
6　関智宏（2020）「日本における中小企業研究の40年―『日本中小企業学会論集』に掲載された論稿のタイトルの傾向分析―」『同志社商学』第72巻第1号，pp.117-155
7　関智宏（2021a）「企業家活動プロセスをめぐる諸研究をマッピングする―経営研究における影響力のある文献のシステマティック・レビュー―」『同志社商学』第72巻第5号，pp.929-969
8　関智宏（2021b）「研究対象としての中小企業―『大』との差異か，その異質性か―」『同志社商学』第73巻第2号，pp.561-582
9　関智宏・曽我寛人（2021）「中小企業をイメージする（2018年）― 2018年度にお

ける大学生を対象とした調査による探索的データ分析―」『同志社商学』第 73 巻第 1
号，pp.115-130

10　平野哲也（2018）「中小企業研究の方法的立場―中小企業概念の系譜とデザインの
方法―」日本中小企業学会編『新時代の中小企業経営』同友館，pp.208-221

11　三井逸友（2016）「中小企業研究の課題と方法―公益社団法人中小企業研究センター
の 50 年の歴史に寄せて―」『公益社団法人中小企業研究センター年報 2016』公益社
団法人中小企業研究センター，pp.3-19

12　渡辺俊三（2008）「中小企業論研究の成果と課題」『名城論叢』第 8 巻第 4 号，
pp.121-141

13　Alvarez, S. A. and Busenitz, L. W. (2001) "The Entrepreneurship of Resource-
Based Theory," *Journal of Management*, 27(6), pp.755-775

14　Anderson, A.R., Drakopoulou Dodd, S., and Jack, S. L. (2012) "Entrepreneurship as
Connecting: Some Implications for Theorising and Practice," *Management Decision*,
50(5), pp.958-971

15　Baron, R. A. (2004) "The Cognitive Perspective: A Valuable Tool for Answering
Entrepreneurship's Basic 'Why' Questions," *Journal of Business Venturing*, 19(2),
pp.169-172

16　Berglund, H. (2007) "Researching Entrepreneurship as Lived Experience," in
Neergaard, H. and Ulhöi, J. eds, *Handbook of Qualitative Research Methods in Entre-
preneurship*, Edward Elgar, Cheltenham, pp.75-93

17　Berglund, H. and Hellström, T. (2002) "Enacting Risk in Independent Technologi-
cal Innovation," *International Journal of Risk Assessment and Management*, 3(2/3/4),
pp.205-221

18　Bird, B. (1988) "Implementing entrepreneurial ideas: The case for intention," *Acad-
emy of Management Review*, 13(3), pp.442-453

19　Blackburn, R. A. and Kovalainen, A. (2008) "Researching Small Firms and Entre-
preneurship: Past, Present and Future," *International Journal of Management
Reviews*, 11(2), pp.127-148

20　Blackburn, R. A. and Smallbone, D. (2008) "Researching Small Firms and Entre-
preneurship in the U.K.: Developments and Distinctiveness," *Entrepreneurship
Theory and Practice*, 32(2), pp.267-288

21　Busenitz, L. W., West, G. P., Shepherd, D. A., Nelson, T., Chandler, G., and Zacha-
rakis, A. (2003) "Entrepreneurship Research in Emergence: Past Trends and Future
Opportunities," *Journal of Management*, 29(3), pp.285-308

22　Calás, M., Smircich, L., and Bourne, K. (2009) "Extending The Boundaries: Refram-
ing 'Entrepreneurship as Social Change' through Feminist Perspectives," *Academy
of Management Review*, 34(3), pp.552-569

23　Cope, J. (2011) "Entrepreneurial Learning from Failure: An Interpretative Phenomenological Analysis," *Journal of Business Venturing*, 26(6), pp.604-623

24   Cope, J. and Watts, G. (2000) "Learning by Doing: An Exploration of Experiences, Critical Incidents and Reflections in Entrepreneurial Learning," *International Journal of Entrepreneurial Behaviour*, 6(3), pp.104-124

25   Curado, C. and Vieira, S. (2019) "Trust, Knowledge Sharing and Organizational Commitment in SMEs," *Personnel Review*, 48(6), pp.1449-1468

26   Curran, J. and Blackburn, R. A. (2001) *Researching the Small Enterprise*, SAGE Publications

27   Davidsson, P. (2003) "The Domain of Entrepreneurship Research: Some Suggestions," in Katz, J. A. and Shepherd, D. A. eds., *Advances in Entrepreneurship, Firm Emergence and Growth*, 6, pp.315-372

28   Dess, G. G., Ireland, R. D., Zahra, S. A., Floyd, S. W., Janney, J. J., and Lane, P. J. (2003) "Emerging Issues in Corporate Entrepreneurship," *Journal of Management*, 29(3), pp.351-378

29   Dimov, D. (2007) "Beyond The Single-Person, Single-Insight Attribution in Understanding Entrepreneurial Opportunities," *Entrepreneurship Theory and Practice*, 31(5), pp.713-731

30   Diochon, M. and Anderson, A. R. (2011) "Ambivalence and Ambiguity in Social Enterprise: Narratives about Values in Reconciling Purpose and Practices," *International Entrepreneurship and Management Journal*, 7(1), pp.93-109

31   Gaddefors, J. and Anderson, A. R. (2017) "Entrepreneursheep and Context: When Entrepreneurship Is Greater Than Entrepreneurs," *International Journal of Entrepreneurial Behavior and Research*, 23(2), pp.267-278

32   Gartner, W. B. (1985) "A Conceptual Framework for Describing The Phenomenon of New Venture Creation," *Academy of Management Review*, 10(4), pp.696-706

33   Gartner, W. B. (2001) "Is There An Elephant in Entrepreneurship? Blind Assumptions in Theory Development," *Entrepreneurship Theory and Practice*, 25(4), pp.27-39

34   Grant, P. and Perren, L. (2002) "Small Business and Entrepreneurial Research: Meta-Theories, Paradigms and Prejudices," *International Small Business Journal*, 20(2), pp.185-209

35   Guth, W. and Ginsberg, A. (1990) "Guest Editors' Introduction: Corporate Entrepreneurship," *Strategic Management Journal*, 11 (S), pp.5-15

36   Hjorth, D., Johannisson, B., and Steyaert, C. (2003) "Entrepreneurship as Discourse and Life Style," in Czarniawska, B. and Sevón, G. eds., *Northern Light : Organization Theory in Scandinavia*, Malmö : Liber ; Oslo : Abstrakt, pp.91-110

37   Hjorth, D. and Steyaert, C. eds. (2004) *Narrative and Discursive Approaches in Entrepreneurship*. Cheltenham, UK and Northampton, MA, USA: Edward Elgar

38　Hulsink, W. and Rauch, A. (2021) "About The Lives and Times of Extraordinary Entrepreneurs: The Methodological Contribution of Autobiographies to The Life Course Theory of Entrepreneurship," *Journal of Small Business Management*, 59(5), pp.913-945

39　Ireland, R. D., Hitt, M. A., and Sirman, D. G. (2003) "A Model of Strategic Entrepreneurship: The Construct and Its Dimensions," *Journal of Management*, 29(6), pp.963-989

40　Johannisson, B. (2002) "Enacting Entrepreneurship Using Auto-Ethnography to Study Organization Creation," *Conference on Ethnographic Organizational Studies*, University of St Gallen, Switzerland

41　Karatas-Ozkan, M., Anderson, A. R., Fayolle, A., Howells, J., and Condor, R. (2014) "Understanding Entrepreneurship: Challenging Dominant Perspectives and Theorizing Entrepreneurship through New Postpositivist Epistemologies," *Journal of Small Business Management*, 52(4), pp.589-593

42　Kelly, D. J., Peters, L., and O'Connor, G. C. (2009) "Intra-Organizational Networking for Innovation-Based Corporate Entrepreneurship," *Journal of Business Venturing*, 24(3), pp.221-235

43　Kets de Vries, M. F. R. (1985) "The Dark Side of Entrepreneurship," *Harvard Business Review*, 85(6), pp.160-167

44　Kuratko, D. F. and Audretsch, D. B. (2009) "Strategic Entrepreneurship: Exploring Different Perspectives of An Emerging Concept," *Entrepreneurship Theory and Practice*, 33(1), pp.1-17

45　Langley, A., Smallman, C., Tsoukas, H., and Van de Ven, A. (2013) "Process Studies of Change in Organization and Management: Unveiling Temporality, Activity, and Flow," *Academy of Management Journal*, 56(1), pp.1-13

46　Lévesque, M. and Stephan, U. (2020) "It's Time We Talk about Time in Entrepreneurship," *Entrepreneurship Theory and Practice*, 44(2), pp.163-184

47　Low, M. B. and MacMillan, I. C. (1988) "Entrepreneurship: Past Research and Future Challenges," *Journal of Management*, 14(2), pp.139-161

48　Mazzarol, M., Soutar, G. N., McKeown, T., Reboud, S., Adapa, S., Rice, J., and Clark, D. (2021) "Employer and Employee Perspectives of HRM Practices within SMEs," *Small Enterprise Research*, DOI: 10.1080/13215906.2021.1989627

49　McMullen, J. S. and Dimov, D. (2013) "Time and The Entrepreneurial Journey: The Problems and Promise of Studying Entrepreneurship as A Process," *Journal of Management Studies*, 50(8), pp.1481-1512

50　McMullen, J. S. and Shepherd, D. A. (2006) "Entrepreneurial Action and The Role of Uncertainty in The Theory of The Entrepreneur," *Academy of Management Review*, 31(1), pp.132-152

51   Merton, R. K. (1987) "Three Fragments from A Sociologist's Notebook: Establishing The Phenomenon, Specified Ignorance, and Strategic Research Materials," in Short, W. R. and Scott, J. F. eds., *Annual Review of Sociology*, 13, pp.1-28. Palo Alto, CA: Annual Reviews

52   Minora, T., Kammerlander, N., Kellermanns, F. W., and Hoy, F. (2021) "Corporate Entrepreneurship and Family Business: Learning across Domains," *Journal of Management Studies*, 58(1), pp.1-26

53   Mitchell, R. K., Busenitz, L., Lant, T., McDougall, P. P., Morse, E. A., and Smith, J. B. (2002) "Toward A Theory of Entrepreneurial Cognition: Rethinking The People Side of Entrepreneurship Research," *Entrepreneurship Theory and Practice*, 27(2), pp.93-104

54   Morris, M. H., Pryor, C. G., and Schindehutte, M. (2012) *Entrepreneurship as Experience: How Events Create Ventures and Ventures Create Entrepreneurs*, Edward Elgar Publishing

55   Phan, P. H., Wright, M., Ucbasaran, D., and Tan, W-L. (2009) "Corporate Entrepreneurship: Current Research and Future Directions," *Journal of Business Venturing*, 24(3), pp.197-205

56   Reveley, J. (2010) "Using Autobiographies in Business History: A Narratological Analysis of Jules Joubert's Shavings and Scrapes," *Australian Economic History Review*, 50(3), pp.284-305

57   Rindova, V., Barry, D., and Ketchen, J. D. (2009) "Entrepreneuring as Emancipation," *Academy of Management Review*, 34(3), pp.477-491

58   Runyan, R. C. and Covin, J. G. (2019) "Small Business Orientation: A Construct Proposal," *Entrepreneurship Theory and Practice*, 43(3), pp.529-552

59   Sasaki, I., Ravasi, D., and Mocelotta, E. (2019) "Family Firms as Institutions: Cultural Reproduction and Status Maintenance among Multi-centenary Shinise in Kyoto," *Organization Studies*, 40(6), pp.793-831

60   Scott, M. and Rosa, P. (1996) "Has Firm Level Analysis Reached Its Limits? Time for A Rethink," *International Small Business Journal*, 14(4), pp.81-89

61   Selden, P. D. and Fletcher, D. E. (2015) "The Entrepreneurial Journey as An Emergent Hierarchical System of Artifact: Creating Processes," *Journal of Business Venturing*, 30(4), pp.603-615

62   Shepherd, D. (2003) "Learning from Business Failure: Propositions of Grief Recovery for The Self-Employed," *Academy of Management Review*, 28(2), pp.318-328

63   Smith, J. A. and Osborn, M. (2003) "Interpretative Phenomenological Analysis," in Smith, J. A. ed., *Qualitative Psychology: A practical Guide to Methods*, London: Sage, pp.55-80

64   Smith, J. A. (1996) "Beyond The Divide between Cognition and Discourse: Using

Interpretative Phenomenological Analysis in Health Psychology," *Psychology & Health*, 11, pp.261-271

65　Steyaert, C. (2004) "The Prosaics of Entrepreneurship," in Hjorth, D. and Steyaert, C. eds., *Narrative and Discursive Approaches in Entrepreneurship*, pp.8-21. Cheltenham : Edward Elgar

66　Steyaert, C. (2007) "'Entrepreneuring' as A Conceptual Attractor? A Review of Process Theories in 20 Years of Entrepreneurship Studies," *Entrepreneurship and Regional Development*, 19(6), pp.453-477

67　Steyaert, C. and Hjorth, D. (2006) *Entrepreneurship as Social Change*, Cheltenham: Edward Elgar

68　Tsoukas, H. (2009) "Craving for Generality and Small-N Studies: A Wittgensteinian Approach towards The Epistemology of The Particular in Organization and Management Studies," in Buchanan, D. and Brymanm A., eds., *Sage Handbook of Organizational Research Methods*, pp.285-301, London: Sage

69　van Burg, E. and Romme, A. G. L. (2014) "Creating The Future Together: Toward A Framework for Research Synthesis in Entrepreneurship," *Entrepreneurship Theory and Practice*, 38(2), pp.369-397

70　Volery, T. and Mazzarol, T. (2015) "The Evolution of The Small Business and Entrepreneurship Field: A Bibliometric Investigation of Articles Published in The International Small Business Journal," *International Small Business Journal*, 33(4), pp.374-396

71　von Eckartsberg, R. (1986) *Life-world Experience: Existential–Phenomenological Research Approaches in Psychology*, Washington, DC: Center for Advanced Research in Phenomenology, University Press of America

72　Welter, F. (2011) "Contextualizing Entrepreneurship: Conceptual Challenges and Ways Forward," *Entrepreneurship Theory and Practice*, 35(1), pp.165-178

73　Wiklund, J., Davidsson, P., Audretsch, D. B., and Karlsson, C. (2011) "The Future of Entrepreneurship Research," *Entrepreneurship Theory and Practice*, 35(1), pp.1-9

74　Zahra, S. A., Filatotchev, I., and Wright, M. (2009) "How Do Threshold Firms Sustain Corporate Entrepreneurship? The Role of Boards and Absorptive Capacity," *Journal of Business Venturing*, 24(3), pp.248-260

75　Zahra, S. A., Nielsen, A. P., and Bogner, W. C. (1999) "Corporate Entrepreneurship, Knowledge, and Competence Development," *Entrepreneurship Theory and Practice*, 23(3), pp.169-189

第4章
中小企業の「成長」と「中小企業存立論」

慶應義塾大学　髙橋美樹

1. はじめに——"Big is beautiful"？

"Big Is Beautiful"——これは，2018年に The MIT Press から出版された本のタイトルである。サブタイトルは "Debunking the Myth of Small Business"——小企業の神話をあばく——とつけられている。2人の著者，Robert D. Atkinson と Michael Lind は，同著の第4章「企業規模の経済学」で，賃金，福利厚生，生産性，地域への貢献，就業機会の創出，研究開発とイノベーション，輸出，環境保全，サイバーセキュリティ，納税義務遵守，解雇リスク，労働者の安全，組合組織率と職業訓練機会，雇用のダイバーシティ，企業の社会的責任，経済的不平等という諸観点から，"the small-is-beautiful school" を批判している。さらに著者らは次のようにもいう。

> "The cult of small business in America can be attributed to two schools of thought—producer republicanism and market fundamentalism."
>
> (Atkinson and Lind [2018], p. viii)
>
> "The best way to boost productivity is to remove obstacles to the replacement of small-scale, labor-intensive, technologically stagnant mom-and-pop firms with dynamic, capital-intensive, technology-based businesses, which tend to be fewer and bigger."　(Atkinson and Lind [2018], p. ix)

翻って日本では，2012年12月26日からの第2次安倍晋三政権に始まる「アベノミクス『3本の矢』」の中で，関連する内容が議論されてきた。「3本の矢」

のうち，第三の矢は民間投資を喚起する成長戦略（規制緩和を通じた新市場創出，投資による生産性向上等）であり[注1]，その中で，中小企業や中小企業政策が議論されてきたのである。「成長戦略」は 2013 年「日本再興戦略」に始まり，2021年6月「成長戦略実行計画」まで，その内容を少しずつ変えながら続いてきた[注2]。

　2013 年「日本再興戦略」の「アクション・プラン」では，「中小企業・小規模事業者…（中略）…は，日本の製造業の復活を支え，付加価値の高いサービス産業の源泉であり，世界に誇るべき産業基盤である」とされ，支援策として，①地域のリソースの活用・結集・ブランド化，②中小企業・小規模事業者の新陳代謝［事業承継，事業再生・事業転換等を含む。］の促進，③戦略市場に参入する中小企業・小規模事業者の支援，④国際展開する中小企業・小規模事業者の支援——が取り上げられていた（［　］内は筆者による補足）。

　翌年の「日本再興戦略　改訂 2014 —未来への挑戦—」，2017 年「Society 5.0の実現に向けた改革」，2018 年「『Society 5.0』『データ駆動型社会』への変革」と続き，2019 年「成長戦略実行計画」では「人口減少下での地方施策の強化」の一環として「中小企業・小規模事業者の生産性向上［具体的内容は，デジタル実装支援，経営資源引継ぎの促進，経営者保証，産業ごとのきめ細かな取引関係の適正化。］」が取り上げられている。そして，翌年には，生産性向上との関連で，中小企業の「成長」（＝規模拡大）が取り上げられるようになる。

　2020 年7月の「成長戦略フォローアップ」では，「中小企業・小規模事業者の生産性向上」という文脈で，「事業規模拡大や生産性向上を進め，中堅企業以上へ成長するよう促す。また，中小企業政策の対象範囲の整理を 2020 年度中に行い必要な措置を検討する」との方針が打ち出されている。また，「中小企業・小規模事業者の生産性の向上に向け事業統合・再編を促すため，予算・税制等を含めた総合的な支援策を 2020 年度中に示す」「事業再編後の中小企業・小規模事業者の成長を後押しするため，外部からの経営人材の受入れ等を円滑化するための支援策を 2021 年度中に強化する」という方針が示されている。

　この間，第2次安倍政権を引き継いだ菅 義偉総理は，第5回成長戦略会議の場で次のように述べている[注3]。

　「本日，成長戦略の実行計画を取りまとめました。

　　これまでの議論で御指摘いただいたように，我が国企業の最大の課題は生産性向上であり，今後それに向けてあらゆる取組を行うとともに，成果を働

く人に分配することで，働く国民の所得水準を持続的に向上させ，経済の好
循環を実現いたします。

――（中略）――

　　第 3 に，中小企業の足腰を強くするための支援を強化します。中小企業の
合併などの規模拡大について，税制面での支援を検討します。また，一定の
補助金や金融支援について，中小企業だけでなく中堅企業へ成長途上にある
企業を支援対象に追加する法改正を次期通常国会において検討します。更
に，大企業と中小企業のパートナーシップを強化します。――（後略）――」（首
相官邸ホームページ「総理の一日」「令和 2 年 12 月 1 日成長戦略会議」より）
では，中小企業の規模拡大や中小企業の再編と中小企業の足腰強化ひいては生
産性向上は，どのような論理に基づいて主張されるのだろうか。

2.　中小企業「規模拡大」支援策・中小企業再編促進策の論理

(1)「規模の経済」実現のため

　成長戦略会議で，中小企業の規模拡大・再編支援策を主導したとされるのは，
委員（当時）のアトキンソン氏である。中小企業の規模を拡大することが，日本
の生産性向上につながる，というのが主張の骨子である。例えば，アトキンソン
（2020b）は，付加価値額を就業者数で割った労働生産性について，「主要先進国の
場合，企業の平均規模が大きいほど生産性が高く，逆に，小さいほど生産性が低
い」という（p.15）。さらに，「平均規模が小さくなればなるほど，女性活躍が後
退する，輸出が減る，最先端技術が普及しない，低賃金の労働者が増える」(p.17)
といい，「企業が小さくなればなるほど，経営者能力が低い」(p.18) という。

　また，アトキンソン（2020a）では，「企業の規模が小さくなればなるほど生産
性が下」がる（p.3）とされ，その原因が「規模の経済」（＝「全世界で共通の大
原則」）に求められている（p.96）。そして，「経済学」にしたがって，一定数の
就業者を，生産性が高い大企業に少しでも多く配分した方が，一国の労働生産性
は上がるという（アトキンソン，2020b，pp.15-16）。

　しかしながら，このような主張には問題がある[注4)]。アトキンソン氏がいう「規
模の経済」は「企業の規模が大きくなればなるほど生産性が高くなり，企業の規
模が小さくなればなるほど生産性が低く」なる（アトキンソン，2020a，p.96）

ことを意味しており，一般的に理解されている「（工場）規模の経済性」とは異なるものである。また，規模の経済性がもたらされるメカニズムや条件については言及されていない。

筆者は，別稿で，主として理論的な観点から，労働生産性向上のメカニズムや規模の経済性実現の前提条件について検討し，次のように述べた（髙橋，2022）。

a）相対賃金を上げて労働から資本への置き換えを進めることが生産性を高める
b）その際には，一般に，技術進歩や量産効果（＝規模の経済性），工程改善などが伴う
c）規模の経済性が効果を発揮するためには，技術だけではなく，その生産規模に見合った（潜在的）需要が前提となる
d）大量購買の利益や大量販売の利益に代表されるような，「企業規模の経済性」も，需要が少ない場合には得られにくいと考えられる

以上のようなメカニズムや前提条件を踏まえれば，アトキンソン氏の主張は必ずしも説得的ではない。十分な（潜在的）需要規模がないところで規模を拡大すれば，かえってコスト・アップがもたらされたり，在庫の山を抱えたりすることになるからである。そこで，次に，別の観点から，企業規模拡大の必要性を唱える主張を検討したい。

(2) 資本装備率を上昇させるため

関ら（2020）は，財務省「法人企業統計」，経済産業省「企業活動基本調査」，中小企業庁「中小企業実態基本調査」，総務省・経済産業省「経済センサス - 活動調査」等の統計分析を通じて，日本企業の労働生産性を高めるためには資本装備率を上昇させることが必要であり，そのためには，M&A によって規模を拡大することが一手段となると主張する。このような主張は，次のように論理展開される。

a）時間当たり労働生産性は，すべての業種で大企業よりも中小企業の水準が低い
b）労働生産性は「売上高付加価値率」と「1 人当たり売上高」の分解でき，「1

人当たり売上高」は「資本装備率」（＝ 1 人当たり有形固定資産額）と「有形固定資産回転率」（＝売上高／有形固定資産）の積で表すことができる

c）1 人当たり売上高は（資本金額で測った）企業規模が大きいほど大きく，また，大企業（資本金 10 億円以上）と中小企業（同 1 億円未満）で資本装備率を比較すると，高い大企業と低い中小企業の間で格差は大きく，横ばいで推移している

e）中小企業が資本装備率を高められない理由として，設備投資を行う経営体力が不足していることや，機械化や新たな生産設備導入に伴う雇用調整が容易でないこと等が考えられる

f）経営体力を高め，雇用調整を行いやすくする手段の一つとして，M&A を通じた収入増加と費用圧縮，規模拡大による内部での雇用調整の容易化があげられる

　以上のような主張は，アトキンソン氏の主張よりは説得的であり，先に述べた「労働から資本への置き換えを進めることが生産性を高める」という主張とも整合的と考えられる。

　ただし，中小企業が資本装備率を高められない理由を，経営体力や雇用調整の難しさに求めるのは，従来の議論（後述の存立条件論）を無視した説明といわざるを得ない。

　そこで以下では，アトキンソン氏の主張も念頭に，実際の統計をみながら，従業員数の区分をもとに，大企業と中小企業との労働生産性格差について，若干の試論的分析を試みたい。

3.　企業規模と労働生産性──試論的分析

(1)「平成 28 年経済センサス−活動調査」に基づく分析

　最初に，「平成 28 年経済センサス−活動調査　産業別集計（製造業）『産業編』統計表データ」（Ⅰ　産業別統計表（産業細分類別），第 2 表）を用い，欠損（秘匿）値等によりデータが入手不可能な業種を除き，456 の観測値について分析を行った。なお，以下の分析では，統計の制約上，事業所と企業を同一視していることを断っておく。

　被説明変数は「労働生産性」であり，従業者1人当たりの付加価値額[注5]（単位百万円）を用いた。

　説明変数は，これまでの議論を踏まえ，規模の経済性（事業所数の逆数），企業規模（1事業所当従業者数：単位人），資本装備率（従業者1人当たりの有形固定資産[注6]（年初現在高と年末現在高の平均値：単位百万円）を用いた。

　なお，規模の経済性指標は，植草（1982，p.111）に倣ったものだが，本論でこの指標を用いる理由を説明しておきたい。先に説明したように，規模の経済性は，生産技術の違いだけでは無く，（市場の）需要規模との関係で測定する必要がある。また，個々の企業（事業所）が合理的に行動すると仮定すれば，現行の規模は最適な技術を選択した結果と仮定できる。ここで，各産業の工場数を N，産業出荷額（市場規模）を S とすると，平均的規模の工場の産業出荷額に占めるシェアは，$(S/N)/S = 1/N$ となり，市場規模と技術の両方を踏まえた指標になると考えられる。このような理由から，$1/N$ という指標を採用した。

　また，不均一分散に対応するために，被説明変数も説明変数も，対数をとって，最小二乗法（OLS）を適用した。また，企業規模と資本装備率の間には高い相関（0.671：t 値 19.2803）が認められたため，別々に検定した。以下が，その結果である。

　モデル1でもモデル2でも，規模の経済性の係数（弾力性）は正だが，1 を大きく下回っており，規模の経済性が労働生産性に与える影響は非常に小さいことがわかる。企業規模や資本装備率も弾力性は有意で正だが，1 を下回っている。企業規模や資本装備率も労働生産性に与える影響は小さいが，労働生産性への影響度合いは，規模の経済性よりは大きいことがわかる。

a）モデル1

　従属変数：労働生産性

説明変数	係数	t 値	有意水準
定数	1.27037	11.09	1%
企業規模	0.322524	10.96	1%
規模の経済性	0.0417834	2.111	5%

　自由度調整済み決定係数：0.289281

b）モデル2

従属変数：労働生産性

説明変数	係数	t値	有意水準
定数	1.49078	27.32	1%
資本装備率	0.416510	19.88	1%
規模の経済性	0.0196052	1.252	非有意

自由度調整済み決定係数 0.519874

(2)「2020年工業統計表　産業別統計表」に基づく分析

　次に，「2020年工業統計表　産業別統計表」（2. 従業者規模別統計表（産業細分類別従業者4人以上の事業所に関する統計表））に基づき，日本の製造業で企業規模がどのように分布しているか，確認したい。なお，ここでも，データの制約から，企業と事業所を同一視していることを断っておく。

　まず，従業者数300人以上の大規模事業所についてみると，723業種のうち，大規模事業所が存在するのは365業種だけであった。これを裏返せば，わが国産業の半数近くは中小の事業所だけで構成されている，ということである[注7]。

　大規模事業所が最も多いのは，事業所数413の自動車部分品・附属品製造業であり，逆に，大規模事業所数が1つしかない業種は，理化学用・医療用ガラス器具製造業（従業者数302人）から針・ピン・ホック・スナップ・同関連品製造業（同4086人）まで，71業種ある。また，従業者数が4〜19人の小規模事業所も，整毛業（30事業所，247人），竹・とう・きりゅう等容器製造業（11事業所，84人），毛皮製造業（1事業所，9人）など4業種存在する。

　ここで，労働生産性について従業者数区分別に細かく見ると，大規模事業所が存在する産業でも300人以上の事業所の生産性が最も高いとは必ずしも言えないことがわかる（図表4-1参照）。図表4-1では，需要規模が大きく，規模の経済性が発揮されやすい例として自動車製造業（二輪自動車を含む）をあげてある[注8]。また，消費の地域密着性や流行等で需要が細分化されているという理由，あるいは，元々の製品の市場規模が小さい等の理由で個別需要の規模が小さく，また，大規模な自動化や機械化が困難で規模の経済性が発揮されにくい例として，そう（惣）菜製造業，製本業，織物製・ニット製寝着類製造業，竹・とう・

図表 4-1　企業規模別にみた製造業の指標

産業分類／従業者規模		年次	事業所数	従業者数 (人)	現金給与総額 (百万円)	原材料使用額等 (百万円)	製造品出荷額等 (百万円)	生産額 (従業者30人以上) (百万円)	付加価値額 (従業者29人以下は粗付加価値額) (百万円)	労働生産性 (百万円)
自動車製造業（二輪自動車を含む）	計	2019	93	198,612	1,328,609	19,193,888	24,290,207	24,251,106	5,002,733	25.19
自動車製造業（二輪自動車を含む）	4人～9人	2019	3	19	69	44	186	***	131	6.89
自動車製造業（二輪自動車を含む）	10人～19人	2019	5	75	346	393	1,017	***	576	7.68
自動車製造業（二輪自動車を含む）	20人～29人	2019	12	305	1,148	4,192	8,076	***	3,579	11.73
自動車製造業（二輪自動車を含む）	30人～99人	2019	11	585	2,288	16,786	27,606	26,684	10,824	18.50
自動車製造業（二輪自動車を含む）	100人～299人	2019	8	1,306	6,110	23,112	40,713	40,205	15,904	12.18
自動車製造業（二輪自動車を含む）	300人以上	2019	54	196,322	1,318,649	19,149,362	24,212,610	24,184,217	4,971,719	25.32
そう（惣）菜製造業	計	2019	798	71,958	184,757	641,361	1,143,336	1,048,901	442,720	6.15
そう（惣）菜製造業	4人～9人	2019	155	993	1,958	4,586	9,573	***	4,622	4.65
そう（惣）菜製造業	10人～19人	2019	149	2,030	4,268	10,156	19,015	***	8,204	4.04
そう（惣）菜製造業	20人～29人	2019	107	2,654	6,191	18,204	34,332	***	14,936	5.63
そう（惣）菜製造業	30人～99人	2019	187	10,428	27,853	99,082	169,258	157,525	61,689	5.92
そう（惣）菜製造業	100人～299人	2019	136	23,910	64,303	249,670	426,802	418,690	155,865	6.52
そう（惣）菜製造業	300人以上	2019	64	31,943	80,183	259,663	484,356	472,687	197,405	6.18
製本業	計	2019	658	11,317	38,823	30,050	101,567	47,346	62,940	5.56
製本業	4人～9人	2019	307	1,854	5,319	3,043	12,308	***	8,542	4.61
製本業	10人～19人	2019	184	2,472	8,245	5,725	20,865	***	13,959	5.65
製本業	20人～29人	2019	87	2,027	7,064	6,942	20,099	***	12,128	5.98
製本業	30人～99人	2019	72	3,944	14,289	11,704	39,203	38,320	22,597	5.73
製本業	100人～299人	2019	8	1,020	3,906	2,637	9,092	9,026	5,715	5.60
織物製・ニット製寝着類製造業	計	2019	48	826	1,502	1,779	4,630	1,170	2,586	3.13
織物製・ニット製寝着類製造業	4人～9人	2019	21	140	297	730	1,268	***	495	3.54
織物製・ニット製寝着類製造業	10人～19人	2019	16	232	462	588	1,716	***	1,040	4.48
織物製・ニット製寝着類製造業	20人～29人	2019	5	127	217	127	447	***	295	2.32
織物製・ニット製寝着類製造業	30人～99人	2019	6	327	525	334	1,200	1,170	756	2.31
竹・とう・きりゅう等容器製造業	計	2019	11	84	152	113	507	***	367	4.37
竹・とう・きりゅう等容器製造業	4人～9人	2019	7	34	68	59	257	***	183	5.38
竹・とう・きりゅう等容器製造業	10人～19人	2019	4	50	84	54	251	***	184	3.68

（出所）経済産業省「2020年工業統計表　産業別統計表」より筆者作成

きりゅう等容器製造業をあげてある。なお，図表4-1の労働生産性の列では，各産業で最も高い値を与える規模に二重下線を付してある。

　一見して分かるのは，「企業の規模が大きくなればなるほど生産性が高くなり，企業の規模が小さくなればなるほど生産性が低く」なるという事実は，必ずしも正しくない，ということである。自動車製造業で，大規模事業所の労働生産性が高いのは，需要規模に見合った技術（＝労働と資本の組合せ）を選択している結果であり，企業規模（従業者数）自体が高い労働生産性をもたらしているわけでは無い。また，そう（惣）菜製造業等をみると，最も規模が大きい事業所が最も高い労働生産性を実現しているとは言えず，需要規模と技術がマッチしていない可能性が高い。このような状況で（事業所の統合等を通じて）大規模事業所がさらに規模を拡大すれば，かえって労働生産性を低下させることになろう[注9]。

4.　中小企業の企業規模拡大が正当化される条件

(1)　顧客ニーズ適応・市場創造に伴う規模拡大

　そもそも，いわゆる「中小企業の存立条件」論にしたがえば，中小企業が存立するのは，差別化等による「ニッチ」（＝市場の特定のセグメント）や需要変動が激しい分野，機械化・標準化が難しい分野，技術的な性格によって小規模生産が不可避な分野である[注10]。先にみたように，企業規模が小さいほど資本装備率が低くなる根本的な理由は，経営体力や雇用調整の難しさでは無く，中小企業の存立条件・存立分野に求められるのである。中小企業が自らの存立条件を無視して安易に企業規模を拡大すれば，このような存立基盤を自ら崩すことになろう。

　それでは，中小企業にとって，企業規模の拡大が正当化されるのはどのような場合だろうか。結論を先取りすれば，それは，顧客ニーズへの対応や需要創造・市場創造に伴って，企業規模が拡大する場合である。

　この点に関し，Penrose（2009）は「成長の経済性はどんな規模の企業でも存在しうる」という[注11]。ここでいう「成長の経済性」とは「特定の方向への拡張（expansion）を有利にする，個々の企業が利用しうる内部の経済性」である（pp.87-88，邦訳 p.149）。そして，「成長の経済性の大きな特徴の一つは，それらが特定の企業の有する特定の生産的資源の集合（the particular collection of productive resources）に依存するということであり，これらの資源のもたらす機会

の活用は，企業規模とはまったく無関係（quite unrelated）な場合もありうる」という（p.88，邦訳 pp.150-151）。成長の経済性は「企業が利用しうる生産的サービスの固有の集合（the unique collection of productive services）から引き出され，市場に新製品を出したり既存製品の量を増やしたりする際の他社に対する優位性を作り出す」からである（p.88，邦訳 p.149）。さらに言えば，「同じ資源が別の目的に用いられる場合や別の仕方で用いられる場合，あるいは別の資源と一緒に用いられる場合には，異なったサービス，またはサービスの集合体をもたらす」（p.22，邦訳 p.50）ことから，資源活用の機会，サービスの組み合わせは際限がないことになる。

　ここで注意すべきは，Penrose（2009）において，「需要（条件）」は「所与」のものではなく，広告や販売努力によって変えることができ，「企業にとって意味のある需要」は，「企業がすでにもっている生産的サービスによって必然的に決まる」という点である（pp.71-75，邦訳 pp.124-129）。本稿では，規模の経済性が効果を発揮するためには，その生産規模に見合った需要が前提となることを主張してきたが，これは，需要規模が「所与」であることを意味しない。需要は創造できるのであり，需要規模は拡大可能だというのが，筆者の立場である。

　とりわけ，企業内に未利用の生産的サービスがあれば，需要創造・需要規模拡大の可能性が高まることになろう。企業に固有の未利用な生産的サービスは「企業に特殊な事業機会を作り出」し，「企業家精神に富む企業にとっては同時にイノベーションへの挑戦課題であり，拡大への誘因であり，競争優位の源泉」となる（Penrose, 2009, p.76，邦訳 p.129）。未利用な生産的サービスは，企業内部での資源の新結合，すなわちイノベーションの導入を促すのである（Penrose, 2009, p.76，邦訳 p.129）。

(2) 需要創造，イノベーションと企業規模拡大

　以上のような観点に立てば，需要創造と企業規模拡大の関係は，次のように説明できる。

　図表4-2は，よく知られる，「イノベーション過程の連鎖モデル」である。この図では，（潜在的）市場ニーズがイノベーションの起点とされ，イノベーション過程が，顧客や取引先が抱える問題を解決するプロセス（ソリューション・プロセス）として描かれている。また，各段階間でのフィードバックが考慮されて

図表 4 - 2　イノベーション過程の連鎖モデル

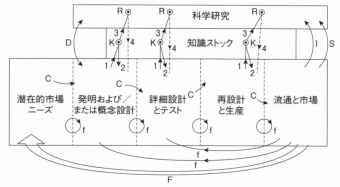

K：知識ストック
R：科学研究
C：イノベーションの中心的
　連鎖
f：フィードバック・ループ
F：特に重要なフィードバック
D：発明・概念設計と科学研
　究との直接的な関連
I：機械・用具，技術的手順
　などによる，科学研究のサ
　ポート
S：製品の基礎をなす技術に
　よる，大規模研究組織等の
　インフラを通じた，科学進
　歩への貢献。
　　ここで得られた情報は，
　過程のあらゆるところで適
　用されうる。

（出所）Kline, S. J. and N. Rosenberg (1986, p.290) より訳出
（引用者注）
a）イノベーション過程は，各段階で発生した問題を解決するプロセスとして描かれる。
b）それぞれの段階で何らかの問題が発生したら，まず，既存の知識ストック（K）に解答を求める
　（1 → K → 2）。
c）もしも，既存の知識ストックに解が見つからなければ，科学研究へと進む（K → R）が，解答が見
　つかるとは限らないので，破線（4）で描かれている
d）「概念設計」あるいは「分析的設計」（analytic design）とは，例えば，何らかの「動力」（power）
　を必要とした場合に，その用途やコストに配慮しながら，電動モーター，ガス - タービン，水力ター
　ビン，ガソリン - エンジン等々から，最適なものを選択することを意味する（Kline（1985, p.37））。

おり，さらに開発の様々な段階で知識ストック（科学的・技術的知識の蓄積）が
関わりをもつように描かれている。
　知識ストックには，これまでに解決してきた問題の解決策に関する知識が，人
や資本に体化して蓄積されている。また，解決策を模索する中で学習された知識
も蓄積されることになる。その際，特定顧客の定型的な問題を解いている間は，
知識ストックに大きな増加は無いが，まったく新しい問題を解く過程では，新た
な知識が加わり，知識ストックが大きく増えることになろう。このように考える
ならば，企業が図表 4 - 2 に描かれるようイノベーション過程を繰り返し，人や
資本に体化した知識ストックを増やし続けることは，企業規模を拡大することに
他ならない。言い換えれば，需要創造・需要規模拡大のためにイノベーションに
取り組む中で企業規模の拡大がもたらされるのであり，企業規模の拡大そのもの

が需要創造・需要規模拡大をもたらすのではない，ということである。

　ただし，企業規模拡大が正当化できることと，拡大後の企業存続が保証されることは別問題である。佐藤（1976）のいうとおり，中小企業が「既存中核大企業」が支配する産業の「異部門ないし亜種部門」として，新製品や新技術を伴って存立する場合，「産業の成長性に応じて，既存大企業の参入」（内製等を含む）が生じれば，「やがてこの新産業は既存産業に吸収され，埋没していき，『同一部門』となる」からである（p.39）。よく知られるように，市場規模が数億〜数十億円程度の（ニッチ）市場には，大手は参入できないが，市場の成長，需要規模拡大が見込まれれば，大企業の参入が生じ，中小企業は競争に巻き込まれることになる。あるいは，既存（大）企業が新規参入企業の企業規模拡大に直面して危機意識を高めれば，猛烈な反撃に出ること——いわゆる "a fast-second strategy" をとることもあろう[注12]。

　この点に関して，Penrose（2009）は，成長する経済（Growing economy）を前提に，小企業の存立分野を「経済における隙間（the interstices in the economy）」に求める（pp.189-200，邦訳 pp.301-316）。「隙間」とは，「経済における拡張の機会が，大企業がそれらを活用できる以上の速さで増大し，かつ，大企業が小規模の参入を妨げることができない」場合であり，間隙が生じるのは，既存大企業が市場需要だけで無く，自社独自の資源の性質にも制約されるため，あるいは大企業が無視するためである（pp.195-197，邦訳 pp.311-313）。

　それでは，大企業による参入制限によって，あるいは不況によって「隙間」が減少した場合に，中小企業の「成長」はどのように考えれば良いのだろうか。それは，中小企業の「成長」の視点を量（＝規模）から質へと転換することである。言い換えれば，「（企業）規模の経済性」重視から，「成長の経済性」重視への転換である。そしてこのことは，中小企業にとって，既存業務の監督を担う管理者的サービス（managerial services）よりも，新しい事業機会の感知，新しいアイデアの導入・承認，資本調達などを担う企業家的サービス（entrepreneurial services）の重視性がより高まることを意味する。「成長」する中小企業には，絶えず，自社にとっての需要創造・需要規模拡大に取り組むこと，不断にイノベーション創出に取り組むことが求められるのである。

5. まとめに代えて

　ここまで，中小企業再編成論を検討しながら，中小企業の企業規模拡大が正当化される条件について考察してきた。その結論は，需要創造・需要規模拡大のためにイノベーションに取り組む中で企業規模の拡大がもたらされるのであり，企業規模の拡大そのものを目的とすべきではない，というものである。本論の最後に，関連する論点について簡単に触れて，結びとしたい。

　政府は，企業規模拡大支援策を検討する中で，いわゆる"bunching"現象に注目して，従業員数の引上や資本金基準の撤廃を検討したと伝えられる。従業員数の引き上げそのものを目的とすることに意味が無いことは本文中に述べたとおりだが，資本金基準の撤廃にも問題がある。「中小企業基本法」（以下，基本法）制定時に資本金が議論されたのは，中小企業が資本調達能力にかけると判断されたからであった。資本金基準を撤廃するのであれば，現状の資金調達能力を検証するのが先決である。"bunching"現象についても，日本について確認されているのは，資本金についてのみである。さらに言えば，資本金基準は従業員基準より安定した指標であり[注13]，基本法と密接に関わる「下請代金支払遅延等防止法」では，資本金基準のみが用いられている（第2条）。

　「中小企業から中堅企業へ成長途上にある企業」への支援策についても，「成長」の中身を精査する必要がある。望まれるのは，研究開発支援や事業化支援など質的な面での成長支援であって，合併促進のような，量的な面での成長支援では無い。

　なお，中小企業の存立分野は，需要変化や技術進歩の影響をうけて絶えず移り変わる。とりわけ，人口減少下における市場規模縮小と，急速に発展するDX（デジタルトランスフォーメーション）やAIによるマス・カスタマイゼーション，作業工程や熟練技能のデジタル化，異業種間の壁の崩壊や商圏の広域化等は，大きな脅威の到来を予想させる。その場合には，単なる規模拡大支援策では無く，潜在的成長分野へ資源を円滑に再配分するような政策を検討することが求められよう。

〈注〉

1　ちなみに，第一の矢は大胆な金融政策（デフレ対策としての量的金融緩和政策，2％のインフレターゲット，円高是正等），第二の矢は機動的な財政政策（公共事業投資（国土強靱化）等）である。

2　2021年10月4日に成立した岸田文雄内閣では，「成長戦略会議」は廃止された。

3　https://www.kantei.go.jp/jp/99_suga/actions/202012/01seicho.html（2021年10月20日閲覧）。なお，令和3年6月2日の第11回成長戦略会議では，中小企業に関する新たな成長戦略実行計画案として，スタートアップが円滑に上場できるように，投資家保護を前提として，SPAC（特別買収目的会社）制度の導入を図ること，中小企業の事業再構築の支援をしっかり進めていく中で，私的整理の利便性を向上するため法制面の検討を行うこと――を述べている（https://www.kantei.go.jp/jp/99_suga/actions/202106/02seicho.html（2021年10月20日閲覧））。

4　なお，港（2021）や黒瀬（2021）は，本稿とは別の観点からアトキンソン氏の主張を批判している。

5　従業者29人以下は粗付加価値額。

6　従業者30人以上のみを調査。

7　このことは，必ずしも中小企業が多いことは意味しない。大企業が複数の事業所を持つことを踏まえれば，中小事業所の数よりも中小企業の数は少なくなるはずである。

8　図表中，「***」は該当数値が無いことを意味する。

9　なお，「2020年工業統計表　産業別統計表」では時系列のデータも得られたため，他の年次と連結しない部分がある2015年のデータを除いて，パネルデータの分析も行ったが（F検定，Breusch-Pagan検定とHausman検定の結果，固定効果モデルを採用），結果は，「平成28年経済センサス－活動調査」に基づく分析と大差ないものであった。

10　より詳しい説明は髙橋（2022）を参照のこと。

11　周知の通り，ここでの「企業」は「経営管理組織のもとにある有形・無形の経営資源の集合体」とされる。詳しくは，さしあたり髙橋（1999），髙橋（2007）を参照のこと。

12　詳細な説明は，髙橋（2007）を参照のこと。

13　安田（2021）にも同様の指摘がある。

〈参考文献〉

1　アトキンソン，デービッド（2020a）『日本企業の勝算』東洋経済新報社

2　アトキンソン，デービッド（2020b）「第2章　日本経済の未来を考える」村上　亨，柳川　隆，小澤太郎編著『成長幻想からの決別　平成の検証と令和への展望』（日本経済政策学会叢書3）勁草書房

3　植草　益（1982）『産業組織論』筑摩書房

4　黒瀬直宏（2021）「アトキンソン氏の中小企業再編成論を批判する」『企業診断』7

月号
5　関　祥吾，村田　亮，石神哲人，志水真人（2020）「コラム　経済トレンド　中小企業の労働生産性について」『ファイナンス』Aug

6　髙橋美樹（1999）「イノベーション，創業支援策と中小企業政策」『三田商学研究』（41-6）

7　髙橋美樹（2007）「イノベーションと中小・ベンチャー企業」『三田商学研究』（50-3）

8　髙橋美樹（2022）「第 1 章　『中小企業存立論』再考：予備的考察」関智宏編著『中小企業研究の新地平—中小企業の理論・経営・政策の有機的展開—』同友館

9　港　徹雄（2021）「中小企業は経済成長の足かせか？—アトキンソン『説』の考察—」『商工金融』01 月号

10　安田武彦（2021）「改正中小企業基本法と中小企業政策」『商工金融』08 月号

11　Atkinson, Robert D. and Michael Lind (2018), *Big Is Beautiful -Debunking the Myth of Small Business,* The MIT Press

12　Kline, S. J. (1985), "INNOVATION IS NOT A LINEAR PROCESS", *Research Management* (July-August)

13　Kline, S. J. and N. Rosenberg (1986), "An overview of innovation", In R. Landau and N. Rosenberg (ed.), *The Positive Sum Strategy,* National Academy Press

14　Penrose, Edith (2009), *The Theory of the Growth of the Firm 4th edition,* Oxford University Press（日高千景訳（2010）『企業成長の理論［第 3 版］』ダイヤモンド社）

第5章
わが国中小企業研究の遺産
―中小企業政策研究の変遷から―

中京大学　寺岡　寛

> 臨床心理学と社会心理学，および精神分析運動の双方に
> 寄与した精神分析家たちのなかで，エーリッヒ・フロムは，
> 一時期最も有名で多作な学者の一人であった。・・・・
> フロムの死後それらの著作は学問上ほとんど影響力を持つ
> ことなく，彼自身もまた忘れられようとしている。
> （D・バーストン（佐野哲郎・佐野五郎訳）
> 　　　　　『フロムの遺産』，紀伊国屋書店，1996年）

1. はじめにかえて

　冒頭文は，ドイツ生まれの新フロイト派精神分析学者エーリッヒ・フロム（1900-80）に関する。フロムは，ナチズムを対象として，フランクフルト学派のなかで，精神分析学と社会学を融合させた社会心理学を確立した。フロムは一般人向けにも膨大な著作を残した碩学でもあった。だが，イスラエルの心理学者バーストンは，フロムの学問的な影響が限定的となり，いまでは，その業績が忘れ去られたと嘆いた。そのような状況に，バーストンは苛立ち警鐘を鳴らした。彼はフロムの学識こそ，現在の状況分析に活かされるべきとみた。ちなみに，フロムは現代社会における中小企業の存立の意味を問いかけた稀有な社会心理学者でもあった。このことは意外と知られてはいない。

　わが国の中小企業研究＝遺産もまたそうだとすれば，どうだろうか。わが国の中小企業研究の遺産を振り返る。日本では明治後期から，小工業の存立解明の研究が始まった。「小工業研究」は，その後，商業分野も含み，「中小企業研究」へ

と引き継がれた。日本の中小企業研究には，いままでに実に豊饒で多彩な多くの蓄積がある。これは巨人フロムのように個人の業績ではない。多くの中小企業研究者たちが切磋琢磨した研究の集合知的な蓄積である。現在，そうした遺産が忘れ去れようとしているとすれば，バーストンと同様にその現代的意義を探るべきなのだ。

　中小企業研究は「中小企業」が対象である。中小企業の分析を通して，社会，経済，政治の「何」が見えてくるのか。その解明が中小企業研究である。一般に，研究成果の軽重は，社会的，経済的—経営的—，政治的のいずれかの文脈を重視するかで変わる。研究を通じて可視化された課題に関して，解決のためにどのような政策的対応が可能なのか。中小企業研究は「政策研究」でもある。それは，大企業を通して，中小企業と大企業との関係をどうとらえるかの構図でもあった。いまもまたそうである。それは単に企業の経営動向だけを論じるものではない。中小企業存立の場の経済体制—エコシステム—を振り返るものでもあった。

　中小企業は社会的存在であり，経済的存在であり，政治的存在である。中小企業研究は，中小企業層の抱える諸問題の分析を通じて，何を最重視し，何を解決するのかを明示することである。日本の中小企業研究の蓄積＝遺産とは何であったのか。小論では，わが国中小企業研究の現代的意味と課題を探りたい^{注1)}。

2.　中小企業の課題

　私たちの中小企業研究の遺産とは何か。それは，今の時点か，昔の時点かで異なって見える。中小企業研究への解釈もそうだ。いまの時代に，中小企業が当面する問題と課題は何か。それは異なる社会階層間で共通点もあれば，異なる点もある。社会的，経済的，社会的立場によって，中小企業の問題や課題は同一ではない。

　いまもむかしも，中小企業経営者にとって，中小企業の問題と課題とは，市場競争下での事業継続に関係する。中小企業の存立状況は，対象とする市場の動向に大きく依存した。現在も依存する。将来も依存する。したがって，中小企業が抱える「群」としての問題は，市場経済競争下の経営不安定性に関連する。その帰結が倒産の著増であれば，商業分野で中小企業問題は先行した。米国では，チェインストアによる中小小売商の問題として，日本では百貨店反対運動などの下で

の中小商店問題として意識された^{注2)}。いずれも不況期で顕在化した。小さな事業体の存立状況は，「過小過多」と特徴づけられた。

　過小過多とは，事業規模の小さな企業—企業とはいえない事業体—が多過ぎることを意味した。「社会政策時報」を始め，社会政策研究者から「過小過多」問題の解決が提唱された^{注3)}。ドイツを強く意識した社会政策分野の研究者たちは，小さな事業体の数が多いことで，過当競争となり，互いの成長が阻害されるとみた。比ゆ的には，原っぱに多くの若木が生まれる。だが，その多くは太陽が当たらない。結果，若木の光合成が十分でなく，若木が大木とならず，必然，森が形成されない。若木＝小さな事業体，森＝日本経済と置き換えればわかりやすい。そうであれば，他の若木や樹木の成長を阻害する弱い若木は必要がないとみられやすい。

　統計データでは，現在，二つの傾向がみられる。中小企業数の漸減傾向や新規開業数の低迷。廃業増加＝承継問題も目立つ。この現状把握には異論はないだろう。異なるのは解釈である。特に，中小企業数の減少の背景への認識である。新規開業数以上に廃業数の増加が反映されている。中小企業問題は，「過小過多」に集約されてきたが，いまでは隔世の感がある。現在では，むしろ小さな事業体が生まれないことが問題視される。

　小さな事業体は自営業が典型である。自営業者の盛衰では，経営者のライフサイクルと事業の寿命がほぼ一致する。後期高齢者となった自営業者は，疾病などの理由で引退する傾向にある。後継者がいれば，小さな事業も次世代へと承継される。小さな事業体の減少に歯止めがかからないのは，後継者がいないからだ。なぜ，後継者がいないのか。それは承継による機会費用＝収入の予想が，他の就業機会との対比で，不安定で低水準だと判断されているからだ。先ほどの比ゆでは，十分な太陽の光が当たることが期待できず，良くて現状維持，悪くすれば立ち枯れの可能性もある。次世代がこのように判断すれば，リスク回避とは他に就業機会を求めることだ。きわめて経済合理的な選択だ。

　他方で，新たに小さな事業体が生まれていれば，中小企業の総数は維持される。あるいは，増加する。生物界や植物界では，世代交代は新陳代謝のメカニズムでもある。「古い」事業体の衰退の一方で，「新しい」事業体が生まれるメカニズムこそ，豊かな「森」＝日本経済の豊かな土壌と十分な太陽光の確保というエコシステムの健全さの傍証なのである。廃業問題とは，新陳代謝の健全なメカニズム

作用の一環であって，そこに深刻な問題があるわけではない。問題は「新陳代謝」の「陳」＝廃業ではなく，むしろ「新」＝新規開業の代謝作用の低下にある。

小さな事業体—小規模企業≒自営業—は，多くの場合，家族経営—ファミリー・ビジネス—のかたちをとる。誕生のメカニズムは，若くして町工場や町の商店，飲食店などに務めた人たちが，経験を積んで独立・開業して，配偶者などが経理や事務補助を分担する。事業の拡張に応じ，近隣の知り合いなどが手伝いをする。商業やサービス業では，これが典型的な開業メカニズムであった。したがって，経営者やその配偶者の加齢とともに，事業規模もやがて縮小する。家族のライフサイクルに応じて，事業が終焉するのが普通であった。かつては，問題視されなかった。現在では，事業形態よりも家族形態が大きく変化してきた。

承継問題が問題視されるのは，中小企業総数の減少との関係である。背景に，新規開業数の低下がある。自ら事業を起こすケースの多寡は，既存企業への就職や転職の機会による。就業機会に恵まれた労働市場の下では，新規開業はあくまでの個人の選択意志である。仕方なく，開業に踏み切るケースは必ずしも多くはない。当時，研究者たちが問題視したのは，日本の過剰人口と就業機会の関係であった[注4]。過剰人口下での解決政策の一つが，移民政策であったことはいまではすっかり忘れ去られている。

人口過剰下では，不完全就業層が低賃金をもたらし，低賃金を存立基盤とする小さな商工業者を成立させた，と解釈された。低賃金を存立基盤とする小さな事業体の存在は，問屋制下請制度を成立させ，その後の工場制下請制度も成立させた。低賃金層に依拠する小さな企業体の存在は，日本産業全体の近代化を遅らせ，日本経済の近代化を阻害するとみられた。「近代化」とは機械化であり，経営規模の拡大であった。当時の経済学者たちは，欧米経済での大規模工場の成立を念頭に置いた。つまり，小さ過ぎる規模の事業体＝「過小」が，多過ぎること＝「過多」によって，相互の過当競争がもたらされ，小さな企業体の資本蓄積が遅れる。これが事業規模拡大を阻害したとみた。実態はそうではなかった。日本では，むしろ大企業と小企業の並行的発展が実態であった。先にみた下請取引の拡大である。この分野での日本の研究蓄積は圧巻である。

研究蓄積は，中小企業の経営動向に関しても多かった。中小企業経営の動向は，不況期など外生的ショックの下では，きわめて脆弱であること。それは自己資本の低位性や外部資金調達の困難性から，時として倒産の急増で，中小企業の脆弱

な経営基盤が一挙に顕在化した。中小企業の経営特質はそのように分析された。
では，中小企業の状況分析で何が有効で，何がそうでないのか。いくつかの検討
課題がある。一つめに日本経済と世界経済との関係。二つめに人口動態と人口構
成の変化。三つめに日本の社会構造の変化。四つめはこの間の技術発展。こうし
た変化の下で，従来の中小企業研究の蓄積が，現在の中小企業研究の活きた遺産
となるのかどうか。重要な論点だ。

3.　中小企業研究史

　中小企業研究の創始は，中小企業という概念と実態の成立を前提とした。文献
史的に「企業」という言葉は，昭和戦後期において使われてきた。それまでは，
「会社」が一般的であった。京都大学初代経済学部長であった田島錦治（1867-
1934）は，明治30年代以降，多くの増刷を重ねた『最近経済論』（初版は明治
34（1891）年，増訂版は明治44（1901）年）で，ドイツ語文献から「小中ノ会社」
という表現を使った。同時期には，「企業」はまだ見当たらない。中小企業とい
う言葉は，昭和23（1948）年の「中小企業庁設置法」前後から一般的になっていっ
た。「中小」規模の事業体という意味と範囲では，それ以前から，「中小工業」，「中
小商工業」あるいは「中小産業」が使われた。
　背景に，事業主体としての企業には，小から大にいたるまで経営規模がある。
「大」ではない事業体の総称として，「中小」が使われた。何をもって「小」とし
て，何をもって「大」とするかは，産業で異なった。それ以上に，事業体の規模
は時代によって変遷してきた。明治期，大規模事業所は官営工場—軍工廠を含め
—など一部であり，ほとんどの事業所は手工業者であった。明治後半に整備され
た「工場統計」でも確認できる。
　家内的手工業＝小工業から中小工業が登場してくるのは，大正期，とりわけ，
1910年代からである。背景には，いくつかの要因があった。一つには，第一次
大戦下で，欧州諸国からの資本財の輸入が困難となった影響があった。とりわけ，
機械類の輸入が途絶し，国産化の動きが活発となった。結果，海外製品の模倣国
産化が行われた。国産機器は性能で海外製品に劣るものの，価格的には町工場で
も導入が可能になった。水力発電による電力の普及で，従来の大型蒸気機関の動
力ではなく，小型電動機の使用が可能となった。町工場など小工業者も電動機器

の使用が容易になった。二つには，戦時下にあった欧州諸国のアジア向け消費財の輸出が困難となり，日本にとってアジア諸国市場へのアクセスが容易になった。小工業者のアジア向け輸出製品の生産で，性能は劣るものの，製造機器の導入が資金的に可能となった。機械化工場が増加したのも大正期であった。この頃から，従来の小工業に加えて，中小工業という概念が成立し始めた。手工業から製造機器の導入によって機械化した小工業が中工業へと成長した。大企業のように資本集約的で機械化が進んでいないものの，在来型の手工業＝小工業のように手仕事に多くを負うのではなく，生産工程に簡易機械を導入した小工業の登場であった。小でも大でもない「中」概念の成立であった。

　中小工業，商業も加えて中小商工業という言葉の登場は，昭和2（1927）年の金融恐慌とそれに続く昭和5（1930）年の昭和恐慌のころからである。それまでは，言葉としては，小工業にしても，中小工業にしても，研究者や商工官僚などの間であって，日常の新聞紙上に登場することはさほどはなかった。ところが，金融恐慌や昭和恐慌の下で，中小商工業者の資金繰りが一挙に悪化し，行き詰まるケースが著増した。必然，この状況を伝える新聞や経済雑誌などにも，中小商工業の倒産を伝える記事が多くなった。政府や帝国議会にも，地方の商業会議所などから金融逼迫の窮状を訴える請願書が寄せられた。帝国議会でも，地方銀行の救済，さらには，中小商工業者の行き詰まりを緩和し，救済する政策をめぐって議論が展開した。当時の帝国議会の議事録にも中小商工業が登場する。

　恐慌下での中小商工業の経営問題は，ある種の急性疾患として重視された。喫緊の救済策が必要とされ，対処療法としての金融支援策が当時の商工省，大蔵省，帝国議会などで論議された。他方で，中小工業の慢性疾患として，その根本治療策に腐心したのは商工官僚たちであった。後に商工大臣となった吉野信次（1888-1971）は，中小工業者の近代化の遅れを，商業者との取引関係での劣位性に求めた。商業者や商業組合の優位性は，小工業者や中小工業者の資本蓄積を困難にさせるとみたのだ。吉野たちの問題意識では，"Made in Japan"＝品質の向上のためには，中小工業は低賃金にもっぱら依拠するのではなく，近代化＝機械化をはかるべしとみた。そのためには，中小工業者の適正利潤確保＝資本蓄積が必要である。問屋との取引関係での対等性の確保が課題とされた。これは従来の商工業者を対象とした同業組合制度の下では困難とみられた。商業者に対抗しうる中小工業者を組織した工業組合が必要であり，吉野たちはその工業組合法の整備に尽

力した。

　こうした一連の中小工業政策は，その後の戦時体制の下で変容を迫られた。日華事変が日中戦争となり，やがて太平洋戦争に向かう時期から，日本経済は軍需生産体制へと移った。米国側では軍需生産拡大は，もっぱら大企業を中心に展開した。他方，ドイツや日本では，大企業と中小工業との協力なしには容易には転換しえなかった。徴兵制度と軍事優先政策の下，民需分野の中小工業の転廃業が進められた。機械金属分野の中小工業の統合もはかられた。軍工廠や軍需生産へとシフトした大工場と，中小工場の協力関係の構築が推し進められた。中小工場側の大きな課題は，機械設備の水準に加え，技術力全般の低位性である。軍工廠や大工場からの技術移転が積極的にはかられた。しかしながら，戦況の悪化から原材料入手難や空襲被害によって，日本の軍需生産体制が大きく低下するなかで，敗戦となった。吉野たち商工官僚たちは，日本の輸出型中小工業の価格や品質面での競争力の向上のための近代化政策に関心を寄せてきた。はからずも，総力戦の軍需生産体制の下，機械金属分野でその進展が見られた。

4.　研究遺産を探る

　中小工業の存立分野は従来の繊維・雑貨など軽工業分野から，軍需生産体制の下で機械・金属分野へもシフトした。とはいえ，敗戦後の厳しい外貨事情のなかで，戦後復興で大きな役割を果たしたのは食品，繊維，雑貨などの中小企業であった。戦後の政策課題は何であったろうか。傍証の一つは，中小企業政策関連立法に見出せる。敗戦の翌年 11 月には，組合員の事業経営の合理化促進運動の共同施設事業のため，「商工協同組合法」が成立した。昭和 22（1947）年 2 月には，「中小企業振興対策要綱」の閣議決定によって，中小企業への経営指導，組織化促進，商工組合中央金庫による金融支援が掲げられた。ちなみに，このころから従来の中小商工業に代わって，中小企業がよく使われるようになった。

　同年 11 月に，「中小企業庁設置法案」が閣議決定された。翌年 7 月に「中小企業庁設置法」が公布，8 月に中小企業庁が開庁した。同法第 1 条（法律の目的）には，つぎのようにある。「この法律は，健全な独立の中小企業が，国民経済を健全にして，及び発達させ，経済力の集中を防止し，且つ，企業を営もうとする者に対し，公平な事業活動の機会を確保するものであるのに鑑み，中小企業を育

成し，及び発展させ，且つ，その経営を向上させるに足る諸条件を確立すること
を目的とする」。戦前来の中小商工業関連法や政府文書にまずは見られなかっ
た表現が目立つのである。いずれも日本占領の中心になった米国の立法（法制）
用語である。例えば，「健全な独立の中小企業」「公平な事業活動」「経済力の集中」
などはその典型である。米国では，中小企業法（Small Business Act of 1953）
によって，中小企業庁（SBA, Small Business Administration）が設立されたの
は昭和28（1953）年のことであった。戦前の中小軍需工場庁（SWPC）の流れ
を継承する所管官庁（SBA）の設置は日本よりは遅れた。とはいえ，占領軍の
担当者によって，「中小企業庁設置法」には米国型法制の足跡が残った。

　「独立の中小企業」は「経済力の集中」を防止し，企業を営もうとする者に「公
平な事業活動」を保証《確保》する。そうした中小企業像や中小企業政策思想は，
戦前の日本にはなかった。その後，占領軍の下で制定された「独占禁止法」が，
米軍の占領終了にともない改正が行われた。その後の「中小企業基本法」の制定
によって，米国側の政策論理に対して，中小企業政策でも戦前来の日本の政策論
が再登場する。戦後，反独占政策としての米国型中小企業政策へ，産業政策とし
ての日本型中小企業政策が接ぎ木された。昭和38（1963）年の中小企業基本法
では，第1条（政策の目標）は，「国民経済の成長発展に即応し，中小企業の経
済的社会的制約による不利を是正するとともに，中小企業者の自主的な努力を助
長し，企業間における生産性及び取引条件が向上することを目途として，中小企
業の成長発展をはかり，あわせて中小企業の従事者の経済的社会的地位の向上に
資することにある」とされた。この背景は，基本法の前文というかたちでふれら
れた。はじめに，米国的政策論理として「中小企業の経済的社会的使命が自由か
つ公正な競争の原理を基調とする経済社会において……今後も変わることのなく
その重要性を保持」としたうえで，中小企業の現状がつぎのように紹介された。

　　「近事，企業間に存在する生産性，企業所得，労働賃金等の著しい格差は，
　　中小企業の経営の安定とその従事者の生活水準の向上にとって大きな制約と
　　なりつつある。他方，貿易の自由化，技術革新の進展，生活様式の変化等に
　　よる需給構造の変化と経済の著しい成長に伴う労働力の供給の不足は，中小
　　企業の経済的社会的存立基盤を大きく変化させようとしている。……中小企
　　業の経済的社会的制約による不利を是正するとともに，中小企業者の創意工

夫を尊重し，その自主的な努力を助長して，中小企業の成長発展を図ること
は，中小企業の使命にこたえるゆえんのものであるとともに，産業構造を高
度化し，産業の国際競争力を強化して国民経済の均衡ある成長発展を達成し
ようとするわれら国民に課された責務である」。

　戦後，20年近く経過した。中小企業の困難な存立状況が問題視された。この
時期は，日本経済の復興期から高度成長期の入口に位置した。政府の見立ては，
中小企業は戦後復興に輸出等で大きな役割を果たした。だが，占領政策の下で制
約を受けた大企業が復活を遂げるなかで，生産性，売上額，労働賃金等の面で格
差が目立ってきた。例えれば，日本産業という「船団」で，先頭を行く大型船＝
大企業に対して，中小型船＝中小企業の船速が落ち始めたことは，やがて船団自
体の減速が危惧されたのだ。それでは，差し迫る貿易自由化，技術革新など荒波
の波濤を乗り切るには不安だ，と考えられた。原因として挙げられたのは，当時
の高度成長にともなう労働市場の逼迫であり，労働賃金の著しい上昇であった。
中小企業の深刻な現状は，先にみた大企業との経営格差に現われているとされ
た。前文はその真の原因を，中小企業が置かれている経済的社会的制約に求めた。
その具体的な内容の指摘はない。いずれにせよ，産業構造の高度化による貿易自
由化の波濤を乗り越えようとする日本にとって，経済的社会的制約に苦慮する中
小企業を支援することは「国民の責務」とまで言い切った。
　中小企業経営のいずれの問題も，戦前の商工官僚や研究者たちによっても指摘
されていた。戦後のこの時期においても，これらの点が再確認された。それが大
企業の一層の伸長によって，中小企業の停滞性が顕著となったためなのか。この
認識はいわば相対的問題性である。あるいは，絶対的な問題性なのか。戦前では，
それは過小過多の問題に集約された絶対的問題性であり，低賃金構造にしか依拠
できない経営特質として理解されていた。むろん，中小企業の中にも様々な経営
体がある。昭和20年代の不足の時代に創始された小さな企業が創意工夫を通じ
て，その後，日本を代表する大企業へと成長した事例もあった。現在のベンチャー
企業観からしても，それらはまさにベンチャー企業であった。だが，多くの中小
企業は「中小企業庁設置法」で提示された「健全な独立の中小企業」へは成長し
えなかった。戦後成長し始めた機械金属分野は加工組立型産業であり，中小企業
の多くは大企業の完成品の部品や加工を受け持つ下請型であった。そうした下請

型中小企業の自立的な発展がなければ，加工組立産業の国際競争力の確保は困難とみなされた。それは，「中小企業基本法」に先行して成立した「中小企業近代化促進法」の指定業種にもはっきりと示されていた。

　以降，政策思想からみれば，日本の中小企業政策の論理は，戦後移植された反独占思想と戦前来の産業政策思想の二つのベクトルをもった。ただし，前者は定着することなしに，産業政策型の中小企業政策が命脈を保った。必然，政策側からの中小企業認識は，つねに産業競争力を意識したものであった。産業別ではなく，中小企業の創意工夫と自主的努力を阻害している経済的社会的制約条件を是正することが，健全で独立の存立形態につながるという政策論理はつねに弱いものであった。逆に，産業政策論理の強さは，産業構造を高度化し，産業の国際競争力を強化することが中小企業の健全な発展につながるとする見方に如実に表れた。だが，実際のところ，中小企業の経済的社会的制約の是正こそが産業構造の高度化と国際競争力の強化につながる。振り返れば，中小企業の存立形態がもっぱら取引関係を中心に，戦前期には問屋との関係，戦中と戦後では製造大企業との関係において把握されてきた。必然，研究者の対象領域も中小企業の下請取引が中心であり，公平かつ互恵的な取引関係を阻害する諸条件の解明は手薄のままであった。

　それでは，日本の研究で健全で独立の「中小企業像」論はどのように展開してきたのであろうか。従来の下請取引関係の研究の延長上からは，どのような健全な独立の中小企業像が政策上で描かれたのか。昭和38（1963）年制定の「中小企業基本法」は，平成11（1999）年に新「中小企業基本法」へと引き継がれた。全面改正の意義について，中小企業庁は「21世紀を控えて抜本的に再構築」する必要性があったこと，従来の日本経済の二重構造論を象徴した中小企業像ではなく，「多様で活力ある中小企業こそが我が国経済の発展と活力の源泉」であることの再確認。従来の規模拡大を暗に意図した中小企業の高度化ではなく，経営基盤の強化と新しい中小企業＝創業の促進などを掲げた。これらの視点が新「中小企業基本法」にも盛り込まれ，同法第3条（基本理念）には中小企業の「経営の革新及び創業が促進され，その経営基盤が強化され，並びに経済的社会的環境の変化への適応が円滑化されることにより，その多様で活力ある成長発展が図られなければならない」ことが明示化された。

　この時期，あるべき「中小企業政策」への研究者の関心は，さほど高かったと

は言い難い。新「中小企業基本法」以降，中小企業研究者の関心は，中小企業の個別経営における「経営革新」論や，さらにこの先にある「ベンチャー企業」論へと向かってきた。しかしながら，個別経営のあり方の背後にある社会的経済的制約の解明は，不問に付された。実際のところ，既存の中小企業の内外を取り巻く課題も，創業の課題もまた個別事例を超えて，日本の経済社会のあり方を問わずして有効な政策の提示が困難であった。

5. 遺産の継承方向

　現在まで提起されてきた「中小企業」の問題は，解決されたのだろうか。個別の企業には，それぞれの経営課題があり，それへの日常的対応がマネジメントでもある。中小企業のマネジメント論は，単に組織内の問題ではなく，中小企業をとりまく経済諸制度が企業規模にかかわりなく，公平であるかどうかも同時に問われなくてはならない。中小企業研究で，しばしば異なる見解が示されるのは，研究対象とした中小企業が必ずしも同一ではないからだ。そもそも，中小企業とは何であるのか。それは資本金や従業員数などのテクニカルな量的定義ではない。中小企業の現行法的定義も，この間の技術変化などにより，見直しも必要となっている。中小企業の再定義はどうあるべきか。この問題を真正面から取り上げ，検討を加えた研究は，管見の限りではさほど多くない。それはいまに生きる研究者や政策担当者の関心の在処を反映してもいるだろう。過去の研究成果に関して，何を継承し，何を継承する必要がないのか。そして，現在の状況の解明にあたって，新たな分析概念や分析手法は何であるのか。これらの諸点を探ることなしに，将来に残せる新たな研究遺産の形成は困難である。

　継承すべき従来の中小企業研究遺産は何であろうか。まずもって，過剰人口論の下での「過小過多」のメカニズム解明であった。小さな規模の事業体は従来の在来産業分野だけではなく，輸入代替型の近代移植産業分野でも見られた。そうした小さな事業体は，資本力は弱く，その存立基盤は個人の労働集約的技能に負うところが多かった。事業体としては，問屋の下の分業形態に組み込まれて，独立した事業体というよりも賃加工業と特徴づけられた。小さな事業体の経営者は，経営者ではなく，むしろ工程分業の管理者あるいは賃労働者であり，そこから自主独立的な経営を志す人材が生まれにくいことも同時に示唆された。だが，

その停滞的な構造ばかりが強調され，小さな事業体から成長した事例などの詳細な分析はなおざりにされた。

　解決策として，協同組合などの小さな事業体の組織化政策があった。組織を通じて，原材料購入や製品販売の面で，規模の経済が重視されたといってよい。だが，小さな事業体など自営業者間の協力関係の構築は一筋縄ではいかない。これは自営業者の独立心の結露であるが，他方でお山の大将的な意識の表出でもある。それでは，小さな事業体から，なぜ，独自製品の開発を通じて大きく成長を遂げるケースがでてきたのか。小さな事業体の研究は，その停滞あるいは衰退の事由研究である。と同時に，相反するかのように成長するケースの事由研究の両面性をもつ。従来の中小企業問題研究において，もっぱら前者のケースが分析の過半を占めた。後者のケース分析は十分に取り組まれたとはいえない。背景には，事例的に中小企業の発展モデル研究の対象となるケースはさほど多くはなかったこともあった。研究はその後のベンチャー企業の研究が盛んになる時期まで持ち越された。

　だが，ベンチャー企業研究において，従来の停滞・衰退モデル研究の成果が十分に活かされたといえるだろうか。つまり，ホンダやソニーに代表されるように，そのような中小企業が敗戦後の混乱期に生まれ，資本などの不足にもかかわらず，なぜ大きく成長できたのか。研究開発などの側面に絞って，多くの研究成果がある。とはいえ，その時期自体を分析対象とする研究は必ずしも多くはない。当時，注目しておいてよいのは，中小企業の成長阻害要因として資本不足が注視された。他方で，労働市場と人材との関係の分析は等閑に付されてきた。ソニーに限らず，ハイテク分野でその後の中堅企業へと成長するケースに共通するのは，財閥解体が軍事生産体制の解体によって，それまで軍工廠や大企業に集中した人材が生まれたばかりの企業にも「解放」された側面があったからだ。シリコンバレー型モデル＝高度専門人材の流動化モデルが，日本でもこの時期，敗戦後の占領政策の下で展開した。その後のベンチャー企業の研究でも，高度専門人材の労働市場が分析の俎上に乗ることになるが，当時，そのような研究はきわめて限定的であった。

　振り返れば，日本の中小企業研究は，大企業と中小企業との間の関係性に注目することで蓄積されてきた。その面での研究がもっぱら継承されてきた。他方で，人材面や労働市場との関係が手薄であった。とりわけ，高度成長以降，新卒一括

採用が大企業に定着し，大企業は長期雇用の下で労働力の囲い込み＝内部労働市場の下で，中小企業は新卒労働力の確保に苦慮し，労働力コストの上昇に苦労してきた。中小企業へも高度専門人材が流動化しないかぎり，資本面での対応だけでは中小企業の発展性に大きな制約となる。中小企業と人材との関係では，個別ケーススタディの下でこそ，優秀な人材が発展の大きな要因であったとされる。だが，なぜ，その企業以外が優秀な人材を採用できなかったのか。この面での経済社会学的な分析が必要である。この面での研究蓄積，とりわけ，国際比較研究は未だに手薄のままである。

6.　新たな遺産形成

　現在の中小企業研究は，一体，どこへ向かおうとしているのか。日本中小企業学会の報告からみるかぎり，いくつかの傾向がある。一つめは，中小企業が置かれる経済環境の分析よりも，個別中小企業の経営分析に重点が置かれてきた。中小企業の経営実態調査では，どのような企業層を対象とするのかによって，知見は大きく異なる。必然，分析対象数を多くする計量分析が重視される。こうしたなかで，個別ケーススタディの範囲から抜け出て，産業別あるいは地域別にも中小企業の経営動向が把握されるようになった。この方向性は，中小企業研究の新たな遺産を形成するだろう。同時に，国際比較研究では，日本中小企業の存立研究も今後の大きな研究蓄積となり，各国の参考となるにちがいない。数量分析については，実態調査や個別ケースの丹念な検討をベースとする研究者からは，数字だけの実態把握の是非も問われる。結論を急げば，計量分析と従来の実態調査やケーススタディの重層的な研究こそが重視されるべきである。

　二つめは，従来の貿易（通商）関係に焦点をしぼった国際化研究から，全面的な国際化であるグローバル化研究が盛んになってきたことである。中小企業にとって国際化とは，中小企業の国際競争力に関するものであった。小工業研究では，論点の一つは価格と品質の安定が輸出型小工業では，なぜ困難であるかの点にあった。かつての品質保持は職人の熟練度に依拠するところが多く，工程の合理化や器械（機械）化をどう図るのか大事な点とされた。他方で，問屋の厳しい取引条件の下では価格が安定せず，小工業の資本蓄積の機会がなかなか確保されない実情もあった。この時期の国際化とは，輸出面であり，外国製品の輸入代替

が重視されていた。現在，そうした国際化から，直接資本投資の時代へと移った全面的国際化＝グローバル化の時代となっている。アジア地域の工業化で先行した日本と他のアジア諸国との関係も，大きく変化してきた。そうしたなかで，中小企業にとって，グローバル化とは貿易面ではなく，海外生産を含め，自国以外での事業活動の外延化でもある。現地生産の中小企業の経営動向の研究なども進展してきた。他方，中小企業の海外事業の地域経済や国内体制へ及ぼす影響の研究には，手薄感もある。グローバル化は必ずローカル化を引き寄せる。そうした下で，国内の生産体制だけではなく，流通体制の再編成も進んできた実態もある。

　三つめは，技術進歩に関する。技術革新は，従来の自動化―メカトロニクス化―は，製造現場だけではない。それは製造過程全般に及ぶ。デジタル化の波は，消費過程にまで入り込んでいる。これが現在である。中小企業への技術革新の影響を探る研究も盛んになってきた。工場の近代化は，従来，機械化に等値され，機械化は自動化に等値されてきた。さらに，自動化はメカトロニクス化に等値され，メカ≒機械にエレクトロニクスが加わり，電子機器による機械制御が大きく進展することになった。この延長線上に IOT（Internet of Things）がある。情報通信速度がますます高速になり，製造過程やこれに関わるサービスの省力化がさらに進展しつつある。

　デジタル経済化の具体的な中身は，インターネット技術の発展によって，現在では公共インフラのような存在となった。インターネット普及によって，これを利用した様々なアプリやこれを利用するサービス業も発展した。他方，既存の店舗や販売方法は，大きな変革を迫られる。小売商業やサービス業の中小企業にとって，ネット技術はビジネスチャンスととらえられたものの，町の小さな商店の廃業も促進されてきた。背景には，インターネット下のスマホやタブレット利用が消費者の購買行為の低廉化をもたらしたことがある。他方で，従来の消費行動にともなう関連需要の縮小によって，関連業界が大きな影響も被ることになった。今後の中小商業やサービス業の新たな存立基盤や存立形態の変化が新たな研究テーマとなってきた。

7．おわりにかえて

　中小企業研究は，様々な企業のうち，一定規模層以下の企業を対象とする。必

然，それは「中小企業とは何であるのか？」を解明することでもある。同時に，「中小企業とは何でないのか？」という分水嶺への問いかけでもある。各国定義の共通点は，大企業ではない企業をもって中小企業であるとされる。これはあくまでも形式論理上である。定義には，本来，各国の経済構造や経済社会的規範が反映される。米国では，大企業とは「市場支配力をもつ企業」である。そうだとすれば，市場支配力で劣る中小企業が，市場競争の下でどのようにして残存できるのか。日本や欧州諸国，あるいはアジア諸国，南米諸国などでは，米国的規範とはまた異なる社会的文脈や経済発展のかたちがある。これに呼応して，中小企業の定義は必ずしも同様のものではない。とはいえ，大企業ではない事業形態の特徴をもつ事業体であることだけは共通認識である。

　しかし，大企業自体の存立基盤や存立状況もまた，大企業相互の競争関係の下で変化してきた。また，変化しようとしている。大企業の競争優位を支えた技術なども，中小企業でもある種の公共財のようにして利用が可能になってきた。数々の技術革新―イノベーション―を主導するのは大企業だけでもない。ベンチャー企業という小さな企業体が技術的優位を占めることもある。ベンチャー企業の出現によって，大企業の技術的優位性＝市場支配力が崩れるケースもある。他方で，ベンチャー企業が同時に多くの中小企業の存立基盤を揺るがすケースもある。この意味で，私たちの中小企業研究は，過去の「遺産」から現在も「学問上で影響力を持つ」何かを継承して，「新たな遺産」とするのか。この物言いはきわめて平凡な結論だ。だが，本質的重要性をもつ。解答は「中小企業とは何であるのか？」という問いかけを続けること以外にはない。私自身はそのように考えて，研究してきた。現在もそのように研究している。

〈注〉
1　筆者は，これまでにも，いくつかの論稿で同じテーマを取り上げてきた。寺岡寛（2000）『中小企業政策の日本的構図―日本の戦前・戦中・戦後』有斐閣，同（2013）「日本における中小企業研究動向」『大原社会問題研究所雑誌』541号（2003年12月）。なお，フロムの「中小企業論」については，つぎの拙著を参照。寺岡寛（2015）『強者論と弱者論―中小企業学の試み―』信山社。
2　ほとんどの場合は，商業ではなく，中小工業の存立がもっぱら中小企業問題として指摘されてきた傾向が強い。マンゼル・ブラックフォード（1996）『アメリカ中小企業経営史』（川辺信雄訳，文眞堂）でも，もっぱら中小工業問題が取り扱われ，中小

小売商問題はロビンソン・パットマン法への言及だけにとどまっている。

3　日本では，「社会政策学会」は明治 30［1897］年に「国家学会」の一部のメンバーによって設立された。ちなみに，前年には「社会学会」も設立されている。桑田熊蔵（1868-1932），高野岩三郎（1871-1949），田島錦冶（1867-1934）のほかにも多様なメンバーが参加した。詳細については，石田雄（1984）『日本の社会科学』東京大学出版会を参照。

4　例えば，京都大学経済学会『経済論叢』（大正 4 年〜昭和 42 年）のうち戦前期にみられる論文で，「人口・移植民」に関する論文は 141 本である。もっと寄稿数の多いのは山本美超乃（1874-1941）で 46 本である。ついで高田保馬（1883-1972）の 9 本となっていた。ほかに田島錦冶や河上肇（1879-1946）も寄稿した。

89

第6章
アントレプレナーシップ論の再考
—富の創造を超えて—

大阪経済大学　江島由裕

1. 問題の所在

　起業，スタートアップ，ベンチャー，事業創造など一連のアントレプレナーシップ（以下 ENT：Entrepreneurship）が社会で称賛されるが，そのまま鵜呑みにしても良いのだろうか。起業家やアントレプレナーが経済を牽引する立役者としてみられがちだが，現象の一面しかみていない可能性がある（Welter, Baker, Audretsch and Gartner, 2017）[注1]。本稿では，従来の ENT の見方に対して，学術的視点から一石を投じることとしたい。

　結論を先に述べると，ENT 現象には，ブライトサイドとダークサイドが併存し，その帰結には「富の創造」を超えて「幸福感（well-being）」など異質で多様な意味と価値が表出されていることを主張する。ダークサイドを考慮した象徴的な起業家として本稿では，「バーンアウト起業家」，「アディクション起業家」，「ADHD 起業家」，「利他起業家」，「スティグマ起業家」，「解放起業家」，「貧困解決起業家」を取り上げ，ENT の新たなの意味，価値，役割について論じる（図表6-1参照）。

　実践面からみた ENT の意義は，近年，劇的に変化している。アントレプレナーシップ研究者は，多様化する ENT の概念（異質多元性）を多義的に捉え，その実態に迫り，理論的かつ実践的なインサイトを提起する必要に迫られているのではないだろうか。

図表6-1　異質多元的アントレプレナーシップ

ブライトサイド　⟷　ダークサイド

[本稿での注目]

バーンアウト起業家　　アディクション起業家

利他起業家　　ADHD起業家

スティグマ起業家　　解放起業家

貧困解決起業家

非経済的価値、脱成長、社会性、幸福感（well-being）

〜富の創造を超えて〜

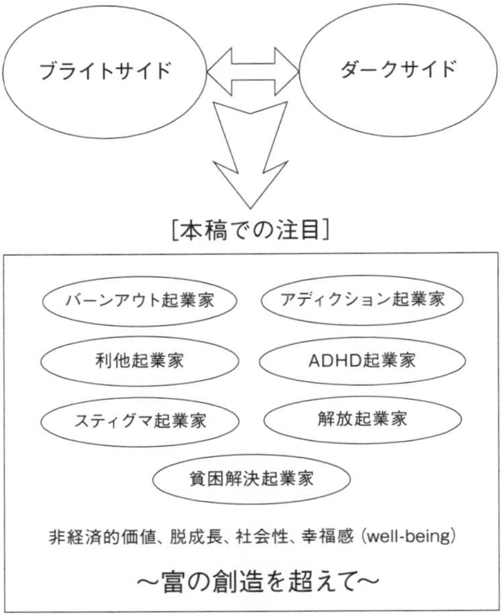

2. アントレプレナーシップ（ENT）とは

　Timmons（1994）は，ENT を「経営資源の有無や多少に関わらず新たな起業機会を創造あるいは発見し，そこから価値を生み出す組織あるいは個人レベルの活動プロセス」と定義する。中でも起業や事業機会の探索，発見，活用を軸にし，そのために必要となる様々な経営資源を探り，組み合わせる点に特徴をもつとした。また，オーストリア学派は，ENT は不確実性が高い状況下で，機会を探索し，資源を新結合させながらその機会を活用していく一連の活動プロセスと捉え（Kirzner, 1973），その成否は，機会ベースのマネジメントの実践（opportunity-based management practice）にあると主張する（Shane and Venkataraman, 2000; Stevenson and Jarillo, 1990）。

　こうした ENT の概念を整理する形で金井（2002）は，それを戦略面からモデル化し，起業機会の認識，資源，事業コンセプトと計画，そして起業家の４つで

構成される相互補完プロセスと捉え，こうしたシステムの中での破壊や均衡プロセスを通じて企業組織が発展していくとした。一方，加護野（1987）は，ENTの本質は単に知識や情報の創造にとどまらず知識を構造化するための編成原理としてのパラダイムの転換と創造と捉え，実践を伴う諸活動の総体と定義する。

　ENTの本質は，新しい価値を生む一連の実践的事業創造活動プロセスで，その形態／現象として，起業，スタートアップ，新事業開発，ベンチャー，企業内ベンチャー等として捉えられるといえよう。本稿では，このようにENTの概念を位置付けて議論を進める。

3. ブライトサイド

　ENTは，地域や一国の経済発展に大きく貢献する潜在力をもち，事実，それを証明する事象は多々みられる。1980年代に米国西海岸でみられた現象は象徴的で，ハイテク産業のメッカとして知られるシリコンバレー地区には，大企業からリストラされた人々や，新しいIT分野で起業する人々が集まり，次々とニュービジネスが生まれ，衰退傾向にあった米国経済が再生されていった（Saxenian, 1996）。

　当時の米国の主力産業は伝統的な製造業であったが，それが，IBM，マイクロソフト，アップルといった新興企業へと置き換わり，産業の新陳代謝が起きた。その担い手は，スティーブ・ジョブズやビル・ゲイツに代表される小さなスタートアップ企業やイノベーターで，彼らは，経済社会における富の創造に大きく貢献する。この流れは，時代とともに加速し，現在では，AI（人工知能）が人間の能力を超える，いわゆる「シンギュラリティ社会」へ向かい，自動運転，空飛ぶタクシー，人型ロボット，宇宙旅行など挑戦的なスタートアップ企業や事業が次々と誕生している。

　革新的な小さな企業が社会に富と雇用をもたらすことはよく知られている（Birch, 1987; Phillips and Kirchhoff, 1989; Dennis, Phillips and Starr, 1994; Acs, 1999）。これもENT表出によるもので，米国内国歳入庁は，1990年から1995年の間に全米の約8割にあたる500万人の新規雇用が成長性のある小さな会社から生みだされたとし，その存在意義を強調する（U.S. Small Business Administration, 1998）。加えて，開業率と経済成長率の間には強い相関があることも知られてお

り（中小企業庁，2002），スタートアップ企業やベンチャー企業向け ENG 支援政策は活発化し，現在に至る。

さらに，非上場でありながら，予想を超える企業価値を生み出す伝説の生き物「ユニコーン（一角獣）」と呼ばれる会社の存在感も強まる。それは，彼らが富の創造の立役者であるからに他ならない。非上場で企業価値が 10 億ドル（約 1200 億円）を超すベンチャー企業がその基準とされ，世界には 141 社のユニコーン企業が存在し，5000 億ドル（約 60 兆円）の企業価値に達したとされる[注2]。同様の理由で，指数関数のように加速度的に飛躍する企業（ExO: Exponential Organization）[注3] にも注目が集まる。最先端の技術と新たな組織管理で，少なくとも 10 倍以上の価値を創出し，従来の覇者を駆逐する。新興企業のウーバー社（Uber，米国）やエアビーアンドビー社（Airbnb，米国）がこうした企業群の代表格といえよう。

ENT の表出によって小さな新興企業が，産業の新陳代謝，雇用の拡大，経済の成長に大きな役割を果たしていることがわかる。

4．ダークサイド

一方，ENT の表出で大きく成長を遂げる企業も確かにあるが，すべての企業が成功する訳ではない。事実，企業の生き残りの実態は厳しく，米国の研究では，1980 年代から 2000 年初期のスタートアップ企業の生存率は，設立後 4 年で約半数が消滅し，英国の場合はさらに深刻で，設立 2 年半で 45％の企業が姿を消したとの報告がある[注4]。

日本のスタートアップ企業の状況も厳しく，生まれて 10 年後には約 3 割強しか存続していない[注5]（中小企業白書，2006）。また，生き残っても稼げる企業と稼げない企業とに二極化している（中小企業白書，2015）。さらに，大きく成長する企業は国内外を通じて僅か 1 割にも満たないこともわかっている（Storey, 1985; Storey, Keasey, Watson and Wynarczyk, 1987; 江島，2010; 江島・秋庭・金，2013）。つまり，生まれて大きく成長し，ユニコーンになる企業もいれば，衰退していく企業もいる。むしろ，成功より失敗，成長より衰退，雇用増より雇用減の方が多いのが実態に近いといえよう。

米国のスタートアップ研究を包括的に分析したスコット・シェーンの研究によ

ると，ほぼすべての実証研究データで，スタートアップ企業の業績は良いとは言えず，多くの会社は倒産し，限界利益はわずかで，製品・サービスは新規より既存の類似品で，雇われていた時より収入は減り，かつ長時間の労働に従事していることを示した（Shane, 2008）。ENT の富の創造の陰に隠れたダークサイドの実態を浮き彫りにしたといえよう。

こうしたダークサイドを考慮した研究アプローチは，「富の創造」に隠れて見えずらかった ENT の新たな実態に光を当てることにつながった。従来の ENT 研究では十分に議論がなされてこなかった「影」の現実やコンテキストに眼を向けることで，単純な事業の失敗によるネガティブ・インパクトを超える，多様で多義的な ENT の価値も，そこから浮き彫りになり，当該研究の領域は拡張し始めることになった。

富の創造とは異なる ENT の意義，あまり焦点があてられてこなかったフィールドでの ENT の発揮，ENT の潜在力を抑制する要因や顕在化する要因の発見など，ダークサイドに目を向けることで，新しい ENT の役割や意味に接近できることは間違いない。本稿では，近年，注目される ENT の明暗に注目し，富の創造だけでは説明が難しい ENT の価値に焦点を当て，新たな理論的かつ実践的インサイトを提起することを意図している。

以下では，ENT のダークサイドを考慮した象徴的なケース分析を紹介し，俯瞰し，ENT 研究の新たな地平に接近することとしたい。具体的には，「バーンアウト起業家」，「アディクション起業家」，「ADHD 起業家」，「利他起業家」，「スティグマ起業家」，「解放起業家」，「貧困解決起業家」を取り上げた。

(1) バーンアウト起業家～異常なストレス～

会社経営の難しさやストレスはよく知られるところだが，起業や事業創造プロセスでの苦闘も，その特殊性から，難しさとストレスが多々みられる。Shepherd, Marchisio, Morrish, Deacon and Miles（2010）の研究では，新しく会社や事業を立ち上げるプロセスで，起業家は，過多の期待／役割（role overload），役割の曖昧さ（role ambiguity），利害関係者の要求を満たす役割との摩擦（role conflict）に伴う多くのストレスを抱えるとされる。この３つの役割ストレスが，主要な原因となり，いわゆる燃え尽き症候群としての「起業家バーンアウト（entrepreneurial burnout）」現象がおこる。

ENT の中心軸をなす機会の発見や創造プロセス，評価や活用の意思決定プロセスにおいて，こうした現象は良く観察され，役員の欠勤や生産性の低下に伴う事業の失速など，市場の好機をいかす組織能力が減退する。起業家個人レベルでも，不安，自己不信，閉ざされた人間関係，健康不振，アルコール依存症，薬物使用など深刻な事態へと展開することもある。最終的に，事業創造プロセスへの関与（コミットメント）と組織への満足度が減退し，本来あるはずの先駆的で，リスクを取り，革新性を追求する能力，動機，取組，生産性も低下し，組織としてのパフォーマンスが落ちてしまうとされる（Shepherd, et al., 2010）。ENT プロセスには，目に見えない苦闘と葛藤を伴う過酷なストレスが隠れていることを忘れてはいけない。

(2) アディクション起業家〜起業常用癖〜

実践経験が豊富な経験起業家（habitual entrepreneurs）や起業を繰り返す連続起業家（serial entrepreneurs）は，熟達起業家（expert entrepreneurs）（Sarasvathy, 2008）と類似し，事業を軌道に乗せ発展させる可能性を秘めている。一方で，新しい会社や事業を，何度も繰り返し立ち上げ続ける行為は，精神的，肉体的，心理的に負荷がかかり，ビジネスに否定的な影響を与える可能性も否定できない。

Spivack, McKelvie and Haynie（2014）の研究では，経験起業家の中には，起業常用癖の傾向（entrepreneurship addiction）の強い起業家（アディクション起業家）が含まれ，ビジネスに支障をきたすケースがあると主張する。彼らは，ワークホリックやインターネット中毒など行動中毒の研究枠組みを援用し，以下の6つの起業常用癖の特徴を明らかにしている。

①起業について絶えず考え続けることへの脅迫観念，②事業創造活動への切望，関与できなかった時の不快感，離脱後の復帰という，関与と離脱の感情サイクル，③起業活動やその成功による達成感などに関わる自尊心，④責任，投資時間や資源，事業活動，成果のモニタリング，間髪入れない起業への関与などの増加への許容，⑤起業活動への関与や投資の増加を通じて，以前は重要だった趣味や人々（家族や友人など）を無視する等の怠慢・ネグレクト，⑥起業常用癖による否定的な側面としての，体力の低下，病気への不安感，不眠症，胃の痛み，感情的な不快感（例えば，罪悪感，不安），緊張の増加，起業経験に関わる不快感

の共有，起業への関与やリスク負荷という感覚の減少。加えて，アディクション起業家は，事業創造プロセスで，興奮や心配などの覚醒を経験し，この覚醒が，次の起業活動に関与する報酬として機能する可能性があるとされ，それが常用癖の要因にもなっているとされる。

　経験起業家，連続起業家，熟達起業家は，事業の成功や成長において，度々もてはやされるが，その背後には，必ずしも幸福感に満ちた人ばかりではないことがわかる。アディクション起業家の行動メカニズムの解明は喫緊の課題といえよう。

(3)　ADHD 起業家～障害が梃となり ENT 表出～

　偉大な起業家として評される IKEA の創業者であるイングヴァル・カンプラードは，注意欠陥多動性障害（以下 ADHD：Attention Deficit/Hyperactivity Disorder）の症状をもつとされ，その事が事業成功の重要な鍵の 1 つとなったという議論がある。

　そもそも，ADHD とは，本来であれば身につくはずのコミュニケーション能力や社会性が，能の発達の偏りによって，一定程度，困難になることを指し，その特徴として衝動性，多動性，不注意性が病理的な条件として定義される（APA, 2013）。事実，成人 ADHD は，ビジネス現場において，対話，ルーティーン業務，整理や効率，熟考など不得意な局面に遭遇し組織や事業活動にマイナスの影響を与えることが知られている（Lerner, Hunt and Verheul, 2018）。

　一方，ADHD は，創造性，突破力，集中力といった ENT の駆動力とは強い親和性があり，その資質が起業や事業創造プロセスとフィットした場合，ADHD起業家の潜在力が開花するケースがある。前述したイングヴァル・カンプラードはそれにあたるといえよう。

　Wiklund, Patzelt and Dimov（2016）は，ADHD 起業家のケースを分析して，その資質である衝動性が起業行動を突き動かし，それが生産性を向上させるが，生産性の向上は，ADHD 症状の過集中が影響し，専門知識の獲得を加速させるとした。また，この特徴は，特に不確実性が高い事業環境にフィットし，低い環境の下では，熟考せず行動する衝動性は，事業成果を低下させるとした。加えて，江島・藤野（2019）の研究成果から，ADHD はフリーランスに向き，こだわりや集中が学習効果を高め，起業と事業発展プロセスにプラスの影響を与えること

を示唆した。

　ADHD と ENT の研究は途に就いたばかりであるが，その関係性は共通して肯定的なものが多い。一見，弱点と見られがちな ADHD 症状は，起業や事業創造プロセスで強みに転じる可能性がある。但し，ADHD 起業家が意図している事業成果や ENT の帰結は，必ずしも高業績や規模の拡大といった経済価値として捉えられるのではなく，個人，構成員，社会の幸福感（well-being）など非経済価値にも多くみられる（Wiklund, Nikolaev, Shir, Foo and Bradley, 2019; Stephan, Tavares, Carvalho, Ramalho, Santos and Veldhoven, 2020; Ryff, 2019）。ENT の帰結は富の創造にのみある訳ではない。

(4) 利他起業家〜自然災害と ENT 〜

　2009 年 2 月 7 日に，オーストラリア南東部ヴィクトリア州で大規模な森林火災が発生し，死者 173 人，約 40 万ヘクタール（東京都の約 2 倍）が焼き尽くされた。焼失住宅は約 2,000 棟，避難住民は約 7,500 人でオーストラリア史上最悪のブラックサタデー「暗黒の土曜日」と呼ばれる。

　こうした未曽有の危機の中，地域から次々と起業や事業が生まれた。しかも，災害が発生して数日しかたっていないにも関わらず，かつ犠牲者自らが，コミュニティや他の犠牲者を救うビジネスをスタートさせた。家財道具，建物，貴重品，大切な人を失い，喪失感が漂う中，自身のためにではなく，起業や事業の原資として自らの資金や資源を投入し，コミュニティや他の犠牲者の支援にあたった。その利他行為のプロセスは，結果として，犠牲者である起業家自身の精神的，感情的，社会的な辛さや苦しみを，和らげることにもつながっていく。危機的な状況下での起業活動は，犠牲者である自分自身の回復プロセスにも正の影響を与えていたことがわかった（Williams and Shepherd, 2016）。

　類似する同様の現象は，2011 年 3 月に日本で起きた東日本大震災からの復興プロセスでもみられた。2011 年 3 月 11 日に未曽有の東日本大震災の被害は甚大で，死者は 15,000 人を超えたとされる。内閣府の推計によると日本経済への影響は約 16 兆 9 千億円，実質 GDP の 3%超にも及んだ。

　こうした中，某会社は過酷な状況を経験した。津波による壊滅的な被害を受け，本社工場は，がれきの山と，どぶのような湿地帯に姿を変え，中心の柱のみ残った。その恐ろしさのため，パニックを起こした人，生き残ったものの本社を

去った人など，従業員は半数近くに減る。しかし，社長は，即座に前を向き事業を立て直し，新事業にも挑戦した。そのマインドは，地域への愛着心や故郷への強い思いが基軸となっていた。その時の心境を社長は次のように語っている．

「本社工場，きれいな工場だったんですよ。海の近くだったので，きれいなレストランと間違うくらい。それが，こっぱみじんに，なくなってしまって，荒れ果ててしまった。何もかも失ってしまって，子供が泣き狂った状態をみた時，これはどんなことがあっても，もとにもどしたい，というそんな気持ちになりました」
「大切な子供が私のそばで働いている。この子達とともに，ここからはい上がっていかないことには，私たちはこの地を捨てることになってしまう。まず，私が動かないとこの地域が活性化しない。子供たちと一緒にやらなければ，大げさにいえば，自分の城を捨てることになる」（江島, 2018, p.104）

　未曽有の危機が想像を絶する悲しみを呼び，社長にとって最も大切な，守るべき絆としての心理的支柱を思い出させ，その手段として事業創造へ舵をきっていく。
　オーストラリアと日本の2つの事例を通じて，そこに共通していた点は，自然災害による未曽有の危機下では，平時の起業や事業創造プロセスで認知される意味とは異なる価値が起業家や事業者に芽生え ENT を表出していたことである。そこには，事業の経済性を超えた，利他心に基づく ENT が表出され，その行為プロセス自体が，起業家や事業者自身の安堵感，倫理観，幸福感（well-being）への道程となっていた。危機が ENT の新しい意味や役割を見出したともいえよう。

（5）スティグマ起業家〜 ENT がスティグマを救う〜

　起業家は，社会的に受け入れられた事業や業界でのみ活動している訳ではなく，特殊な文脈で烙印（スティグマ）がおされた業界[注6]でも活動する。彼らは，様々な制約を受けながらも知恵を絞り，機会を見出し，合法的に事業を起こし価値を生み出している。当該業界では，事業機会の発展性や成長性などを議論する事はあまりないが，その抑圧された環境だからこそ生まれる新たな事業機会は存在する。ENT は，烙印（スティグマ）という社会的な制約から新たな機会を生み出す道具として，その有効性を見出すことができるかもしれない（Ruebottom and Toubiana, 2021）。

　このカナダのスティグマ業界の研究成果から，同業界で，従業員という制約された環境から同じ業界の起業家に変わったことで，事業運営にかかわるマネジャーや利害関係者との力関係が逆転したとの報告がある。また，起業家になることで，感情的，精神的にも得るものもあったとされる。一人のワーカーから起業家になることで，周りの見方は変わり，自己アイデンティティが開花し，自由に道徳心や倫理感に基づく挑戦も可能となった。一人の人間としての価値を，業界の他の関係者に代わって示すことにもつながった。烙印（スティグマ）下の中では，自己アイデンティティは相対的に低く，仕事に対する非道徳的な感情抑制がかかり，恥の感情も強くなる一方，起業家になることで，そこに変化が生じた。

　同研究によるとスティグマ業界の起業家には，自己便益を追求する者と業界の他者便益も追及する者とが存在するとされる。前者は，人との関係性を求め，気の合う，価値観が共有できる利害関係者と小さく付き合い，しかし隠れることなくオープンに，他の業界の起業家と同じく，自分にあった事業に従事する。後者は，自身と業界のため，パイオニア的な意識をもって，大きく新たな事業やその方法を模索する。

　制約されたスティグマ業界で機会を見出し起業に踏み切る起業家は，制度／構造，感情，認知の側面から自由に解放されるメリットが報告されている。あまり光が当てられていないフィールドに ENT の明かりを灯すと，大きな解放感という新たな価値が見えてくることがある。

(6) 解放起業家〜呪縛からの解放〜

　インドネシアで長年テロリストとして活動していた人々が，社会的価値の創造を目指すソーシャルアントレプレナーシップ（SE: Social Entrepreneurship）に関与／従事することを通じて（エンゲイジメント），イデオロギー，社会的／組織的制約，自身の過去の行為から解放され，独立，自律，自由を獲得し，人生の新しい意味と社会との関わりや役割を認知し，新しい未来を構築する基盤を得るようになることがある。この Chandra（2017）の研究によると，2人の宗教を基盤とする元テロリストは，営利の追及を基盤としないカフェチェーンのソーシャルビジネスを通じて，10人もの元テロリスト達を解放することに成功している。テロリストへの罰や訓練という方法ではなく，呪縛からの解放とその理解に対す

る関与／従事というエンゲイジメントの効用が示唆された。

　そこには，SE が元テロリストを解放に導く次の様なメカニズムが働くとされる。まず，その鍵要因は，テロリストの再活動機会費用，信用，共感，社会適応力，社会的地位で，これらはソーシャルビジネスを通じた顧客との接点を通じて変化し，新しい人生の意味，社会の役割，事業機会を見出すことにつながる。そして，解放に導くプロセスには，市場を活用したものと，関係性を軸にしたものがあり，これら2つを必要な条件とした。

　前者は，様々な資源を生み，共有する手段となる組織やコミュニティを設立し，そこへ関与／従事する（エンゲイジメント）ことにつながる市場ベースの解放プロセスで，後者は，ものの見方やネットワークの拡充，接客を通じた謙虚さや従来の思考／呪縛の崩壊，調和／ハーモニーの構築，ロールモデルという関係性をベースとした解放プロセスである。本事例からは，呪縛から人々を解放し，自由，自律，独立に導くという ENT の新しい意味と役割がみてとれた。

(7)　貧困解決起業家～ ENT は解決か原因か～

　低開発国の貧困問題に対して，ENT は何らかの影響を及ぼすことができるのだろうか。こうした世界的課題に対して，ENT 研究者は，その役割について，3つに集約し報告している（Sutter, Bruton and Chen, 2019）。1つ目は，貧困問題の元凶とされる制約された資源（人，もの，情報，資金など）へのアクセスを可能にするという直接的救済の役割，2つ目は，社会制度や市場を変更する改革の役割，そして3つ目は，資本主義ビジネスを想定したフレームを変革するレボリューションの役割である。いずれも，ENT の鍵概念である機会の特定，活用，成長のフェーズにおいてその役割が顕著であることが定量研究ならびに定性研究の成果から導かれている。

　一方，低開発国において，必ずしも ENT が経済格差／不平等を解消する手段になっている訳ではない。新たな事業創造，自営業，フリーランスを含む ENT は，インフォーマル・エコノミー，例えば，ピラミッド構造でいうところの底辺（Bottom of the pyramid）の層や業界（例：小さな家族企業に良くみられる事業）においては有効であるが，フォーマル・エコノミー，例えば，ピラミッド構造の頂点の層や業界（例：ハイテク産業）では，逆に経済不平等を生み出しているされる（Bruton, Sutter and Lenz, 2021）。開発途上にある国・地域がおかれた状況

や，その制度枠組みによって，ENT が，経済不平等を解消する手段になる場合と，逆に経済不平等を広げることになる可能性の両面があることに注意する必要がある。ENT は，貧困問題の解決策になるのか，あるいは逆にその原因になるのか，安易に結論づけることは難しいといえよう。

5. 考察と展望

　これまでみてきた通り，ENT の担い手には，スティーブ・ジョブズやビル・ゲイツなど従来のビジネスのパラダイムを大きく転換する起業家もいれば，障害を梃に事業を創造する起業家，貧困／スティグマを解消する起業家，危機に利他心で臨む起業家もいた。一方，起業や事業創造プロセスの陰で苦闘するバーンアウト起業家やアディクション起業家の存在も忘れてはならない。

　ベンチャーやアントレプレナーシップに関わる研究，実践，マスメディアの現場では，ENT を経済，経営，ビジネスの視点から捉え，「富の創造」と位置づけ注目されてきた。そのことは紛れもない事実であり，歴史が証明していることではあるが，本稿では，それだけではない意味が ENT にはあることを主張している。言い換えると，ENT には，ブライトサイドとダークサイドが存在し，それぞれに次元と質の異なる意味と価値があり，その潜在力の抑制要因や顕在条件の解明を通じて，ENT 研究はさらに進化していく可能性が高い，ということである。

　本稿でとりあげたダークサイドに見られる起業家は，「バーンアウト起業家」，「アディクション起業家」，「ADHD 起業家」，「利他起業家」，「スティグマ起業家」，「解放起業家」，「貧困解決起業家」であった。いずれも「富の創造」とはかけ離れた起業家である。しかし，どれもが，ユニコーンや飛躍する企業（ExO）と同様に，新しい価値を生む実践的な事業創造活動プロセスにおいて，新規性，リスク，創造性をもって取り組んでおり，ENT の本質において変わりはない。ブライトサイド起業家もダークサイド起業家も ENT に強くコミットしているのである。

　では，こうした現象／事例からどのようなインサイトが導き出されるのであろうか。一つは，実践面からみた ENT の意義，意味，価値が，近年，劇的に変化し，多様化し，ENT の概念を多義的に捉える必要性に迫られているということである。ENT を多角的かつ多義的に捉えることにより，その意味と解釈が広がり，

実践現場へも，その応用の期待は高まるといえよう。二つ目は，ENTの帰結は「富の創造」に限定されるのではなく，身体的，精神的，社会的に満たされている状態としての「幸福感（well-being）」にも求められているという点である。事業の経済性，事業の社会性，脱成長性を超えて，事業の幸福性がENTを通じて希求され，得られているのである。三つ目は，ENTのブライトサイドに隠れた暗闇や苦闘に眼を向け焦点をあてることへの価値である。その実態を探索し考察することから，ENTの新たな課題，意味，役割が見えてくるのではないだろうか。ダークサイドからブライトサイドへの転換の鍵を探るアプローチにもなるといえよう。

　アントレプレナーシップ研究が新たな地平に向かって進み，発展し，学術貢献のみならず，実践現場への応用を通じて，個人，組織，社会が「幸福感（well-being）」で満たされていくことを願いたい。

〈謝辞〉
　本研究はJSPS科研費 JP15K03700，JP21H00752 ならびに大阪経済大学中小企業・経営研究所特別研究費の助成を受け実施した成果の一部である。ご支援に感謝申し上げる。

〈注〉
1　近年，世界の著名な学会で同様の問題意識が寄せられている。
2　「ユニコーン（一角獣）企業」の詳細は，日本経済新聞社の『世界で台頭　巨大ベンチャー「ユニコーン」勢力図』（http://vdata.nikkei.com/prj2/ni2015-globalunicorn/）を参考にした（2021.9時点）。
3　イスマイル・マローン・ギースト（2015）を参照のこと。
4　日・米・英のスタートアップの生存率については，江島（2014）pp.83-85参照
5　2016年の中小企業白書では分析用のデータベースが異なり，生まれて10年で約7割の企業が存続している（中小企業白書，2016）。この点については分析／解釈上，一定程度考慮する必要はあるだろう。
6　例えば，カナダの合法的な職種として次のようなものがあるとされる。cannabis shop owners, used car salespeople, psychics, cadaver and human organ brokers, maids, and others.

〈参考文献〉
1　江島由裕（2010）「日本のスタートアップ企業の成長要因（1）―デモグラフィーと企業成長―」『大阪経大論集』第61巻第4号，pp.49-64

2　江島由裕（2014）『創造的中小企業の存亡：生存要因の実証分析』白桃書房

3　江島由裕（2018）『小さな会社の大きな力：逆境を成長に変える企業家的志向性（EO）』中央経済社

4　江島由裕，秋庭太，金泰旭（2013）「韓国ベンチャー企業の特性と成長―デモグラフィーと雇用成長―」『龍谷大学経営論集』龍谷大学経営学会 第 53 巻第 1 号，pp.1-15

5　江島由裕，藤野義和（2019）「発達障害とアントレプレナーシップ」『Venture Review』33，pp.25-39

6　加護野忠男（1987）「企業家的活動とパラダイム創造」市原ゼミナール研究会編『経営と人間』森山書店

7　金井一頼（2002）「起業のプロセスと成長戦略」金井一頼・角田隆太郎編『ベンチャー企業経営論』有斐閣

8　サリム・イスマイル，マイケル・マローン，ユーリ・ファン・ギースト（2015）『シンギュラリティ大学が教える飛躍する方法』（小林啓倫訳）日経 BP

9　中小企業庁（2002）「第 2 部　誕生，発展・成長する存在としての中小企業」『中小企業白書』

10　中小企業庁（2016）「第 2 部　中小企業の稼ぐ力」『中小企業白書』

11　中小企業庁（2006）「第 1 部　2005 年度における中小企業の動向」『中小企業白書』

12　中小企業庁（2015）「第 1 部　平成 26 年度（2014 年度）の中小企業・小規模事業者の動向」『中小企業白書』

13　Acs, Z. J. (1999) *Are Small Firms Important? Their Role and Impact,* Boston, MA: Kluwer Academic Publishers

14　American Psychiatric Association (APA). (2013) *Diagnostic and statistical manual of mental disorders (DSM-5®).* American Psychiatric Publication

15　Birch, D. L. (1987) *Job Creation in America.* New York: Free Press

16　Bruton, G., Sutter, C., and Lenz, A. K. (2021) "Economic inequality–Is entrepreneurship the cause or the solution? A review and research agenda for emerging economies," *Journal of Business Venturing,* 36(3), 106095

17　Chandra, Y. (2017) "Social entrepreneurship as emancipatory work," *Journal of Business Venturing,* 32(6), pp.657-673

18　Dennis, W.J., Phillips, B. D. and E. Starr (1994) "Small business job creation: The findings and their critics," *Business Economics,* 29 (3), pp.23-30

19　Gartner, W. B. (1985) "A conceptual framework for describing the phenomenon of new venture creation," *Academy of management review,* 10(4), pp.696-706

20　Kirzner, I. M. (1973) *Competition and Entrepreneurship,* The University of Chicago.（田島義博監訳〔1985〕『競争と企業家精神』千倉書房）

21　Lerner, D. A., Hunt, R. A., and Verheul, I. (2018) "Dueling banjos: Harmony and discord between ADHD and entrepreneurship," *Academy of Management Perspectives,* 32(2), pp.266-286

22　Phillips, B. D. and Kirchhoff, B. A. (1989) "Formation, growth and survival: small firm dynamics in the US economy," *Small Business Economics* 1, pp.65-74

23　Sarasvathy, S. D. (2008) *Effectuation: Elements of Entrepreneurial Expertise*: Edward Elgar Publishing Limited（加護野忠男 監訳／高瀬進・吉田満梨 訳（2015）『エフェクチュエーション：市場創造の実効理論』碩学舎）

24　Ruebottom, T., and Toubiana, M. (2021) "Constraints and opportunities of stigma: entrepreneurial emancipation in the sex industry," *Academy of Management Journal*, 64(4), pp.1049-1077

25　Ryff, C. D. (2019) "Entrepreneurship and eudaimonic well-being: Five venues for new science," *Journal of Business Venturing*, 34(4), pp.646-663.

26　Saxenian, A. (1996) *Regional Advantage: Culture and Competition in Silicon Valley and Route 128, With a New Preface by the Author.* Harvard University Press.

27　Shane, A.Scot (2008) *The Illusions of Entrepreneurship,* Yale University Press（谷口功一，中野剛志，柴山桂太訳（2011）『起業という幻想：アメリカン・ドリームの現実』白水社）

28　Shepherd, C. D., Marchisio, G., Morrish, S. C., Deacon, J. H., and Miles, M. P. (2010). "Entrepreneurial burnout: Exploring antecedents, dimensions and outcomes," *Journal of Research in Marketing and Entrepreneurship.* 12 (1), pp.71-79

29　Shane, S. and Venkataraman, S. (2000) "The promise of entrepreneurship as a field of research," *Academy of Management Review*, 25 (1), pp.217-226

30　Spivack, A. J., McKelvie, A., and Haynie, J. M. (2014) "Habitual entrepreneurs: Possible cases of entrepreneurship addiction?" *Journal of Business Venturing*, 29(5), pp.651-667

31　Stephan, U., Tavares, S. M., Carvalho, H., Ramalho, J. J., Santos, S. C., and van Veldhoven, M. (2020) "Self-employment and eudaimonic well-being: Energized by meaning, enabled by societal legitimacy," *Journal of Business Venturing*, 35(6), 106047

32　Stevenson, H. H. and Jarillo, J. C. (1990) "A paradigm of entrepreneurship: Entrepreneurial management," *Strategic Management Journal*, 11, Special Issue (Summer), pp.17-27

33　Storey, D. J. (1985) "Manufacturing Employment Change in Northern England 1965-78: The Role of Small Business," in D.J. Storey (ed.), *Small Firms in Regional Economic Development*, Cambridge University Press

34　Storey, D. J., Keasey, K., Watson, R. and Wynarczyk, P. (1987) *The Performance of Small Firms: Profits, Jobs and Failure,* London: Croom Helm

35　Sutter, C., Bruton, G. D., and Chen, J. (2019). "Entrepreneurship as a solution to extreme poverty: A review and future research directions," *Journal of Business Venturing*, 34(1), pp.197-214

36　Timmons, J. A. (1994) *New Venture Creation*, 4th edition, Illinois: Richard D. Irwin. (千本倖生・金井信次訳（1997）『ベンチャー創造の理論と戦略』ダイヤモンド社）

37　U.S. Small Business Administration, Office of Advocacy (1998). The State of Small Business: A Report of the President, Washington: U.S. Government Printing Office

38　Welter, F., Baker, T., Audretsch, D.B., and Gartner, W.B. (2017). "Everyday entrepreneurship—a call for entrepreneurship research to embrace entrepreneurial diversity," *Entrepreneurship Theory & Practice*. 41 (3), pp.311–321

39　Williams, T. A., and Shepherd, D. A. (2016). "Victim entrepreneurs doing well by doing good: Venture creation and well-being in the aftermath of a resource shock," *Journal of Business Venturing*, 31(4), pp.365-387

40　Wiklund, J., Patzelt, H., and Dimov, D. (2016). "Entrepreneurship and psychological disorders: How ADHD can be productively harnessed," *Journal of Business Venturing Insights, 6*, pp.14-20

41　Wiklund, J., Nikolaev, B., Shir, N., Foo, M. D., and Bradley, S. (2019). "Entrepreneurship and well-being: Past, present, and future," *Journal of Business Venturing, 34* (4), pp.579-588

第7章
競争優位を創出するネットワークに関する研究
—タビオのビジネスシステムを事例に—

大阪商業大学　太田一樹

1. はじめに

　太田（2022）では，企業の成長のダイナミクスの大きな要因として，企業家精神だけでなく社会関係資本の効果も大きく影響していることを明らかにした。社会関係資本は新たな資本ともいわれている。しかし，社会関係資本を創出する産業集積が弱体化する中で，ネットワーク効果だけでなく社会関係資本の利益を創出する中小企業の人為的ネットワーク[注1]の競争優位性に関心が高まっている。例えば，池田（2020）では，新たな中小企業ネットワークとして「自発的中小企業ネットワーク」に注目をしている。

　ただ，これらの人為的ネットワークは，人為的であるが故に「強い紐帯」になり易く，計画的であるが故に組織取引になり易く，「埋め込まれた紐帯」としてのネットワークの特徴を十分に活かしきれず，社会関係資本の効果を享受できないというジレンマに陥る可能性がある。

　そこで，本稿では，競争優位の大きな源泉の一つに人為的ネットワークの活用があること，さらに人為的ネットワークにはいくつかの種類があるが社会関係資本を創出する人的ネットワークの構築と，環境に適したネットワークのマネジメントが重要であることを，ビジネスシステム（論）の視角から明らかにしていく。

　研究対象とする企業は，2000年10月に大阪第二部株式市場に上場したタビオ株式会社（旧名：株式会社ダン）である。同社は，ハーバード大学ビジネススクールも注目した在庫と欠品を低減するユニークでレジリエンスの高いシステムを構築し，また「靴下屋」（商標登録）という靴下の専門店の業態を確立させながら，

国内生産にこだわり売上高と利益を着実に伸ばしてきた企業である。

　同社のネットワークの構築から現在までの変遷を分析すると，外見では他社と同じようなコンピューター（IT 機器）で繋がれた合理化効果の大きい SCM のネットワークに見える。しかし，タビオのビジネスシステムは，目に見えないが，社会関係資本が創出される設計思想が根底にあり，環境と組織に適したシステムになるように設計思想を変革させるなど競争優位を維持するマネジメントが行われており，「合理化効果」だけでなく，競争優位につながるいくつかの利益を創出する工夫が組み込まれていることが明らかにされる。

2. 先行研究と分析視角

(1) ネットワーク理論と人為的ネットワーク

　産業集積という多くの企業が歴史的に立地する地域にも，企業が意図的に構築した企業間連携にも，社会関係資本[注2) が創出される可能性がある。

　それは，人（もしくは組織）の「つながり」である「ソーシャルネットワーク（social network）」（以下，ネットワーク）では，その関係性の中で，一般的な経営資源とは異なる社会関係資本が創出されるからである。その資本の創出は，経済学的な市場取引の世界では想定されていないものであるが，現実の社会ではその恩恵を享受していることが多い。例えば，産業集積内で発展した「仲間型取引」がその典型例である。お互いが信用し信頼関係が醸成できているからこそ，契約書を交さなくても，いろんな仕事を長期継続的に融通しあえる。その信頼が礎となり，さらに増幅した資本が創出され，ネットワーク参加者に濃密な情報や果実が共有されるようになる。

　しかし，社会関係資本を創出するといっても，ネットワークの大きさや質によって生み出されるものが異なる。ここで，ネットワークのタイプと特性について確認しておこう。

　Granovetter, M.（1985, 2017）は，人脈による「紐帯（つながり）」に着目し，経済学が想定する市場での取引（以下，経済学的市場取引）と，親企業・下請企業関係という制度的で取引される組織的取引（以下，組織的取引）の中間形態として，人脈の「つながり」による取引関係が存在すると主張する。それが，「埋め込まれた紐帯」と呼ばれるもので，相互依存と信頼によって成立している取引

関係である。この「埋め込み理論（エンベッドネス理論）」によると，このような紐帯が存在すると，お互いが過去の経験から理解しあっているので，合理性よりもヒューリスティックな意思決定（経験やその場での瞬間的な判断）のメカニズムが働きやすいので，直感的に意思決定がしやすくなると指摘される（入山(2020) pp.443-444）。また，「弱い紐帯」と「強い紐帯」のネットワークを比較した場合，「弱い紐帯」の方が，多様な情報が遠くまで伝播されるので，強さがあり，イノベーションに結びつくような情報を獲得しやすい。他方，Nahapiet, J. and Ghoshal, S.（1998）や Tsai, W. and Ghoshal, S.（1998）でも，ネットワークには「bridging（接合型）」と「bonding（結合型）」の2タイプがあることを指摘する。「bridging」は「弱い紐帯」なので，多様な情報が遠くから入手しやすい反面，私的情報や暗黙知が移転され難い。反対に「bonding」は「強い紐帯」なので閉じたネットワークになり易く，「bridging」よりも濃密な社会関係資本を創出することになる。しかし，異質な出会いによるイノベーションの創出は期待し難いことになる。

　産業集積にも社会関係資本が蓄積されるが，昨今のグローバル取引や過度の価格競争などが産業集積内の関係性を変質させている。従来の仲間取引などが縮減し，集積のメリットだけでなく，集積内の関係性の変容から社会関係資本も毀損している可能性は十分に考えられる。

　他方，人為的ネットワークにも社会関係資本は創出されるが，人為的であるが故に「強い紐帯」になり易く，計画的であるが故に組織的取引になり易い。このことは，「埋め込まれた紐帯」としてのネットワークの特徴を活かしきれないというジレンマに陥ることにもなる。社会関係資本を創出するネットワークを設計するには，このようなジレンマを相克しなければならない。

(2)　ビジネスシステムとは

①　ビジネスシステムとは

　ビジネスモデルとよく似た用語に，ビジネスシステムがある。ビジネス雑誌や経営学の文献においても，両者はほぼ同義的に用いられていることも多い。しかし加護野・山田（2016）では，「ビジネスモデルは，業種などの特定の文脈から切り離されたモデリングとしての設計思想が強い。一方，ビジネスシステムは，個別企業や産業のおかれた文脈を経路依存的にとらえ，その特殊性を踏まえて設

計の結果としてのシステムを包括的に説明しようとする」ものとし，両者の概念の相違を指摘する[注3]。また「ビジネスシステムは，人々の協働の枠組みであり，学問的に表現すれば協働の制度的枠組み」であり，「日本のビジネスシステム研究には，地場産業や伝統産業，長寿企業など含めた多様なビジネスを対象とする蓄積がある」（加護野・山田，2016，pp.6-7）と指摘する。

　加護野（1993）では，ビジネスシステムについて次のように説明する。ビジネスの世界における競争には2種類のものがあり，一つは個々の商品やサービスレベルでの競争，もう一つはビジネスシステムレベルでの競争である。後者は前者に比べ，目立ちにくいが，その優位は長期にわたって持続する傾向があると指摘する。ビジネスシステムとは，商品を開発し，顧客に届けるための能力と仕組みである。企業内部の分業の仕組み（つまり組織編成），仕事を行うための技術やノウハウ，物的・人的資源（経営資源），企業外部との連携の仕組み（企業間関係），生産や物流さらに取引の仕組み（ロジスティック・システムや流通システム），人々の物の考え方や見方（パラダイム）などから構成されており，ある分野で事業を営むための総合力だといってよいとする。

　加護野・山田（2016）や加護野（1999）では，高い業績を上げたビジネスシステムの従来の支配的な設計思想は「規模の経済性」であったが，「速度（スピード）の経済性」，「組合せの経済性」，「外部化」といった別の設計思想が見られるようになった点を，ケース研究から導き出している。

　また，加護野・山田（2016）では，「新しいビジネスシステムが自動的に生み出されるのではなく，企業あるいは企業家による革新の結果として創造されるのである」（p.12）が，「だが，日本のビジネスシステムは，産業や地域に埋め込まれた歴史的・文化的な要因と深く結びついてきたという事実が重要である」（p.307）と指摘する。

　本稿ではあえてビジネスシステムという用語を用いることにする。個別企業や産業集積の関係性を経路依存的にとらえて，構築から維持・発展までの成長のダイナミズムを分析することを研究の目的とするからである。

② ビジネスシステム研究の意義
　岡田（2012）では，ビジネスシステム研究の意義を4つにまとめている（p.56）。
①企業や産業の長期的な優位性や独自性を解明できる点である。模倣困難な競

争優位や独自性が明らかになる。

②相互依存関係の全体像を解明できる点である。相互依存のプロセスで生み出
　されるシナジーがもたらす価値は見落とされかねない。相互依存関係のダイ
　ナミズムを分析できるビジネスシステムには，各要素が生み出す価値だけで
　なくてシステム全体で創造する価値を明らかにできるのである。

③多様な現象を分析できることである。ビジネスシステム研究では，企業や産
　業の競争優位性だけでなく伝統的な企業や産業の存続要因を解明することが
　できる。それはシステムの生成や発展というダイナミズムに焦点が当てられ
　るからである。

以下では，ビジネスシステム研究の特徴を活かして，ケース研究を進めていく。

3.　タビオのケース分析

　競争優位を創出するための基盤をどのように構築し，存続・発展させてきたの
かについて，ビジネスシステムの視点で分析しよう。

　ケースとして取り上げる企業は，タビオ株式会社（旧名：株式会社ダン）であ
る[注4]。

（1）企業の概要と事業内容

　「お店の横に工場がある」ことを目指したタビオ株式会社[注5] は，創業者の越
智直正氏（以下，直正氏）によって 1968 年に総合靴下卸売業としてダンソック
スの商号で創業された。その後，1977 年に株式会社ダンを設立した。2000 年 10
月に大阪第二部株式市場に上場する。2006 年 9 月にタビオ（Tabio Corporation）
に社名を変更し，2008 年 5 月に越智勝寛氏（以下，勝寛氏）が新社長に就任す
る（図表 7 - 1 参照）。

　売上高は，157 億 2,283 万円，資本金は 4 億 1,479 万円，正社員の数は 290 名，
それ以外の準社員や契約社員を含むと従業員総数は 935 名である（連結ベース，
2020 年 2 月現在）。総取扱商品点数は品番（アイテム）数で約 5000 種，SKU（stock
keeping unit：単品管理するためにアイテムをデザインやサイズ，色などで分類
した最小単位）では約 3 万 6000 点になる。

　全国のニッター（靴下の生産者），タビオ，小売店（FC 店，直営店）をネッ

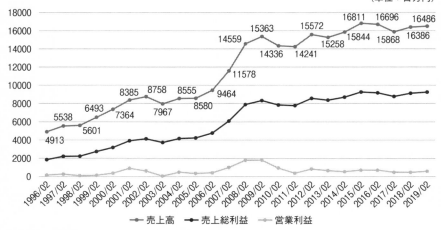

図表7-1　タビオの業績の推移

（単位：百万円）

（出所）有価証券取引書を参照して筆者作成

　トワークで結び，「ラーメン屋のようにお客様から注文を受けて商品を作る」ような鮮度を重視した臨機応変な生産・販売管理システムを構築し，「お店の隣に工場がある」ような緊密なネットワークが SCM（アパレル業では SPA が有名）で運営されている。

　以下では，ビジネスシステムの変容を強調するために，上場ぐらいまでの仕組みをダン・システムと呼ぶことにする。その後，現社長の勝寛氏が入社し事業の仕組みを改革していくのだがその仕組みをタビオ・システムと呼ぶことにする。

(2) ダン・システムの構想

　資金繰りで四苦八苦していたころ，直正氏は財務担当の今井正孝氏に「私は今まで借金のやり手やったが，これからは返済のやり手になろうと思う。なんぞいい方法はないだろうか」と相談を持ち掛けた。すると即座に「売れる物を売れるだけ作れ。売れない物を作るな。そして儲けた中で経費を使え。残ったのが利益だ」との返事。当時の靴下業界の常識からすると無茶なことも百も承知だったが，なぜか目から鱗が落ちた。これが，ダン・モデルを発想する発端である。

　本屋に行ったときに閃いた「カードシステム」を駆使して靴下1足1足に管理カード（品番とカラー番号が記載されたもの）を付けて，それを販売時にレジで外しそのカードを週に1回送ってもらうという方式で管理していた。しかし，北海道から沖縄まで全国の取引先約1400店舗から収集されるカードを集計し分析するのに多大な人手がかかり，行き詰っていた。ちょうどその頃，日本の大企業を中心にコンピュータ導入の機運が高まっていた。

　「お店の隣に工場がある」ような仕組みをつくるのに，当時，2つの選択肢があった。一つはそれまでアナログで行っていた複雑なシステムを織り込んだ仕組みを作る方法，二つ目は新たな考え方によるシステムを構築する方法である。社内で議論を重ねた結果，二つ目を選択し新たな仕組みを作ることにした。

図表7-2　ダン・システムの合理化効果

企業	成果の内容	成果の割合
ダン本社	返品商品 シーズン末の不良在庫 品揃えの品番数の絞込み 商品企画 計数管理 取引決済 営業テリトリーとスタイル	95％の減 90％の減 1シーズン700から350に縮小 トレンド先取りへ変化 事務作業の激減 自動引落しへ移行・売掛金管理事務の激減 テリトリー拡大・企画提案型に変化
FC店舗	発注商品の納品率 発注から納品までの日数 店在庫（バックストック） 販売員の質 店頭の商品構成と情報分析	85％の大幅増 短縮 95％の大幅減 本部研修と巡回指導により向上 棚割りシステムの稼動・フィードバック 季節変動指数の応用・地域特性情報の構築
ニッター	納品率 残糸、残品 生産サイクル	50％増に向上 80％の激減 20％向上の短縮
糸商社	調達リスク 納品までの日数	50％減 14日から3日へ大幅短縮
染工場	加工	計画的な加工が実施され，加工日数が20日から7日へ大幅短縮

（出所）島崎・久崎（2002）

そこでまず，小売店をフランチャイズ化して小売店の店舗にPOS端末を入れた。1988年には全店にNEC製のPOSが導入される。フランチャイズの新店舗の出店にはPOSを導入することが契約の条件となった。本社には汎用機を入れた。このため，素材，色，品番，顧客層がわかるようになった。それまで，販売カードを集めてどれだけ売れたかを電話で伝えていた時とは比べ物にならないほどの，シンプルさと使い勝手の良さであった。また，1990年ぐらいに，コア・ニッター（当時の協同組合靴下屋共栄会の組合員）7社にも，説得をして高価なオフコンを導入してもらうことになる。

この結果，従来のように企画を始めてから商品が小売店に着くまで，1〜2ヶ月ほどの期間を必要としたが，納期が短縮され，企画と素材の手配の期間を除けば小売店には原則1日〜2日で納品されるようになった（最初から生産した場合の最短のリードタイムで1.5日程度）。ネットワークを構築することにより，合理化効果だけでなく，いくつかの経済効果を享受することが可能となった（図表7-2参照）。

(3) ダン・システムの構築

同社と小売店，ニッターがネットワークでつながり，靴下屋も急成長を遂げていく。また，「不況産業といわれる靴下業界に，我々の手で桃源郷をつくろう。そして業界の灯火になろう」と，産地に流通・検査・試作センターという生産の司令塔を構築するために，1992年4月に協同組合靴下屋共栄会（協同組合はニッター7社とダンで構成）を設立した。翌年の1993年11月にCSM（コスモ）棟が完成し，業界屈指の検査機器を備えた研究開発室の開設により靴下の品質管理体制が飛躍的に向上する。

ニッターの工場からほぼ15分の距離にある物流センターでは，1足単位で発注される靴下が全国に配送されることになる（当時の靴下業界ではデカ単位（10足）で発注）。このようにして競争力のあるダン・システムの原型が出来上がっていく。

当時を振りかえり，「それぞれニッターの得意分野に特化した製品づくりを極めていくことが共栄会全体の競争力につながると，会長はよく話をされていました。年商が1億円にも満たない時代にオフコンなどを含めて3000万から4000万円の投資をしました。尻ごみをしたニッターさんもおられました。越智会長を信

じて投資したことが今の成長につながっています。」（メイン・ニッターS社の
社長）と共栄会の主力メンバーは述懐する。

　当時の環境は，国内繊維産業は輸入製品の急増で大きなダメージを受け，靴下
業界も同様で，靴下の消費量が減少する中で中国を中心とする海外からの輸入量
が急増していた。現在も靴下業界を取り巻く日本企業の環境は一段と厳しさを増
しているが，タビオがビジネスシステムを構築した当時の1989年当時を振り返っ
てみると，約1200社あった生産業者は600社程度に半減し，国内の靴下生産量
も10年間で約40％減少し，輸入品が約7割占めている状況であった。

(4) 仕組みのジレンマと業績低迷

　靴下産業を取り巻く環境は厳しさを増していくが，ダン・システムは売上高と
利益を着実に伸ばし，ハーバード大学ビジネススクールも在庫と欠品をなくすこ
のユニークなシステムに高い関心を示し，「日本の新しい競争力」として事例研
究が進められた（日経新聞2002.4.13）。しかし，業績が足踏みした時期がある。
上場直後から業績が低迷し2003年に初めて減少に転じた。その後の2005年以降
は勢いを取り戻し，2007年2月期に売上高は100億円を突破することになる。

　何が生じていたのか。いくつかの要因が推察されるが，ここでは2点だけ指摘
しておきたい。

　一つは，上場を契機に業績向上への圧力が高まり，売上を上げることが至上命
題になり短期志向に陥ってしまった点である。上場直後の有価証券報告書の対処
すべき課題で確認すると，「『靴下屋』，『靴下屋インターナショナル』，『靴下屋フ
レンズ』の三業態と百貨店専門の『ショセット』の効率的な組み合わせにより積
極的に出店しつつ，新たに3足1000円の商品を中心とした店舗の企画開発に取
り組み，全国に隙間のない店舗布陣を行います」との戦略が述べられている（第
24期（2001年2月期））。実際，ストア・ブランドを多様化し直営店舗数を増加
させている。

　二つ目は，ダン・システムの仕組みが優れていたが故に，協同組合としての相
互扶助の精神が後退し売上げ至上主義に陥ったこと，そのためにプロダクトアウ
ト型に偏ってしまったことがあげられる。この時の状況を勝寛氏は「プロダクト
アウト型に傾きすぎた時期があったのです。（ドンピシャのライバルがいないの
で）作り手の論理が先行して，お客様が欲しくない商品が売り場に並んでしまっ

ても，『こんなことをしている場合じゃない』となりにくい」と説明する（越智，2016，p.230）。

（5）タビオ・システム型への変容：マーケットイン型へ

2003年に商品本部長に就任した勝寛氏は，靴下への強い想いを持った直正氏と意見がぶつかり合うこともあったが，いくつかの改革を始めていく。それに呼応してシステムの内容も変容していく。このシステムをここではタビオ・システムと呼ぶことにしよう。主な改革については以下のとおりである。

①　CI活動とコミュニケーションの改善

社内の雰囲気が決して良いとはいえなかった2006年ごろから，取締役であった勝寛氏がリーダーとなりCI活動を開始した。当時は，流行の最先端をいくものを作ろうという現場の考えと，伝統を守って品質を優先しようというトップ層の考えとが，時にはぶつかりあっていた頃である。CIプロジェクトでは，コンサルティング会社の薦める理想像をモデルにして，現実を加味して実際にできる範囲の課題の解決に取組み，組織文化を変革しようとした。例えば，会議の改革を行った。例えば，会議に勝寛氏自身がレジメを作りファシリテータとして参加し，タイムキーパーを配置し，会議は1時間半以内というルールも作ったりした。また，ゲーム感覚の営業コンテストやフットサル大会など，組織の一体感が生まれるコミュニケーションづくりに心理学の知識をベースに取り組んでいった。

②　教育体制の強化

組織内のCI活動を指揮しながら次々と新たな取組をしていく。社内教育制度を強化した。直営店やFC店の店員の教育を組織的に実施するために店舗販売員教育部を新設し，販売スタッフの社員化を図った。単に商品説明をするのではなく，顧客ニーズをくみ取った提案営業が求められ，それが商品開発にも反映されていく。商品知識だけでなく製品に込められたタビオの想いの伝達，そして販売員の技術向上を図るために，従前からニッターに出向き靴下が出来上がるまでの工程を現場で学び自らが企画した靴下の出来上がりを五感で確かめるという研修が実施されている。それに加えてコンサルティングセールスの技術を高めるためにロールプレイングを組み入れた教育がスタートしている。この時から定期的に

社内で販売コンテストも実施している。ちょうど大手ファッション専門店が一体的魅力を高めるためにテナントに販売員教育の徹底を求め始めた時期と重なる。

「タビオには，新人研修，売場づくり研修，クレーム対応研修，カラーコントロール研修など10種類ぐらいの研修があり充実している。本部の先生（教育担当）は，定期的にマニュアルやメールも配信してくれる。また，年1回のロールプレイング研修とショッピングモール主催のロールプレイング大会に合わせて数回指導をしていただけるのでありがたい」と現場のスタッフからも好評である。

③　小売店支援と営業改革

マーケットイン志向へと変革するためには，全社一体となったマネジメントサイクル（PDCAサイクル）を組み入れた店舗支援が重要であることから，営業業務を「エリア・マネジャー」と「スーパー・バイザー」の2種類に分けた。

エリア・マネジャーは店頭管理（POP，陳列，接客など）を支援する店頭に従事していた女性を中心とした営業チームであり，スーパー・バイザーは新規出店や取扱商材などをFCオーナーと折衝する従来の男性を中心とした営業チームである。従来の営業に加え，店頭販売員の声を丁寧に聞くことにより，きめ細かな顧客ニーズを本社に収集するための取組である。タビオにおいては，年数回，内見会を開催してタビオとしての品揃えの基本は示すものの，各店舗の品揃えの決定の権限は店長にある。

④　直営店舗の改革

マーケットイン型へと組織を変革するために戦略的に事業部や店舗を統廃合した。勝寛氏は，事業部を再構築したり，不採算の直営店を閉鎖したりして，全直営店舗のコンセプトの再定義と店舗改装を実施している。プロダクトアウト型に偏った出店を展開した結果，直営店の多くが赤字基調であったという。そこで，閉鎖するだけでは縮小均衡に陥ってしまうので，戦略的に需要が見込める関東を中心に，売上の見込める店舗づくりを迅速に展開した。特に若者の集客力では日本を代表する「ルミネ」や「ららぽーと」への出店を積極的に進めた。

⑤　ニッターの自主的勉強会

メイン・ニッターのほとんどは創業期からタビオと取引しており，2代・3代

目の後継者にバトンタッチされている。タビオは，直接的にニッターの教育は行っていないが，ニッターは自主的に週に1回，タビオ奈良の会議室でニッター会議を開催している。自主参加だが，20社から30社程度が参加しており，そこに自由参加でタビオの社員が数名参加している。直面している経営問題，新技術や新機種などをテーマにした勉強や意見交換が行われている。また，月に1回，会長も参加したタビオが主催するニッター会議が行われている。

(6) デジタルトランスフォーメーション時代に向けての対応

この数年，AIやITの技術的進歩やグローバル化の進展で，グローバルなEC取引が爆発的な勢いで拡大してきた。このようなDX（デジタルトランスフォーメーション）時代に向けて，ビジネスシステムの高度化が図られている。紙幅の関係で，簡潔に紹介しておく。

① WEB化への対応

EC市場での取引が大きく拡大し，リアル店舗での購入が減少し店舗が廃業へと追い込まれる状況，いわゆるアマゾン効果ともいわれる現象が米国や英国を中心に生じている。タビオは，この影響の経験をいち早く学習するために，数年前から米国市場でテスト販売を継続している。また，国内でもWEB化への対応を進めており，以下のような取組を進めている。
・2015年：iPadレジを全店に導入
・2016年：Tabioアプリのリリース
・2017年：全店舗をオムニチャネル化

② 市場開発

新たな市場開発にも注力している。紳士靴下市場の創造が典型例である。紳士靴下専門の業態店を開発して東京・丸の内に1号店を出店した。2011年には男性向け靴下のイメージを高めるために「ビームス」や「ビルケンシュトック」といった有名ブランドとコラボレーション企画を打ち出し2012年には1年前の約2倍の13億円の売上を達成している[注6]。また，スポーツ靴下の市場を拡大させている。サッカー用，マラソン用，ジョキング用，野球用などの靴下を開発し，その分野の専門店とコラボレーションしながら市場開発を進めている。

③　組織改革

　これらの市場開発を促進するために，組織改革にも取り組んでいる。機能別組織のデメリットである部門間の壁を極力なくすために，機能別組織を廃止した。企画・デザイン部門や営業部門が，機動的にワンチームで取り組めるような事業部制＆プロジェクト制を導入した。

④　新たなコラボレーション

　タビオは従来の販売促進策の主流であったテレビや雑誌広告に頼るのではなく，SNS などの活用に注力し始めている。

(7)　現在のタビオの仕組み

　現在のタビオのビジネスシステムについてみておこう。全国に「靴下屋」，「Tabio」，「タビオ・メン」というストア・ブランドで靴下専門店を展開しているが，それ以外にもギンザシックスなど高級店でも高級靴下を販売している。およそ 268 店に靴下を供給している。商品を供給するニッターは 50 社程度あり，九州，四国，北陸，関東と点在しているが，奈良に位置しているところが多い。その内，すべてタビオ向けの靴下を生産するメイン・ニッターは 10 社ほどで，奈良に立地する売上高が 8000 万円から 6 億円ぐらいの中小規模の生産者が多い。ほとんどのメイン・ニッターは創業期からタビオと取引しており，2 代目・3 代目の後継者にバトンタッチされているところが大半である。職人の確保については，タビオ・ブランドの知名度向上やモノづくりしたい若者の増加のおかげでニッターはそれほど苦労していない。

　ニッターは，パソコンを通して，全小売店での販売データを，ほとんどリアルタイムに SKU で見ることができる。また，物流センターの在庫量も見ることができる。ニッターは，小売店の店頭在庫，売上げ状況，物流センター在庫，そして自社工場在庫を見比べ過去の経験も加味しながら生産量を決めていくことになる。もちろん小売店の注文はタビオを通して正式な発注として入ってくるが，店頭での機会損失をなくすために，事前に生産に取り掛かり自主的に物流センターに納品している。ここに，ニッターの市場を読む洞察力やデータ分析力が問われることになり，日々の取引の中でその能力が研鑽されていくことになる。また，物流センターで他社のリアルな製品在庫を見ることにより大まかなトレンドを知

ることにもつながる。タビオはニッターには原則的に事前の発注はしないが，物流センターに自主納品した商品は，原則的にタビオが買い取っている。また，納品価格は原則的にニッターが決定する。

　越智会長の勉強会に最年少で参加していたメイン・ニッターS社の後継者は，「越智会長に商品サンプルを持って説明に行く前の晩は，緊張して寝られないことが何回もあった。それぐらい靴下づくりに厳しい方ですが，仕事を通じて私に人生観を教えてくれた人です。ご恩があるので，仮に1か月半かかる仕事を1か月でやって欲しいと言われたら，全社あげて取り組みます」と直正氏への思いを語る。

　他方，小売店ではiPadを活用している。このiPadには，レジ機能の他に，業績データの検索，LINEやメールの送受信の機能が搭載されている。アプリ形式なので操作も容易である。レジ管理の他に，発注やマーケティング分析にも活用できる。また，店頭にない商品（全商品）の受渡日が分かる「Tabio SEARCH」も導入されている。他店での在庫状況も分かる仕組みになっている。発注は，1足単位でも可能で，通常であれば午前に発注すれば翌日の午前に納品される（一部地域を除く）。マーケティングデータとしては，同店の昨年度の売上げ実績や全店売れ筋情報を見ることができる。

4.　考察と研究課題

　ダンの創設期から現在のタビオまでの仕組みの変遷について詳細に分析してきた。コンピュータネットワークのモデリングの視点から見ると，IT機器の技術向上に応じて生産性は高まっているものの，モデリングそのものに大きな変化はないように見える。

　しかし，ビジネスシステムの視点で分析すると，外見からは簡単に見えないが，いくつかの利益とともに社会関係資本を創出するためのネットワークづくりが志向されている。そこでは，ハードだけでなく設計思想という組織文化にまで踏み込んだ変革が実践されており，そこに競争優位の源泉を見い出すことができる。以下，確認しておこう。

(1) ビジネスシステムの変容

　タビオのビジネスシステムの軌跡を分析すると，構築時から上場までの期間（以下，構築期），上場直後から社名変更期までの期間（以下，停滞期），タビオ誕生から現在までの期間（以下，再構築期）という大まかに3つのステージに分けることができる。本稿では，構築期からタビオ誕生までのシステムを「ダン・システム」，それ以降のそれを「タビオ・システム」という名称で呼んできた。

　この分類でいうと，ダン・システムは構築期と停滞期を経験していることになる。その後のタビオ・システムは，再構築期に該当することになるが，2015年以降のDX対応期（以下，新タビオ・システム）とそれまでの期間を2つに分けることも可能である。

　以下では，それぞれのシステムの特徴と設計思想について分析してみよう。

① ダン・システム（構築期）

　ダン・システム構築の動機としては，「お店の隣に工場がある」ような，在庫ロスが生じないような合理的な仕組み作りが志向されていた。と同時に，「不況産業といわれる靴下業界に，我々の手で桃源郷をつくろう。そして業界の灯火になろう」という理念のもとに，取引工場とともに協同組合靴下屋共栄会が設立されている。

　その時のダン・システムは，外見からすると先端的アパレル企業が模索していたSPA型のモデルに類似している（図表7-3）。しかし，その背後にある理念は合理化効果の追求だけではなく，事業協同組合の理念である相互扶助の精神で

図表7-3　ダン・システム

運用されている^{注7)}。つまり，多くの営利企業が企図した SPA（以下，営利法人型 SPA）ではなく，組合という中間法人の特徴を活かしたネットワークで構成された SPA（以下，中間法人型 SPA）といえる。中間法人型のネットワークは，Granovetter, M.（1985：2017）が指摘するように「埋め込まれた紐帯」の関係に相当し，ネットワークメンバーに相互依存と信頼を醸成することになるので，ヒューリスティックな意思決定を可能にして取引コストを低減することにつながる。

　仕組みの立上げ期においては，直正氏の強烈なカリスマ性が貢献したが，その後の運営においては直正氏のリーダーシップのもとに相互扶助精神が生み出す，信頼が大きなシステムの基底にあったものと推察される。それは，価格設定についてはニッターの意見を尊重していること，物流センターに自主納品した商品は原則的にタビオが買いとること，などの行動に見て取ることができる。

②　ダン・システム（停滞期）

　上場直後に業績が停滞してしまう時期があった。それは，業績向上への圧力が高まり，短期志向に陥ってしまったこと，協同組合としての相互扶助の精神が後退し売上げ至上主義に陥りプロダクトアウト型に変質したことの2点を既に指摘した。

　その時のダン・システムは，協同組合としての相互扶助の精神が後退してしまい，中間法人型 SPA ではなく，営利法人型 SPA に変質したものと推察される。営利法人型 SPA の特徴は，多くの企業にみられるように中間に位置する業者が親企業としてのパワーを発揮しながら計画的な生産・販売を一手に管理するところにある。この変容が，相互扶助の精神で運営されているネットワークの組織との不適合を生じさせたものと推察される。パワーに基づくプロダクトアウト型の営利法人型 SPA への変質が信頼関係を減縮させ，機能不全に陥ったものと考えられる。SPA の仕組みは営利法人型 SPA と相性がよいのかもしれない。中間法人型 SPA の特徴を活かすには，相互扶助の精神を担保できる理念（ビジョンと社会的使命感）と自発的相互理解そしてその仕組みが必要とされているのであろう。

③　タビオ・システム（再構築期）

　後継者の勝寛氏が商品本部長になった頃から徐々に組織変革が行われてきた

が，タビオに社名変更になった頃からその成果が現れてくる。一連の活動の背景には，プロダクトアウト型からマーケットイン型への体制づくりの整備である。その変革は，組織文化に加え営業や開発，直営店などの再構築にも及んでいる。さらに特筆すべき点は，ダン・システムからタビオ・システムへとシステムの設計思想を大きく変革したことである（図表7-4参照）。

　タビオ・システムの思想の最も重要な点は，親企業と下請企業というヒエラルキー関係が成立してしまうことを排除することである。タビオが中間に位置すると，停滞期のように，計画的な生産・販売を一手に管理するパワーを発揮してしまい営利法人型 SPA に変質してしまう可能性がある。それを排除したいとの思いが強い。

　協同組合は解散しているが，その精神である相互扶助を基底にした「埋め込まれた紐帯」を活かすようなシステムづくりを志向している。つまり経済学的市場取引でも組織的取引でもない相互依存と信頼によって成立している取引関係を標榜しているように見える。市場と呼応する小売店と，高品質を追求するニッターとの関係づくりの場を，システムの視点からデザインしているのが現在のタビオ・システムの役割といってもいいかもしれない。タビオは自らの最適化だけを図る生産・販売計画は立案しない。ニッターや小売店の判断した取引内容を尊重しているので，両者は自らの才覚を活かし自律的に「売れる商品を売れる分だけ」生産し販売することが求められる。そのためにはシームレスに市場動向を分析し続けなければならず，自ずとマーケット志向が定着することになる。しかし市場は大きく変化する時があり，ファッション品は特にそうである。その時，三者間に築かれた信頼関係と相互扶助の精神がまさに戦略的に大切な経営資源となる。

図表7-4　タビオ・システム

それは，経済学的市場取引や組織的取引では享受できない社会関係資本から創出される利益を活かしたレジリエンスの高いシステムの基盤を形成することができるからである。

(2) ビジネスシステムと利益の創出

タビオ・システムの競争優位の源泉の一つは，人的ネットワークを構築して中間法人型 SPA の強みを最大限に活かしている点である。それは，目に見える「合理化効果」だけでなく，以下のようないくつかの利益を享受することができる。

一つは，加護野・山田（2016）が指摘する「速度の経済性」，「組合せの経済性」を発揮する仕組みを構築していることである。二つ目は，ネットワーク効果である。三つ目が「社会関係資本」から得られる利益で，典型的には信頼から生まれる利益である。「社会関係資本」は関係性資本なので利益が資本を増強するという性質を持っている。これを最大限活かしているのが，中間法人型 SPA であるタビオ・システムだと言える。

しかし，「社会関係資本」は停滞期におけるダン・システムのように，取引先や組織との不適合を起こすと，意図せざる結果を招いてしまうこともある。

社会関係資本は，太田（2022）でも指摘したように正の効果と負の効果がある。したがって，競争優位を創出するにはビジネスシステムの設計思想にまでさかのぼった変革が必要とされる。

(3) 今後の研究課題

価値を創造し競争力のある人為的ネットワークを構築する際，意図的かどうかは別にして，社会関係資本の効果を増幅するような仕組みが埋め込まれていたこと，そして当初から完全なシステムの設計図が描かれていたわけでなく，試行錯誤しながらビジネスシステムを発展させてきたことを，タビオの事例から学ぶことができる。

また，競争優位の大きな源泉の一つに人為的ネットワークの活用があること，その背景にはネットワークが生み出すいくつかの利益，とりわけ社会関係資本の存在があることを学ぶことができる。

このことは，研究方法においても，個別企業の視点ではなくネットワーク全体の視点から競争優位のメカニズムを分析することの大切さ，それも一時点ではな

く動態的に探究することの必要性を教えている。

　デジタルトランスフォーメーション時代を迎えた今日，新タビオ・システムの戦略について勝寛氏は次のように語ってくれた。「"Made in Japan"のモノづくり立国を目指したい。山の頂上は会長と一緒。ただし，登り方は違う。売り方についてはWEB（アバターとリアルな自分が混在）に切り替える。リアル店舗での成功をすべて忘れることが大切。意識の切り替えが大事。あらゆるものをすべてWEB視点で考えていく。」

　今後，新タビオ・システムの行方を見守りながら，ビジネスシステム研究の視点から複数のケースを比較検討し，併せて定量的に実証していくことが研究課題である。

　（付記）
　『中小企業季報』200号記念号に執筆させていただけること，大変に光栄に存じます。思い起こせば，大阪経済大学中小企業経営研究所（現，中小企業・経営研究所）を設立された故・藤田敬三博士が1966年に組織化された伝統ある関西中小企業研究会に1997年頃に入会が許可され，またご縁があり，中小企業・経営研究所の所長を3年間（2015年5月から2018年4月まで）にわたり務めました。貴重な経験をさせていただいたことに，あらためて感謝を申し上げます。貴研究所の益々のご発展をお祈りしています。
＊なお，中小企業・経営研究所や関中研の回顧録については「中小企業・経営研究所開所50周年記念座談会」『経営経済』（第49号）を参照してください。

（追記）本稿を校正していた2022年1月6日に越智会長がご逝去されました。生前のご厚誼に感謝するとともに，ここに謹んでご冥福をお祈りいたします。

〈注〉
1　自然発生的な産業集積に複層的に存しているネットワークとあえて対比するために，人為的に構築されたネットワークを，本稿では「人為的ネットワーク」と呼ぶことにする。
2　社会関係資本とは，宮川・大守（2005）では「広く，人々がつくる社会的ネットワー

ク，そしてそのようなネットワークで生まれる共有された規範，価値，理解と信頼を含むものであり，そのネットワークに属する人々の間の協力を推進し，共通の目的と相互の利益を実現するために貢献するもの」と定義している（p. Ⅲ）。また，人間の作るハードな資本に対して，信頼，規範，ネットワークといったようなソフトな関係資産をさしており，特に，信頼がベースとなる，と指摘する。

3 　国領（1998）によると，ビジネス・モデルとは，①誰に（市場の定義），何を届け（価値を定義），②そのために経営資源をどのように組合せ，その資源をどのように調達し，③パートナーや顧客とのコミュニケーションをどのように行い，④いかなる流通経路と価格体系のもとで届けるかについてのビジネスのデザインについての設計思想である（p.48）。

4 　本稿の執筆に際し，越智（2016），太田（2008），中小企業基盤整備機構（2007），有価証券報告書，タビオ HP などを参照している。なお，越智勝寛社長には，この10年間ほど大阪経済大学大学院の特別授業にご出講いただいているが，今回，企業研修用のケース作成（中小企業基盤整備機構に登録）のために，改めてインタビューを6回ほど実施した。本稿はケース内容も参考にしながら，新たに論考したものである。

5 　2006年にタビオ株式会社に商号が変更されたので，原則タビオという名称を使う。ただし，当時のインタビュー内容や資料の引用などの関係で，株式会社ダンを使用することが望ましい場合は，ダンの名称を使用する。

6 　『日経 MJ』（2012年5月9日）

7 　全国中小企業団体中央会（2020）では，「事業協同組合とは中小企業者が個々では対応できない課題に対して，相互扶助の精神に基づき協同して事業を行うことにより，経営上の諸問題を解決し，経営の近代化・合理化や経済的地位の改善・向上を図ることを目的とする組合」とし，「相互扶助とは，組合員が互いに協力して事業活動を行うことにより，全体としての利益を上げ，全体の利益が各組合員の利益に結びつくという関係」と説明している（p.10）。

〈参考文献〉
1 　池田潔（2020）「中小企業研究の分析視点に関する新たな考察─中小企業ネットワークを疑似企業体として捉える」大阪商業大学比較地域研究所『地域と社会』第23号
2 　入山章栄（2020）『世界標準の経営理論』ダイヤモンド社
3 　太田一樹（2008）『ベンチャー・中小企業の市場創造戦略─マーケティング・マネジメントからのアプローチ』ミネルヴァ書房
4 　太田一樹（2011）「中小企業の経営革新」高田亮爾，上野紘，村社隆，前田啓一編著『現代中小企業論（増補版）』同友館
5 　太田一樹（2022）「企業成長のダイナミクスと社会関係資本─タビオのソーシャルネットワークの分析を手掛かりに」関智宏編著『中小企業研究の新地平（佐竹隆幸先生追悼論集）』同友館

6　大守隆（2005）「ソーシャル・キャピタルの経済的影響」宮川公男・大守隆編『ソーシャル・キャピタル—現代経済社会のガバナンスの基礎』東洋経済新報社

7　岡田美弥子（2012）「ビジネスシステム研究の意義と課題」（日本情報経営学会誌 vol.33 NO.2）

8　越智直正（2016）『靴下バカ一代：奇天烈経営者の人生訓』日経 BP 社

9　加護野忠男・山田幸三編（2016）『日本のビジネスシステム—その原理と革新』有斐閣

10　加護野忠男（1999）『競争優位のシステム—事業戦略の静かな革命』PHP 研究所

11　加護野忠男（1993）「新しいビジネス・システムの設計思想」『ビジネスインサイト』（No03）．

12　佐竹隆幸編著（2002）『中小企業のベンチャー・イノベーション』ミネルヴァ書房

13　佐藤善信（2017）『企業家精神のダイナミクス：その生成，発展および発現形態のケース分析』関西学院大学出版会

14　島崎千江子・久崎純孝（2002）「ファッションビジネスにおける流通改革について—実例を中心として—」『大手前女子短期大学・大手前栄養製菓学院研究集録』（21 巻）

15　中小企業基盤整備機構（2007）『ケース「タビオ株式会社（旧名：株式会社ダン）」—日本型 SCM「旅たつ」世界の靴下屋へ—』

16　寺前俊孝，堀川新吾（2015）「靴下産業の現状と課題：奈良県北葛城郡広陵町の靴下産業を中心に」『流通』日本流通学会誌 No.37

17　宮川公男（2005）「ソーシャル・キャピタル論」宮川公男・大守隆編『ソーシャル・キャピタル—現代経済社会のガバナンスの基礎』東洋経済新報社

18　宮川公男・大守隆編（2005）『ソーシャル・キャピタル—現代経済社会のガバナンスの基礎』東洋経済新報社

19　Granovetter, M. (1985) "Economic Action and Social Structure: The Problem of Embeddedness" American Journal of Sociology, Vol.91, No.3.

20　Granovetter, M. (2017) Society and Economy: Framework and Principles, Belknap press of Harvard University Press.（渡辺深訳（2019）『社会と経済枠組みと原則』ミネルヴァ書房）

21　Nahapiet, J. and Ghoshal, S. (1998) "Social capital,intellectual capital and the organizational advantage" Academy of management review vol.23 No.2

22　Tsai, W. and Ghoshal, S. (1998) "Social Capital and Value Creation: The Role of Intrafirm Networks" Academy of Management Journal VOL.41, NO.4

23　全国中小企業団体中央会『中小企業組合ガイドブック（2019-2020）』2020 年 3 月発刊（https://www.chuokai.or.jp/k-guide/guidebook2019-2020.pdf）

第8章
DX時代における中小企業の存続と成長発展

明治大学　岡田浩一

1. はじめに

　中小企業にかぎらず，企業をめぐる社会，経済をはじめとする経営環境は常に変化している。それゆえ，いずれの企業も，存続と成長発展に向けて経営環境の変化に対応していかなければならない。

　経営環境の変化は多様かつ多元的であるが，そのなかで，特にいま危機感をもってみなければならないのが，少子高齢化社会の進展であり，そこから派生する問題である。それらの問題は年々深刻化しており，企業はその問題にどのように対応するかが問われ続けている。

　今日の日本の企業社会を概観すると，企業数の減少，事業承継難が恒常化しており，好転に向けての兆しをみることができない状況が続いている。他国に比べて少子高齢化の進展が早く，深刻度合いを増している日本では，企業数の減少や後継者不足といった状況が生じるのは当然のことといえよう。

　そうした問題を克服し，企業社会の活力を維持していくためには，既存の中小企業の成長発展と新たに誕生する企業の活力が不可欠なのである。この中小企業の成長発展や起業に向けて積極的に捉えることができる経営環境の変化もある。それは情報通信技術の進展によって変化する経営環境である。「脱工業化社会」という概念から始まり，情報化社会や情報革命，IT化など，年代によって表現も変わってきたが，今日ではデジタルトランスフォーメーション（DX）と呼ばれ注目されている社会の変化でもある。

　情報通信技術の進歩とともに，ITが社会の様々な場面に浸透し，様々な場面

での利用が拡大していくなかで，人々の生活スタイルや消費行動，そして企業の生産方法，取引のあり方，働き方などを変え続けている。この変化による基本的な方向性は，情報通信技術が効率性，利便性など，積極的な効果をもたらすことが可能になっていくということである。

　それゆえ，この変化のなかに成長の可能性を見出し，変化に対応するためのツールとして IT を活用していくことは，中小企業が，深刻化する社会的問題の克服や成長発展を実現していくための重要な起点になると思われる。

　しかし，今日，IT を活用し，厳しい経営環境を乗り越えている中小企業が多数派であるとはいえないのが現状である。むしろ，廃業や倒産による企業数の減少が続いているのである。それゆえ，この状況を脱して中小企業が成長発展していくための IT 活用推進について検討することが必要である。このことは，デジタルトランスフォーメーション（DX）時代といわれる今日，これまでの IT 化や IT 活用を包含しつつ，さらにデジタル技術やデータをもとに新しい価値を創造していくことをデジタル化と捉え，中小企業が如何にデジタル化に対応していくかを検討することでもある。

　ここでは，中小企業のデジタル化対応を進めていくための方策について検討していくことを目的とする。そこで，まずは積極的な側面として捉えて対応すべき社会変化，すなわち情報化社会の進展からみていくことにする。

2．情報化社会の進展と社会的問題の深刻化

　今日のデジタルトランスフォーメーション（DX）につながる情報化社会の進展は，ダニエル・ベルによって「脱工業社会」の概念が提唱されたころに遡ると思われる。彼は，情報通信技術の進展による社会変化を予想し，企業がその変化に対応していく必然性を意識するきっかけを提供したのである。その概念のもと，情報や知識，サービスなどを担う産業の勃興が社会を変えていくことについての研究が進むとともに，企業による脱工業化社会への対応も進んでいくことになる。

　さらにその後，アルビン・トフラーが「脱工業化社会」の概念をもって，「情報化社会」「情報化時代」「情報革命」といった言葉で社会の変化をあらわすことにより，企業に情報化社会に対応していく意識をさらに喚起させていくことにな

る注1)。

　以来，情報通信技術の進歩によって，基本的に情報化は，その速さと影響の大きさを増しながらさらに進展していくことになる。そして，今日の IT 化やデジタルトランスフォーメーション（DX）と呼ばれる様相へとつながってくる重要な動きとしてみなければならないのが，米国で展開された高度情報通信ネットワーク構築の取組である。1990 年代，クリントン政権のもと，全米規模で展開された高度情報通信ネットワーク構築，すなわち情報スーパーハイウェイ構想（National Information Infrastructure）は，情報化社会の進展を加速させ，かつ大きな動きとしていくことになった注2)。

　情報スーパーハイウェイ構想は，社会に様々な変化をもたらすことになる。2000 年代に入り，その変化も踏まえて，「デジタル技術の進展が，人々のあらゆる場面で良い影響を及ぼすことになる」という仮説でエリック・ストルターマンが提唱したデジタルトランスフォーメーション（DX）の概念は，情報通信技術の進歩によって変わる今日の社会を示す際に最もよく使われる言葉となっている。（Stolterman, 2004, pp.689-690）。

　情報通信技術の進歩によって社会が変化していくことは，当然ながら企業経営のあり方にも大きな影響をもたらすことになる。情報化社会進展への対応を進める企業と，対応に遅れをとる企業とのあいだに成長格差を生じさせることになるのである。シャーリーン・リー＆ジョシュ・バーノフは，情報化社会の進展を，「グランズウェル」（大きなうねり）と呼び，このうねりを不可逆なものとして，企業はそのうねりにあらがうのではなく，利用していくことが重要であると説いている（Li and Bernoff, 2008, p.14）。

　そして，企業が，そのうねりを利用して成長発展を実現していくためには，経営に IT を用いていくことが必要であり，その際，単なる使用を超えた IT 利活用すなわち IT 経営が求められるのである注3)。IT 経営は，IT を単に導入し使用するだけではなく，戦略的意識をもって利活用していくことなのである。ただし，多くの中小企業が，IT 利活用を意識し，実践できる環境となるのは，情報化社会の提唱から，かなり遅れてのことになる。その歴史的な経緯について以下で簡単に概観しておく。

　「脱工業化社会」の概念が提唱されるとともに，情報システムを企業経営に活用していくものとして，MIS（Management Information System）が，日本で

　も広がっていくことになる。その背景には，大型汎用コンピュータを用いて，大きな演算処理を高速で行うことができるようになる技術進歩があった。

　しかし，当時のコンピュータは高価であったことや，データ入力作業が大変であったことなどから，導入効果が疑問視されることも多く，その利用範囲は，一部の大企業にとどまらざるを得なかった。それゆえ，中小企業のみならず，大企業においても，その広がりはそれほど大きなものとはならなかったのである。

　その後，MIS は，高速処理によって得られる大量のデータを経営の意志決定に役立てていく発想へとつながっていく。それが，意志決定支援，すなわちDSS（Decision Support System）であり，MIS の発展型として 1970 年代から80 年代にかけて広がっていった。ただし，これもまだ大型汎用機であるコンピュータ技術と価格面での制約から，中小企業への普及が進むにはいたらなかった。

　多くの中小企業にとって，IT が経営に関わりをもってくるようになるのは，1980 年代に入り，ME（Micro Electronics）技術革新が進んでから以降のことである。当初は，基本的に機器の導入ということで，NC 工作機械（Numerical Control Machine）や MC（Machining Center）の導入が進んでいった。そこにパソコンの普及も進むことで，中小企業の経営に IT が関わり始めていくことになる。特に製造業では，仕事を確保するために NC 工作機械の導入が当然のように迫られるようになり，さらに CAD，CAM などコンピュータを使った製造部門における効果への期待が，IT 機器導入への拍車をかけ，CIM（Computer Integrated Manufacturing）という段階へと進んでいくことになる。

　また卸・小売業においては，大手チェーン店を中心に POS システムの導入が進んでいくことになり，情報活用への動きが次第にみえ始めてくることになる（岡田，2013，pp.22-23）。

　このように，多くの中小企業にも情報化社会進展への対応という動きが強まっていくなかで，SIS（Strategic Information System），すなわち戦略的情報システムが注目されることになる。SIS について，ワイズマンは，つぎのように述べている。「戦略的情報システムとは，競争優位を獲得・維持したり，敵対者の競争力を弱めたりするための計画である企業の競争戦略を，支援あるいは形成する情報技術の活用である」（Wiseman, 1985, p.118）。この考え方は，基本的に今日の IT 利活用による IT 経営という意識につながってくるものといえる。

　ただし，今日の中小企業の IT 利活用の状況をみると，残念ながら，まだ多くの中小企業において，その実践が行われていないのが実情である。デジタルトランスフォーメーション（DX）が叫ばれている今日でも，従来から指摘されている中小企業の取組の遅れという状況が続いており，デジタル化対応に取り組む中小企業の割合は，決して高くないのである^{注4)}。

　情報通信技術は日々進歩し，それによる社会の変化も絶えることなく続いているなかで，中小企業が IT を利活用する IT 経営を推進していかなければならないということは，古くて新しい課題なのである。中小企業がこの取組を急がなければ，ますます変化する社会にたいして，相対的にも絶対的にも取り残されていくことになるのである。

　さらに，今日の中小企業が，IT 利活用による IT 経営の取組を進めていかなければならないのは，情報化社会の進展による社会変化への対応ということだけではない。中小企業にとって，年々深刻さを増す社会的問題への対応としても IT 経営の取組が必要になっているのである。次節ではその点についてみていくことにする。

3.　社会的問題の深刻化と低い労働生産性

　上では，情報化社会が進展するなかで，その変化に対応する必要性が高まるものの，多くの中小企業がその変化への対応に遅れをとっていることについて触れた。ここでは，IT 経営の重要性を少子高齢化問題とのかかわりにおいてみていくことにする。

　少子高齢化問題の深刻化を背景に，中小企業経営者の高齢化，事業承継難が顕在化し，「大廃業時代の到来」とまでいわれる状況となってきている。2017 年に東京商工リサーチのデータをもとに，中小企業経営者の高齢化の進展の現状と，それによる経済的影響について経済産業省が発表した情報は，大変に深刻であり，その対応の難しさを感じさせるものであった。

　その内容は，2025 年までに中小企業経営者の 6 割以上が 70 歳を超え，そのうちの 127 万社は後継者が未定であり廃業する可能性が極めて高い状況にあるということ。そして，これらの企業がすべて廃業した場合，650 万人の雇用と GDP 約 22 兆円が消失するという試算がなされているというものであった^{注5)}。この「大

廃業時代の到来」という危惧は，中小企業にとって，日本経済にとっても極めて深刻な問題なのである。

　この問題を克服する方策として大きな役割をもつのが中小企業の情報化社会への対応であり，IT 利活用による IT 経営である。IT 経営によって中小企業の存続と成長発展をもたらし，それを土台とした企業社会の活力を高めていくことが求められるのである。

　しかし，現実の社会では，むしろ中小企業はその数を減らし，企業社会の活力の低下や停滞状況が続いているといったほうがよい状況である。この停滞状況の背景には，日本の労働生産性の低さという現実がある。

　日本は，経済の豊かさの指標といわれる GDP で世界第 3 位の経済大国であるにもかかわらず，その経済力を実感している人は少ないのではなかろうか。なぜ世界第 3 位を実感することができないのかというと，その理由は，まさに労働生産性の低さなのである。

　日本生産性本部が公表している『労働生産性の国際比較 2020』をみると，直近 2019 年の日本の一人当たり労働生産性は，OECD 加盟 37 カ国の中で 26 位となっている[注6]。GDP が世界第 3 位というのは，幸いにして現時点で日本の労働力人口が OECD 加盟国のなかでは，米国について多い状況にあるからである（独立行政法人労働政策研究・研修機構，2019，p.77）。

　日本は豊かな経済大国という幻想を抱いてきたのであるが，実際には，そのことを実感することができない現実があったのである。そしていま，少子高齢化の進展が世界で最も急速に進んでいる日本にとって，一人当たり労働生産性の低さは，極めて深刻な問題なのである（内閣府『各年版少子化社会対策白書』）。なぜなら，少子高齢化の進展による人口減少，労働力人口減少が進んでいくことは，GDP の減少に直結するからである。

　一人当たり労働生産性が低い現状をより深刻に受け止めなければならないのは，一人当たり労働生産性の上昇率との関係である。2018 年以前までは，OECD 加盟国のなかで，21 位を続けてきたが，2019 年にはその順位を 26 位に下げている。もともと一人当たり労働生産性が高いとはいえない日本であったが，その現状がさらに悪化しているのである。それは，一人当たり労働生産性の上昇率からみることができる。

　2015 年から 2019 年にかけての一人当たり労働生産性上昇率は，OECD 加盟国

図表 8-1　1 人当たり労働生産性（2019 年）

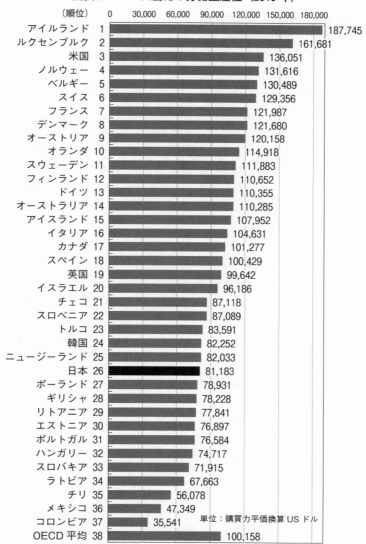

（順位）		
アイルランド	1	187,745
ルクセンブルク	2	161,681
米国	3	136,051
ノルウェー	4	131,616
ベルギー	5	130,489
スイス	6	129,356
フランス	7	121,987
デンマーク	8	121,680
オーストリア	9	120,158
オランダ	10	114,918
スウェーデン	11	111,883
フィンランド	12	110,652
ドイツ	13	110,355
オーストラリア	14	110,285
アイスランド	15	107,952
イタリア	16	104,631
カナダ	17	101,277
スペイン	18	100,429
英国	19	99,642
イスラエル	20	96,186
チェコ	21	87,118
スロベニア	22	87,089
トルコ	23	83,591
韓国	24	82,252
ニュージーランド	25	82,033
日本	26	81,183
ポーランド	27	78,931
ギリシャ	28	78,228
リトアニア	29	77,841
エストニア	30	76,897
ポルトガル	31	76,584
ハンガリー	32	74,717
スロバキア	33	71,915
ラトビア	34	67,663
チリ	35	56,078
メキシコ	36	47,349
コロンビア	37	35,541
OECD 平均	38	100,158

単位：購買力平価換算 US ドル

（出所）日本生産性本部（2020）『労働生産性の国際比較 2020』p.4

37 カ国中 35 位であり，さらにその成長率がマイナスとなっていることから，大変厳しい状況にあるといわざるをえないのである。

　労働生産性の低さについて，企業規模が小さいものほど労働生産性も低いことから，中小企業の存在に日本の生産性の低さの原因があるとして，Ｍ＆Ａなどの手段によって中小企業の規模を拡大していくことや，小規模企業数の減少によって生産性の向上をはかるべきであるという主張もなされている（アトキンソン，2020，pp.95-111）。

　この点についての議論は別な機会にするとして，いずれにせよ，企業規模が小さな企業ほど労働生産性が低いという状況において，その向上をはかっていなかければならないことに異論はない。なぜなら，中小企業の労働生産性を高め，企業自身が存続していくための経済的基盤を固めていかなければ，今後さらに廃業や倒産は増えていくと思われるとともに，それによる雇用機会の減少をはじめとして経済活動における負のスパイラルがこれまで以上の勢いで進んでいくことになるからである。

　そこで重要なキーワードとなるのが IT である。社会の変化をもたらしている原動力であるとともに，その変化に対応するための重要なツールでもあるのが IT なのである。そして，この IT は，労働生産性向上に向けても重要な意味をもつものといえる。

　売上高を高めること，利益率を高めることは，労働生産性向上に直結するのであるが，この点にかかわって興味深いのは，企業の IT 導入の有無によって，売上高や利益率といった企業業績に差があらわれているということである。IT 導入と中小企業の業績との間に一定の相関関係がみられるということは，変化する社会に対応するための IT 化対応の重要性ないし必然性を示すものではなかろうか。

　図表 8−3 と図表 8−4 にみられるように，IT 投資を実施した中小企業は，いずれの業種においても IT 投資を実施しない中小企業よりも，売上高，利益率ともに高くなっており，IT 投資実施企業に優位性がみられる。

　ただし，この傾向については，「もともと業績の良い企業が IT 投資を行っている」という指摘もなされている。しかし，たとえそうであったとしても，業績の良い企業が IT 投資をしているという現実が重要である。企業の業績と IT とには一定の相関関係があり，IT 化社会の進展のなかで，IT を如何に活用してい

図表 8-2　1 人当たり労働生産性上昇率（2015〜2019 年）

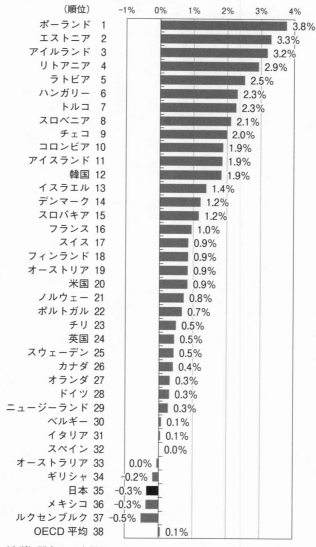

（出所）図表 8-1 と同じ，p.8

図表 8 - 3　IT 投資有無別の企業の売上高

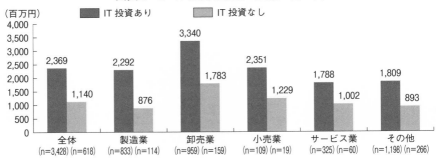

（出所）中小企業庁（2016）『2016 年版　中小企業白書』p.117

図表 8 - 4　IT 投資有無別の企業の売上高経常利益率

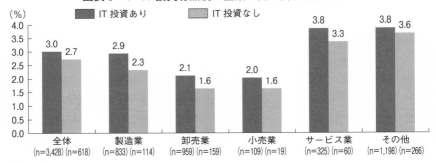

（出所）図表 8 - 3 と同じ，p.117

くかということが企業経営にとって業績向上を左右する重要な要件となっていると考えられる。

　この調査結果において IT 投資をしている企業が，IT の利活用による IT 経営に取り組んでいるのか否かは不確実であるが，それらの企業が IT 経営に取り組む，あるいは IT 経営をさらに進展させていくことがより高い企業業績につながっていくのではないかということは容易に推測されるのである（岡田，2019，pp.135-136）。

　それゆえ，中小企業が IT 投資を進め，さらに IT 経営を推進していくことは，労働生産性の向上をはかっていく際に，極めて重要な取組といえるのである。そ

して，その重要性を背景として，政策的に中小企業の IT 投資促進，IT 経営推進がはかられてきた。次節では，その政策の推移について概観しておきたい。

4. IT 化推進政策展開の推移

　中小企業の生産性向上に向けた IT 投資促進，IT 経営推進に向けて本格的に政策が展開される契機となったのは，2001 年施行の「高度情報通信ネットワーク社会形成基本法」（以下 IT 基本法）である。

　IT 基本法のもと，内閣総理大臣を本部長とする高度情報通信ネットワーク社会推進戦略本部が設置され，以降，「e-Japan 戦略」からはじまり，毎年発表される国家戦略のもと，情報通信技術の進展による恵沢を享受できる社会を目指しての IT 化推進施策が展開されていくことになる。

　同時に，これらの国家戦略を実現していくためには，中小企業の IT 化推進を支援する人材の確保，育成が求められることから，IT 基本法の施行とともに，経済産業省の推進資格として IT コーディネータ資格制度が設けられ，企業の IT 化推進，IT 経営の実現を支援していくことになった[注7]。

　さらに，情報通信技術の進展とその利用拡大の速度は加速度的であり，政策対応もそれに即して展開されていくことになる。その一環として，2012 年末に設置された日本経済再生本部は，日本経済の再生に向けて IT の持つ可能性とその重要性をそれまで以上に強く意識し，同本部から出される「日本再興戦略」「未来投資戦略」「成長戦略」にそって IT 化推進政策が進められてきた[注8]。

　そして，中小企業の IT 化推進政策の一環として実施された「IT 経営百選」「中小企業 IT 経営力大賞」「攻めの IT 経営中小企業百選」といった顕彰制度を通じて，多くの中小企業が IT 経営に取り組んでいく環境整備や，積極的な事例紹介をとおしてのきっかけづくりも並行して展開されてきた[注9]。こうした施策実施の効果もあり，IT 経営によって優れた成果をあげる中小企業の存在も増えていくのであるが，その一方で，IT 経営に取り組まない企業や，取組が遅れている企業との間に格差が生じ，IT というキーワードを分岐点として，中小企業の二極分化といった流れが生じたともいえる。今日でも，まだ多くの中小企業においては，IT 利活用による IT 経営が進展しておらず，前節で触れたように，労働生産性を高めることにはつながっていないのである。こうした現状において注目さ

れるのは，EDI（Electronic Data Interchange）であり，政策的にも EDI の普及
推進に向けた動きが進展している。

　今日，中小企業の IT 経営の推進において，EDI にかけられる期待が大きいと
ともに，中小企業の生産性向上への「伸びしろ」としても捉えることができる。
機器としての IT 普及は相当に進んでおり，それにともなって様々なアプリケー
ションも導入され，使用されている。そうしたなか，EDI は，他のアプリケーショ
ンに比べて導入や活用が進んでいない。図表 8 - 5 からもみられるように，いず
れの業種においても EDI の導入状況は，かなり低調なのである。

図表 8 - 5　業種別の EDI 導入状況

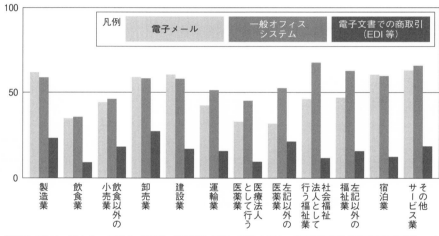

（出所）IT コーディネータ協会（2018）『平成 28 年度　経営力向上・IT 基盤整備支援事業報告書』，p.6

　EDI は，1970 年代に受発注業務の効率化をはかるために導入されはじめたが，
2020 年代となったいまでも，その導入度合いは決して高くない。その原因につ
いては，すでに 1980 年代から日本的な問題として指摘されていた。例えば，「80
年代から本格的に日本でも普及がはかられることになる EDI ではあるが，欧米
で普及が進んでいる一方で，日本での普及が進まない背景に，VAN 業者が自社
の VAN のシステム内に組み込む形での EDI であることが指摘されてきた」（太
田，2012，pp.114-115）といったように，日本特有の問題として捉えられていた

のである。

　普及をはかる当初からこうした問題を内在させている従来のEDIは，互換性の低いシステムとして，EDIが本来もっている可能性を引き出すことができず，当然ながら，その効果は特定の範囲にとどまらざるを得なかったのである。

　EDIは，「つながる」ことによってその効果を高めていくことになるのであるが，従来のEDIは，つながりの範囲が，特定の取引先との間にだけ限定され，囲い込み的な状況と言い換えてもよいものであった。そのため，複数の取引先と異なる仕様のEDIでつなげるためには，それぞれのEDIごとに投資し，それぞれの運用コストが必要となり，そして労力をかけざるを得なくなるのである。中小企業にとっては，それらの負担をするよりも，電話やファクシミリでの受発注という対応を選択するのは当然のことといえる。

　その結果，従来のEDIは，ネットワーク外部性を発揮することができない状況を自らがつくりだすことになり，企業社会全体での導入状況を進めることにつながらなかったのである。

　こうした状況が長きにわたって続いてきたのであるが，中小企業へのEDI普及のネックとなっている互換性の問題を克服するための共通化に向けて画期的な取組が行われた。それは，中小企業庁の委託事業として2017年から2019年に展開された「平成28年度　経営力向上・IT基盤整備支援事業（次世代企業間データ連携調査事業）」と「平成29年度　中小企業・小規模事業者決済情報管理支援事業」である。

　前者は，先にも述べたように，1970年代以来，個別に定められたEDIの規格や仕様，そして，個別の大企業の取引システムの仕様が，相互の連携を前提としていないこと，さらに，それぞれのシステムに対応することが中小企業にとって大きなコスト負担を強いられるという問題を解決するためには，標準化，共通化が重要な方策であるとして，企業規模や業種の枠を超えて企業間のデータ連携を可能とする「中小企業共通EDI」の標準仕様を策定し，それを公開するとともに普及していく施策である。

　そして，「中小企業共通EDI」の公開を受けて，さらに中小企業と金融機関とのデータ連携を促進することによる効果を求めて，「中小企業共通EDI」と金融EDIとの連携を実現させる実証実験を行い，その可能性を確認したうえでさらなる普及に取り組んでいるのが，「平成29年度　中小企業・小規模事業者決済情

報管理支援事業」である。両事業が実施されたことにより，多くのベンダー企業が，「中小企業共通 EDI」の普及を目指すコンソーシアムを設置して，組織的な活動へとつながり，その成果と効果は高まっていると評価できる^{注10)}。

　こうした動きが活発になることで，これまで特定の範囲での囲い込み的で中小企業にとって負担となっていた従来の EDI にかわり，「中小企業共通 EDI」が普及していく可能性が高まっている。この可能性が現実のものとなれば，中小企業のみならず，日本の企業全体の生産性向上に向けて効果が発揮されていくのではないかと期待がかけられているのである。

　まさに「中小企業共通 EDI」を契機として，今後の普及拡大が期待される EDI は，生産性が低い日本の企業にとって，生産性向上に向けた「伸びしろ」としての存在なのである。

5. 中小企業がかかえる課題

　ここまでは，情報化社会の進展が経営環境を変化させていること，そして社会的問題の深刻度が増しているなかで，中小企業がその問題克服と生産性向上に向けた取組において IT が重要な存在となっていること，そして，「伸びしろ」としての EDI への期待について述べてきた。

　しかし，いくら「伸びしろ」があるとしても，問題なのは，中小企業がそれを活かすか否かということである。この点については，EDI に限らず，中小企業の IT 利活用状況をみると，まだ多くの中小企業で IT 利活用が進展していないとの指摘が依然として続いているのである。このことは，当然ながら，これまでの IT 化や IT 活用を包含しつつ，デジタル技術やデータをもとに新しい価値を創造していくデジタル化という動きにたいしても，その対応が遅れているということなのである。

　中小企業の対応の遅れについては，従来から様々検討されてきているが，IT 投資，IT 導入にたいする中小企業経営者の意識面と，中小企業の人材面での制約という 2 つが大きな要因としてあげられる。

　まず，中小企業経営者の意識面についてみてみる。日本の中小企業経営者の IT 投資目的は，業務効率化とコスト削減に集中している傾向が強い。そこには，IT 投資の効果について，業務効率化やコスト削減は数値化しやすいことも背景

にあり，「費用対効果アプローチ」といわれる考え方を軸とした意識が多くの日本の中小企業経営者に受け入れられてきたのである。この意識は，IT導入による効果が，自社内で完結することを目的としていることから「守りのIT投資」に区分されており，これまでの日本の中小企業経営者のIT投資意識を象徴する言葉となっている。

　一方，中小企業がIT経営に取り組むには，経営者がIT投資にたいして，戦略的な意識を持つことが重要になる。その意味で，「費用対効果アプローチ」から「戦略的IT投資アプローチ」へと思考の軸を移行させていかなければならないのである。

　「戦略的IT投資アプローチ」は，「いくら投資をして，いくら利益があがるという因果関係の文脈ではなく，目標を達成するために，必要となる資源とその費用を確保している」（松島，2013，p.53）ことであり，その意識でのIT投資としなければならない。これは，自社内では完結し得ない目標の達成を追求する戦略遂行の手段としてITを捉えることであり，その意識は「攻めのIT投資」に区分される内容と合致する。

　IT利活用によるIT経営では，この「攻めのIT投資」意識が求められるのであるが，これまで日本の中小企業経営者の多くは，「守りのIT投資」意識に集中していたのである。日本が国家戦略としてIT化推進をスタートさせるころ，IT投資は特別な価値をもつのではなく，経営戦略を遂行するための当然のツールとしてその利活用をすでに意識していた米国の企業にたいして，日本の中小企業は，ITのもつ可能性の部分的な利用にとどまっていたのである[注11]。

　しかし，そうした状況に近年変化がみられるようになってきている。図表8-6にみられるように，「業務効率化」「コスト削減」といった「守りの投資」に一点集中していた感のある意識から，「攻めの投資」意識が高まってきている兆しをみることができる。

　中小企業経営者のIT経営意識の変化がIT経営推進につながっていくことに期待が高まっているのであるが，その一方で，深刻化しているのが，中小企業の人材面での制約という問題である。経営者意識の課題と並んで，中小企業における「IT人材の不在・不足」は常に指摘されてきた問題である。

　この人材面の問題は，経営者のIT経営への意識が高まり，IT導入，IT経営に積極的に取り組もうとしても，大きな壁となって，取組を阻んでしまうことに

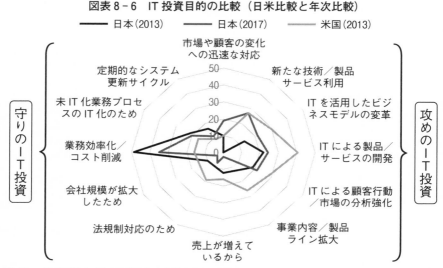

図表 8 − 6　IT 投資目的の比較（日米比較と年次比較）

（出典）一般財団法人 電子情報技術産業協会「2017 年国内企業の「IT 経営」に関する調査」（2018 年 1 月）
　　　　から作成
（出所）経済産業省（2020）『第 6 回 サステナブルな企業価値創造に向けた対話の実質化検討会参考資料』

なるのである。また，経営者自身の IT リテラシーが高い場合でも，社員の IT
リテラシーが低いことによって，IT 導入が進まないケースも多い[注12]。それゆえ，
中小企業が IT 経営に取り組んでいくためには，IT 人材の確保と育成が必要なの
である。

　しかし，多くの中小企業にとって IT 人材の確保と育成は，たやすいものでは
ない。少子高齢化が進み，人手不足が一層深刻化していくことが予想されている
現状で，その困難さはさらに増していくことになるのである。せっかく獲得し，
社内で育成した IT 人材が，賃金や労働条件などの理由で，他社や国外に流出す
るケースも少なくないし，今後，そうしたケースが増えていくことが容易に想像
できる。

　もともと人材確保が難しい中小企業にとって，せっかく育成した人材の流出可
能性が高まってきている問題は，もはや個々の中小企業の自助努力では対処でき
ない段階にまでなっているとも考えられる。それゆえ，中小企業の IT 人材問題

には，支援組織・団体による支援や IT コーディネータをはじめとする外部人材活用を推進するなど，政策的な対応をこれまで以上に充実させていかなければならないのではなかろうか。

6.　まとめ

　情報化社会，IT 化，デジタルトランスフォーメーション（DX）と，情報通信技術の進歩とともに社会は変化し続けている。その変化のなかで中小企業が存続，成長発展していくために IT 利活用による IT 経営が必要であること，そして，近年ではデジタル化対応の重要性が繰り返し強張されてきている。しかし，その取組がまだまだ進んでいないのが実態である一方で，期待しうる「伸びしろ」が残されていることについてみてきた。

　そして，その「伸びしろ」を活かしていくためにも，中小企業の IT 経営推進のためにも，経営者の意識のあり方と人材面での制約という大きな 2 つの壁を乗り越えていかなければならないのである。この課題は，2001 年施行の「高度情報通信ネットワーク社会形成基本法」（IT 基本法）をもって国家戦略として IT 化を進め，中小企業の IT 化推進政策を本格的に推進することになる当初から認識されており，その解決を目指しての政策も展開されてきたのである。

　しかし，IT 基本法施行から 20 年を経た今日でも，いまだに中小企業の IT 利活用状況は芳しいものではない。もちろん，その間，IT の普及率や導入率は高まっているし，その利用度合いも高まっているのであるが，目指すべき IT 利活用，IT 経営につながっていないということである。

　さらにデジタルトランスフォーメーション（DX）時代の今日では，IT 化を越えてデジタル化が進んでいくなかで，中小企業が，その対応を進めなければ，これまで以上に社会の変化から取り残されていくことになるのである。それゆえ，中小企業がそうしたリスクを回避し，企業の存続と成長発展を実現していくためには，当然ながら自助努力でデジタル化対応に取り組むことが重要であることはいうまでもない。

　しかし，中小企業の現状やこれまでの政策的対応を顧慮すれば，中小企業の自助努力を越えた部分での課題が大きいことを前提に中小企業のデジタル化対応を考えていかなければならないのではなかろうか。

　そうしたなか，2021年，IT基本法が廃止となり，新たに「デジタル社会形成基本法」が施行され，デジタル化に対応する社会に向けての政策取組がスタートすることになった。この動きは，情報通信技術の進歩による社会の変化がさらに進んでいくなかで，新たな政策的対応が必要となったことを意味しており，中小企業のデジタル化対応推進施策も新たな段階に入っていくと考えられる。

　そこでは，これまでのIT化推進策を踏まえて，今日的な支援のあり方による対応が必要となってくる。それは，外部人材の活用と伴走型を基本として，個社支援の充実にくわえ，面的支援をさらに充実する形で支援策の拡大をはかっていくことの重要度が増してくるということである。

　また，注目したい動きとして，通信キャリアや銀行が投資会社と組んで投資ファンドを立ち上げて中小企業を買収し，その企業に専門家を派遣してデジタルトランスフォーメーション（DX）に対応する組織づくりをしていくといった取組が始まっている[注13]。これまでの行政による施策や支援組織・団体による支援と異なる新たな方法によるデジタル化対応促進として注目してみていきたい動きである。

　こうした新たな動きも含めて，官民ともに中小企業のデジタル化対応推進に向けて，これまでと形を変えて支援が展開し始めていることは，中小企業の存続，成長発展の可能性を高める動きとして期待しうることである。そして，この官民の支援動向と中小企業のさらなる自助努力が一体となって中小企業のデジタル化対応を推進し，より高度な次元でのIT経営を実現していくことが，深刻化する社会的問題に立ち向かい，中小企業の存続，成長発展のために必要な取組なのである。

〈注〉

1　「脱工業化社会」は，1962年にダニエル・ベルによって提唱された概念で，日本では1975年に出版された『脱工業化の到来』によって広くしられることになる。さらに1982年，アルビン・トフラー『第三の波』の出版を機に「情報化社会」「情報革命」は，時代を表すキーワードとして広まっていくことになる。

2　米国の情報スーパーハイウェイ構想は，1993年，クリントン政権で打ち出した政策で，全米に高速コンピュータネットワークを施設し，IT産業の発展を促進するために展開された。

3　「IT利活用」「IT経営」という用語は，経済産業省によるIT化推進施策が展開さ

れる際に，単なる IT の使用ではなく，戦略的に活用し，付加価値をもたらすような使用のあり方として，「利活用」という表現をして，「IT 利活用」を実現している経営を「IT 経営」と捉えた。その後，デジタルトランスフォーメーション（DX）が注目されるようになり，「IT 経営」はデジタル化対応を含むものとしてその概念は拡大している。

4　2021 年 9 月 24 日付の『日本経済新聞』朝刊では，内閣府『令和 3 年度年次経済財政報告書』の内容から，「中小企業の DX 対応は，検討中も含めて 38％にとどまっており，大企業との間で取り組みの格差が生じている」ということを報じている。

5　2017 年 10 月 6 日付の『日本経済新聞』朝刊に記事掲載され，2025 年までの廃業予測とそれによる経済損失予測を紹介し，「大廃業時代の到来」「2025 年問題」として広く知られていくことになった。

6　OECD 加盟国は，図表 8 - 1 に記載のある 37 カ国にくわえて，2021 年にコスタリカが加盟したことで，2021 年は 38 カ国となっている

7　経済産業省による国家プロジェクトの一環として 2001 年に設けられた IT コーディネータ資格制度をもって，有資格者の組織化がなされ，特定非営利活動法人 IT コーディネータ協会が設置されている。

8　IT 基本法施行の当初から高度情報通信ネットワーク社会推進戦略本部が，2012 年以降は日本経済再生本部（2012 年 12 月 26 日から 2020 年 10 月）が主体となって進められてきた。2020 年 10 月以降は成長戦略会議へとその役割が移行した。

9　IT 経営を実践している中小企業の事例発掘と事例紹介によって，多くの中小企業が IT 導入し，IT 経営に取り組む契機に繋げていく施策として，2004 年〜2007 年「IT 経営百選」2008 年〜2014 年「中小企業 IT 経営力大賞」2015 年〜2017 年「攻めの IT 経営中小企業百選」などがある。また，経済産業省と東京証券取引所が共同して，上場企業を対象として 2015 年から「攻めの IT 経営銘柄」選定が行われている。

10　「つなぐ IT コンソーシアム」は，中小企業共通 EDI の普及を目指して，IT ベンダーやユーザー企業，中小企業支援組織・団体，中小企業支援者らによって 2018 年設立された組織である。詳細は https://tsunagu-it.com/cons/ を参照。

11　米国では，2000 年代に入るころには，IT がすでにコモディティ化していることから，「IT それ自身にもはや戦略的な価値はない」といった主張もなされていた（Nicholas. C., 2003, p.137）。
　　もちろん，IT 投資に戦略的価値がないという主張にたいしては，IT それ自体の価値ではなく，使い方，スキルが重要であり，戦略的な価値は，むしろ IT 活用のスキルにかかってくるといった反論もなされている（Varian, 2003, p.153）。そして，この点こそが，日本の企業に求められる IT 導入時に求められる意識対応であり，「戦略的 IT 投資アプローチ」の本意であると思われる。

12　中小企業の社内での IT 人材不在・不足については，帝国データバンク『中小企業の成長と投資行動に関するアンケート調査』(2015) や三菱 UFJ リサーチ＆コンサルティング『人手不足対応に向けた生産性向上の取組に関する調査』(2017) の調査結

果を『2016年版中小企業白書』『2018年版中小企業白書』からもみることができる。さらに，内閣府の『令和3年度 経済財政報告書』（2021）でもICT人材不足の現状が示されている。

13 この動きについては，2021年10月8日付の『日本経済新聞』朝刊にて，KDDIや三井住友銀行などが投資会社と組んで，デジタルトランスフォーメーション（DX）を推進するファンドを立ち上げるとの内容で報じられている。

〈参考文献〉

1 ITコーディネータ協会（2018）『平成28年度 経営力向上・IT基盤整備支援事業報告書』

2 NTTデータ経営研究所（2019）『平成29年度中小企業・小規模事業者決済情報管理支援事業』

3 太田進一（2012）『ネットワークと中小企業』晃洋書房

4 岡田浩一（2019）「中小企業の成長発展に向けたIT経営推進についての一考察」明治大学経営学研究所『経営論集』第66巻第1号

5 岡田浩一（2013）中小企業研究センター『中小企業研究センター年報2013年度版』

6 経済産業省（2020）『第6回 サステナブルな企業価値創造に向けた対話の実質化検討会参考資料』

7 デービッド・アトキンソン（2020）『日本企業の勝算』東洋経済新報社

8 内閣府（2017）『平成29年版 少子化社会対策白書』

9 松島桂樹（2013）『IT投資マネジメントの変革』白桃書房

10 労働政策研究・研修機構（2019）『データブック国際労働比較2019』

11 Li, C. and Bernoff, J. (2008) *Groundswell: wining in a world transfromed by social technologies*, Harvard Business School Press. （伊東奈美子訳（2008）『グランズウェル』翔泳社）

12 Wiseman. C. (1985) "Strategy and Computers", 邦訳，土屋守章・辻新六訳（1989）『戦略的情報システム』ダイヤモンド社

13 Nicholas. C. (2003) "IT Doesn't Mater", Harvard Business Review, May. 2003,「もはやITに戦略的価値はない」『ダイヤモンド・ハーバード・ビジネス・レビュー』3月号，ダイヤモンド社

14 Varian. H. (2003)「ITスキルはいまだ不十分」『ダイヤモンド・ハーバード・ビジネス・レビュー』3月号，ダイヤモンド社

15 Stolterman, E., Fors. A. C. (2004) *"Information Technology and The Good Life"* In: Kaplan B., Truex D. P., Wastell D., Wood-Harper A. T., DeGrossJ. I (eds) Information Systems: Research. IFIP International Federation for Information Processing, voll143. Springer, Boston, MA.
http://doi.org/10.1007/1-4020-8095-6_45

第 9 章
中小企業診断士の課題と可能性

大阪経済大学　遠原智文

1. はじめに

　10 年から 20 年後に日本の労働人口の約 49％が就いている職業（労働政策研究・研修機構の「職務構造に関する研究」が対象としている国内 601 種類）は，人工知能（AI）やロボットによって代替される可能性が高い[注1]。これは，2015 年に野村総合研究所が発表したオックスフォード大学の研究者との共同研究の成果であり，マスコミにも取り上げられて大きな話題となった。

　合格率が低く難関といわれる資格（士業・サムライ業）の AI 代替可能性についてみてみると，弁護士（合格率・25.9％，AI 代替可能性・1.4％），司法書士（同・3.9％，同・78.0％），弁理士（同・7.0％，同・92.1％），行政書士（同・9.9％，同・93.1％），公認会計士（同・10.8％，同・85.9％），税理士（同・15.8％，同・92.5％），社会保険労務士（同・4.4％，同・79.7％），中小企業診断士（同・3.4％，同・0.2％）となっている（日本経済新聞　2017 年 9 月 25 日）[注2]。

　このように難関資格でも，AI による代替可能性は高くなっているものが多い。しかしながら，最も合格率が低いとともに，AI による代替可能性も最も低くなっている資格として，中小企業診断士がある。難関の資格としてあげられることの多い弁護士よりも低くなっている点は，注目に値する。

2. 先行研究と問題意識

　しかしながら，中小企業診断士に関する学術的な研究は非常に少ない。例外と

して，川村の一連の研究（川村，2013，2015，2016，2017，2018a，2018b，2018c，2019，2020a，2020b）と，遠原ほかによる研究（遠原ほか，2016；遠原，2017a，2017b；遠原・前田，2017，2021）がある[注3]。

　川村は，中小企業診断士という資格（制度）の歴史的変遷に加えて，詳しくは後述するが，プロコンと企業内診断士という2つの種類の中小企業診断士を対象とした多面的な研究を行っている。この中でも，中小企業診断士の現状・課題と可能性という観点から重要な研究は，川村（2018c），川村（2019），川村（2020b）である。

　川村（2018c）は，中小企業診断協会（2016）のデータとインタビュー調査に基づいて，企業内診断士の現状を導き出している。

① 中小企業診断士という資格に対する評価の隔たりがあり，資格取得者の自己評価は高いが，勤務先企業での組織内評価はあまり高くない。

② 資格取得の主目的は自己啓発であるが，セカンドキャリアへの備えという副次的な目的も併せ持っている。

③ ①の評価の隔たりにも関連することであるが，副業禁止の規程によって中小企業診断士として活動することが阻害されている。

④ 大都市部と比較して，地方においてはプロコン1人当たりの中小企業数が多いので，公的診断等においてプロコンだけでは手が回らず，企業内診断士の活躍する余地が大きい。

　川村（2019）は，中小企業診断協会（2016）のデータを活用して，プロコンの特徴について，以下のように指摘している。

① 企業内診断士を経てプロコンとなるキャリアパスが存在しているとともに，企業内診断士のセカンドキャリアという側面もある。

② 資格を志す当初から独立志向が強く，独立を意識したキャリア形成を実践している。

③ 中小企業支援や経営診断の場において，プロコンは多大な貢献を果たしている。

　川村（2020b）は，中小企業庁の未公刊資料などの統計資料に依拠して，中小企業診断士の課題を導出している。

① 中小企業診断士制度の変更に伴って，資格の休止者が急増している。

② 他の「士業」の男女比率と比較しても，女性の比率は非常に低い水準にと

どまっている（男性：1991 年・99.2％，2017 年・95.3％，女性：同・0.8％，同・4.7％）。

③　川村（2018c）でも指摘されていたが，中小企業診断士の数には地域間格差があり，偏在している。

　遠原ほかの研究のうち，中小企業診断士の現状・課題と可能性という観点で注目すべき研究は，遠原ほか（2016）である。遠原ほかは，インタビュー調査の結果に基づいて，中小企業診断士の最大の課題は，中小企業診断士の多くを占める大企業に所属する中小企業診断士の活用方法であると指摘している。なぜなら，彼ら企業内診断士を評価もしくは活用するような人事制度を整えている企業が限られているため，中小企業診断士の取得者という優秀な人材が活用されずに「眠れる（埋もれる）資産（資源）」となっているからである。

　以上のことから，川村も遠原ほかも中小企業診断士の活用方法についての研究を進めている。しかしながら，紙幅が限られているので割愛するが，彼らが上記のように指摘している課題は依然として解決されていない。

　そこで，本稿では一般社団法人中小企業診断協会が都道府県協会に所属する会員中小企業診断士を対象として定期的に実施しているアンケート調査および過去の試験結果に関する統計資料（中小企業診断協会 HP に「中小企業診断士に関するアンケートデータ」と「過去の試験結果・統計資料」として公表されている），そしてこれらのデータを用いた先行研究に基づき，中小企業診断士の現状・課題と可能性について改めて考察していくこととする。

3.　中小企業診断士の現状・課題

(1)　増加する中小企業診断士

　中小企業診断士の登録者総数（休止者も含む）は，中小企業指導法施行の1963 年度には 4,000 人程度であったが，約 3〜4％の増加率で推移し，1986 年度に 1 万人以上となった。その後，2008 年度に 2 万人を突破し，2017 年度には26,000 人を超えるまでになっている（川村，2020b）[注4]。

　中小企業診断士の年齢分布であるが，図表 9 - 1 をみてわかるように，アンケートに回答した中小企業診断士数の 8 割以上を 40 歳代以上が占める状態が一貫して続いている[注5]。なお，中小企業診断協会（2011，2016，2021）には中小企業

図表 9-1　中小企業診断士の年齢

年　齢	中小企業診断協会 (2005)		中小企業診断協会 (2011)		中小企業診断協会 (2016)		中小企業診断協会 (2021)	
	回答数	割合	回答数	割合	回答数	割合	回答数	割合
20歳代(以下)	50	1.1%	12	0.6%	11	0.6%	7	0.4%
30 歳代	671	14.4%	274	13.0%	195	9.8%	134	7.1%
40 歳代	1231	26.5%	524	24.9%	457	22.9%	423	22.4%
50 歳代	1265	27.2%	579	27.5%	580	29.1%	592	31.3%
60 歳代	1,002	21.6%	479	22.8%	509	25.6%	493	26.1%
70 歳代以上	430	9.2%	229	10.9%	236	11.8%	236	12.5%
無回答	—	—	5	0.2%	4	0.2%	7	0.4%
合　計	4,649	100.0%	2,102	100.0%	1,992	100.0%	1,892	100.0%

(注)　アンケート調査（5 年ごと）は，今回を含めて 4 回実施されている。
　　　中小企業診断協会（2005）：2005 年 9 月実施，8,376 人（回答数 4,649 人，回答率 55.5%）
　　　中小企業診断協会（2011）：2011 年 1 月実施，8,873 人（回答数 2,102 人，回答率 23.7%）
　　　中小企業診断協会（2016）：2015 年 11 月実施，9,457 人（回答数 1,992 人，回答率 21.1%）
　　　中小企業診断協会（2021）：2020 年 11 月実施，10,846 人（回答数 1,892 人，回答率 17.4%）
(出所)　中小企業診断協会（2005，2011，2016，2021）より，筆者作成。

　診断士登録後の経過年数についての質問項目があるが，5 年以内の割合がそれぞ
れ 32.9%（1 年から 2 年以内・17.3%，3 年から 5 年以内・15.6%），33.1%（1 年
から 2 年以内・16.5%，3 年から 5 年以内・16.6%），32.1%（2 年以内・17.0%，
3 年から 5 年以内・15.1%）とすべて三分の一程度となっている。つまり，アンケー
トの回答者数に占める新規の入会者の割合は一定している。
　中小企業診断協会の各調査実施の前年度の第 2 次試験における合格者の人数
（図表 9-2）は，1,000 人前後となっている[注6]。年齢分布について 2019 年度は，
30 歳代が約 4 割で最も多くなっており，また約三分の一と 1 割強をそれぞれ 40
歳代と 20 歳代が占めている。そして増減はあるが，30 歳代，40 歳代，20 歳代
が合格者数に占める割合の順位は一定している。職業，職種，勤務先といったキャ
リア選択の基準となる「キャリア・アンカー」の形成には 10 年以上の職務経験
が必要といわれている（Schein, 1978, 1990）。しかも中小企業診断士の資格は，
経営に関する幅広い知識の習得が求められる。大学を卒業後，職業に就き経験を
積み，キャリア・アンカーが形成され資格取得に着手し，難関を突破して合格す

図表 9-2　第2次試験の合格者（年齢別）

年　齢	2004 年度		2009 年度		2014 年度		2019 年度	
20 歳未満	1	0.2%	0	0.0%	2	0.2%	0	0.0%
20 歳代	110	17.0%	157	16.5%	200	16.9%	137	12.6%
30 歳代	355	55.0%	476	50.1%	529	44.6%	406	37.3%
40 歳代	146	22.6%	249	26.2%	328	27.7%	354	32.5%
50 歳代	32	5.0%	59	6.2%	110	9.3%	161	14.8%
60 歳代	2	0.3%	10	1.1%	16	1.4%	28	2.6%
70 歳代以上	0	0.0%	0	0.0%	0	0.0%	2	0.2%
合　計	646	100.0%	951	100.0%	1,185	100.0%	1,088	100.0%

（出所）　中小企業診断協会「過去の試験結果・統計資料」各年度版より，筆者作成。
https://www.j-smeca.jp/contents/010_c_/001_shiken_kakokekka.html

るとなると，以上のような合格者の年齢分布となってくると理解できる。

(2)　多数派としての企業内診断士

　アンケートの対象者となっている都道府県協会に所属する会員数であるが，中小企業診断協会（2005）では 8,376 人となっている。これは 2005 年度の登録者総数（18,009 人）の半数弱となる。一方，中小企業診断協会（2016）の会員数は約 1,000 人増の 9,457 人である。2015 年度の登録者総数は，2005 年から約 6,600 人増加して 24,605 人となっているので，登録者総数に占める会員の割合は 4 割未満に減少している。

　このような状況となっている最大の要因は，中小企業診断士という資格の特性と登録制度そのものにある。中小企業診断士は「名称独占資格」ではあるが「業務独占資格」ではない国家資格である。名称独占資格とは「有資格者以外はその名称を名乗ることを認められていない資格」，業務独占資格とは「有資格者以外が携わることを禁じられている業務を独占的に行うことができる資格」である[注7]。つまり，中小企業診断士は資格を取得し登録しなければ「中小企業診断士」と名乗ることはできないが，中小企業診断士が行う業務は資格を保有しない者でも行うことができる。また中小企業診断士は業務独占資格でないため，その業務を行うために業界団体に入会する必要がない。したがって，資格取得者が都道府県協会に入会するインセンティブは，他の業務独占資格と比較すると低くなる。

　次に中小企業診断士の職業分布であるが，これは「プロコン」と「企業内診断士」に大別することができる。プロコンとは「プロコン（プロフェッショナルコンサルタルトの略で，独立し有料コンサルで生計を立てている中小企業診断士）」のことである。図表9-3における「プロコン経営（他の資格兼業なし）」と「プロコン経営（他の資格兼業あり）」がこれに該当する。一方，企業内診断士とは「中小企業診断士の資格を保有しているが独立はせずに企業等に所属している中小企業診断士」のことを指す。図表9-3の「コンサルティング会社等勤務」から「民間企業（金融機関を除く）」の人々がこれにあたる。図表9-3から4割のプロコンと6割の企業内診断士，そして職業全体の約三分の一を「民間企業（金融機関を除く）」が占めるという基本的な構図が変わっていないことがわかる。

　年齢分布を職業別でみると，違いが出てくる。例えば中小企業診断協会（2016）のデータを分析した川村（2018c）でプロコン（934名）は，20歳代・0.3％，30歳代・6.7％，40歳代・15.2％，50歳代・23.8％，60歳代・32.8％，70歳以上・21.1％である。プロコンは60歳代以上だけで半数以上であり，これに50歳代も

図表9-3　中小企業診断士の職業分布

職　　業	中小企業診断協会 (2005)		中小企業診断協会 (2011)		中小企業診断協会 (2016)		中小企業診断協会 (2021)	
	回答数	割合	回答数	割合	回答数	割合	回答数	割合
プロコン経営 (他資格兼業なし)	840	18.1%	486	23.1%	549	27.6%	540	28.5%
プロコン経営 (他資格兼業あり)	744	16.0%	363	17.3%	318	16.0%	331	17.5%
コンサルティング会社等勤務	179	3.9%	87	4.1%	67	3.4%	43	2.3%
公務員	44	0.9%	29	1.4%	29	1.5%	25	1.3%
公的機関・団体等	195	4.2%	92	4.4%	95	4.8%	85	4.5%
調査・研究機関	29	0.6%	19	0.9%	11	0.6%	12	0.6%
金融機関	545	11.7%	202	9.6%	163	8.2%	128	6.8%
民間企業 (金融機関除く)	1,719	37.0%	691	32.9%	644	32.3%	629	33.2%
資格は持っているが，コンサルティング活動も勤務もしていない	201	4.3%	44	2.1%	47	2.4%	32	1.7%
その他	146	3.1%	79	3.8%	46	2.3%	63	3.3%
無回答	―	―	10	0.5%	23	1.2%	4	0.2%
合　　計	4,642	100.0%	2,102	100.0%	1,992	100.0%	1,892	100.0%

（出所）　中小企業診断協会（2005，2011，2016，2021）より，筆者作成。

含めると 8 割弱となっている。一方，企業内診断士（942 名）は，20 歳代・0.7％，30 歳代・13.8％，40 歳代・32.0％，50 歳代・36.2％，60 歳代・15.6％，70 歳以上・1.5％である。企業内診断士の 7 割弱は 40 歳代と 50 歳代で占められている[注8]。

　この違いについて川村は，プロコンでは企業の定年つまり企業内診断士のセカンドキャリアという側面が影響している可能性が高いこと，そして企業内診断士については資格を取得しそのまま企業に所属したのちにプロコンとなるパターンが一般的であることが影響している，と指摘している（川村，2018c，p.5）。

　ここで注意する必要があるのは，図表 9 - 3 も川村（2018c）も都道府県協会に所属する会員に対するアンケート調査の結果ということである。したがって，所属していない中小企業診断士を含めるとプロコンの割合は 2 割から 3 割に過ぎず，残りは企業内診断士として既存の勤務先に所属したままであり，その内のかなりの割合が大企業に所属しているという実態（遠原ほか，2016）は，中小企業診断士が増加する中で続いている。

　しかも，中小企業診断士が副業を含めてコンサルティング活動を行っている割合は，中小企業診断協会（2011，2016，2021）の調査でも，それぞれ 57.1％，63.1％，65.7％であり，6 割程度となっている。上述のようにプロコンの割合は，協会の調査では約 4 割であるので，コンサルティング活動を行っている企業内診断士は多くないという状況も継続している。

(3)　ブランドとしての中小企業診断士

　では企業内診断士は，中小企業診断士という資格をどのようにとらえているのであろうか。中小企業診断協会の各調査（図表 9 - 4）での資格の動機をみてみると「経営コンサルタントとして独立したいと思ったから」が約 3 割，「経営全般の勉強など自己啓発，スキルアップを図ることができるから」が約 6 割と，後者が前者の倍程度となっている状況が続いている。第 1 次試験の受験者の約 6 割は民間企業勤務であるので，後者が企業内診断士の資格取得の主な動機にあたる。なお，川村（2018c）によると中小企業診断協会（2016）における企業内診断士は 942 人であり，「経営全般の勉強など自己啓発，スキルアップを図ることができるから」と回答した企業内診断士は 724 人（76.8％）となっている。

　このことから中小企業診断士の職業分布が，プロコンが 2 割から 3 割で，その残りの大部分が企業内診断士となるのは当然の帰結ともいえる。つまり，経営全

図表 9 - 4　中小企業診断士の取得動機

取得動機	中小企業診断協会 (2005)		中小企業診断協会 (2011)		中小企業診断協会 (2016)		中小企業診断協会 (2021)	
	回答数	割合	回答数	割合	回答数	割合	回答数	割合
中小企業の経営診断・支援に従事したいと思ったから	1,799	38.7%	839	39.9%	837	42.0%	924	48.9%
経営コンサルタントとして独立したいと思ったから	1,499	32.2%	705	33.5%	657	33.0%	628	33.3%
経営コンサルタントとしての信用を高めるため	306	6.6%	152	7.2%	137	6.9%	179	9.5%
中小企業診断士の資格を持っていると優遇されるから	258	5.5%	115	5.5%	106	5.3%	129	6.8%
業務遂行上，（中小企業診断士の）資格が活用できるから	1,570	33.8%	623	29.6%	575	28.9%	497	26.3%
経営全般の勉強など自己啓発，スキルアップを図ることができるから	2,981	64.1%	1,317	62.7%	1,215	61.0%	1,164	61.7%
定年後に資格を活用したいと思ったから	1,166	25.1%	537	25.5%	493	24.7%	595	31.5%
転職など就職の際に有利だから	498	10.7%	172	8.2%	151	7.6%	175	9.3%
その他（・無回答）	91	2.0%	60	2.9%	41	2.1%	44	2.3%
有効回答者数	4,651	100.0%	2,102	100.0%	1,992	100.0%	1,888	100.0%

(注)　本質問項目（複数回答）の有効回答者数は，中小企業診断協会（2005, 2021）のみ公表されている。よって，中小企業診断協会（2011, 2016）の合計は，アンケート全体の回答者数をそれぞれ用いている。なお，ここでいう「割合」は，「有効回答者数のうち，それぞれの選択肢を選択した人の割合」を指している。

(出所)　中小企業診断協会（2005, 2011, 2016, 2021）より，筆者作成。

般に関する知識を習得することを通じて自己啓発やスキルアップおよび現在の業務能力の向上を図ることが企業内診断士の資格取得の主な動機であり，プロコンとして独立開業を考えている人はさほど多くないのである。したがって，企業内診断士にとっての中小企業診断士という資格（試験への合格）は，経営コンサルタントとして独立するためでなく，一定以上の経営管理に関する知識を有していることを証明する手段としてブランド価値がある状況（遠原，2017a）が続いているといえる。

(4) 休止者の急増

　近年，中小企業診断士において深刻な状況としてとらえるべきものとして，休止者の急増がある（川村，2020b）。中小企業診断士は 15 年間を限度として資格を休止できるが，その数が急増しているのである。図表 9-5 にあるように，登録者総数に占める休止者の割合は，2006 年度ではわずか 1.8％であったが，2018 年度には約 2 割を占めるまでになっており，登録者実数（登録者総数から休止者を減じたもの）が 2 万人を超えたのは，2015 年度である。

　2009 年度あたりから休止者が急増していることには，大きな原因がある。それは中小企業診断士の制度が変更されたことである。中小企業診断士の制度は，①中小企業診断士の総数の拡大，②中小企業診断士の質と信頼性の確保・向上を図るという視点から，2006 年に見直されている。中小企業診断士の登録有効期間は 5 年間であり，更新が必要であるが，その要件が厳格化されたのである。具

図表 9-5　休止者数の推移

年　　　度	2006	2007	2008	2009	2010	2011	2012
休止者数	333	724	1,292	1,911	2,207	2,469	2,838
増減数（前年比）	―	391	568	619	296	262	369
休止者（割合）	1.8％	3.8％	6.3％	9.5％	10.9％	11.6％	12.9％
登録者総数	18,818	19,276	20,397	20,119	20,191	21,257	21,937
登録者実数	18,485	18,552	19,105	18,208	17,984	18,788	19,099
増減数（前年比）	―	67	553	-897	-224	804	311
増減数（2006 年比）	―	67	620	-277	-501	303	614

年　　　度	2013	2014	2015	2016	2017	2018
休止者数	3,231	3,605	3,872	4,124	4,466	5,304
増減数（前年比）	393	374	267	252	342	838
休止者（割合）	14.3％	15.5％	15.7％	16.0％	16.8％	19.5％
登録者総数	22,545	23,281	24,605	25,746	26,555	27,268
登録者実数	19,314	19,676	20,733	21,622	22,089	21,964
増減数（前年比）	215	362	1057	889	467	-125
増減数（2006 年比）	829	1,191	2,248	3,137	3,604	3,479

（出所）　川村（2020b），p.178 および前掲の川村氏の発表資料より，筆者作成。

体的にいうと実務従事要件において，実務従事期間が5年間で9日以上から30日以上へと大幅に増加している。そして，この時，企業内診断士が所属先の企業での勤務部署の異動などによって，経営診断業務の従事できなくなることを考慮して，更新登録の特例措置として設けられたのが，休止の申請であった[注9]。つまり，制度の変更が企業内診断士の更新登録に負の影響を与えることは想定されていたのである。

　そもそも，企業内診断士の多くを占める大企業に所属している人々の中には，業務上，中小企業と関わりの無い人もいることを念頭に置くと，30日の経営診断の実務をこなすことは，かなりハードルが高い。経営診断業務に従事することが難しい企業内診断士が一定の割合で存在するとなると，中小企業診断士が増加したとしても，更新登録が困難となり，これらの人々が休止者となる。したがって，休止者の企業内診断士は，制度改正における本来の趣旨に反して，完全に「眠れる（埋もれる）資源（資産）」となっている。

(5) 定年診断士の存在

　図表9-4には他にも注目すべき点がある。それは「定年後に資格を活用したいと思ったから」の割合が一貫して増加しており，中小企業診断協会（2021）では回答者の約三分の一がこれを選択している点である。これに関して山口（2018）は，中小企業診断協会（2016）のデータにおいて，中小企業診断士全体の半数が40歳代から50歳代であり，企業内診断士の割合も約半数となっていることから，中小企業診断士の2割から3割は定年後を意識するようになっているという問題意識に基づいて，企業での勤務経験がある会員の中小企業診断士に定年後の働き方についてアンケートを実施している[注10]。

　「何歳まで働きたいか」という質問（回答者数251人）に対して，「60歳まで」が12％，「65歳まで」が15％，「70歳まで」が17％，「75歳まで」が15％，「75歳以上」が41％という回答であった。半数以上の人が75歳までは働きたいと考えている。また「定年後，（起業や独立を含めて）診断士活動をしたいですか」と設問（回答者数178人）については，95％が「はい」と答えていた[注11]。なお，これらの人（回答者数178人）に対して，「定年後，大事にしたいもの（複数回答）」を質問したところ，「診断士としての仕事」を選択した人は82人であった。したがって，95％が定年後に診断士活動を行いたいと答えているが，実際に行動に移

すという人というのは高く見積もっても半数程度となる。

　以上のことから定年後に独立希望する企業内診断士の割合は，相応のものと
なっていることがわかる。企業内診断士は，比較的高い給与を安定的に得ている
大企業所属の人々が多いため，収入の維持のために所属先は辞めない（辞められ
ない）傾向にある（遠原，2017a）。しかしながら，既存の所属先にとどまりなが
ら，社内外で専門能力を研鑽して，定年後のセカンドキャリアでこの資格を活用
したいと考えている人たち（定年診断士）は，ある程度のボリュームで存在して
いるのである。

4.　中小企業診断士の可能性

　以上の課題を踏まえて，中小企業診断士の可能性について探っていくこととす
る。中小企業診断協会（2011，2016，2021）で中小企業診断士のコンサルティン
グ活動への今後の需要について質問しているが，「伸びると思う」の割合は
19.1％，25.9％，32.0％と年々増加している。「徐々に伸びると思う（32.8％，
36.1％，29.0％）」と「変らないと思う（25.1％，26.0％，28.8％）」も加えて合計
すると，中小企業診断協会（2021）においては約 9 割に達しており，中小企業診
断士のコンサルティング活動の将来性を高く評価していることがうかがえる。

　そうであれば，どういった分野で需要があるのであろうか。これについて参考
になるものとして，2015 年から開始されている内閣府の「プロフェッショナル
人材事業」がある。この事業は，地域の中堅・中小企業に対して「攻めの経営」
への転身を促し，個々の企業の成長および地域経済の活性化の実現を目指すもの
である。そのために，プロフェッショナル人材拠点（東京と沖縄は除く）を 45
都道府県に設置して，主として大都市の大企業で働くプロフェッショナル人材
が，攻めの経営に乗り出そうとする地域の中堅・中小企業に転職すること，ある
いはこれらの企業で副業を行うことの橋渡しを，民間人材ビジネス事業者を介し
て行っている。2021 年 8 月時点で，全拠点合計の相談件数（累計）は 62,857 件，
成約数（累計）は 13,877 件となっている[注12]。

　企業の経営革新に貢献するプロフェッショナル人材のタイプとしては，以下の
3 つがあげられている[注13]。

　①　経営人材・経営サポート人材：経営者を支える右腕として企業マネジメン

トに携わる人材（将来の経営幹部候補も含む）
② 新事業立ち上げ・販路開拓人材：新規事業や海外現地事業の立ち上げなど，企業にとって新たな事業分野や販路を開拓し，売上増加等の効果を生み出す人材
③ 生産性向上人材：開発や生産等の現場で新たな価値（新たな製品開発，生産工程の見直し等）を生み出すことのできる人材

　これをみてみると企業内診断士（定年診断士）という人材が，プロフェッショナル人材の人材像と相似していることがわかる（遠原・前田，2017）。そして中小企業診断協会（2021）で中小企業診断士の得意とする分野についての質問（一位から三位）があるが，「経営企画・戦略立案」がすべての順位（一位・23.3％，二位・21.4％，三位・14.8％）においてトップとなっている。また「販売・マーケティング」も，一位では3番目（11.9％），二位では2番目（13.8％），三位では3番目（9.2％）となっている。つまり中小企業診断士が得意としている分野は，攻めの経営に乗り出そうとする地域の中堅・中小企業が抱えている課題とリンクしている。したがって，川村（2018c）および川村（2020b）が「中小企業診断士の偏在＝中小企業診断士の地方での活躍可能性」と指摘したように，中小企業診断士のコンサルティング活動に対する需要は，地方においてある程度存在していることが予測される。

　地方における活躍の可能性については，東北地方のA県中小企業診断協会に所属しているA氏に対して実施したインタビュー調査（2020年3月9日実施）においても強調されていたものであった。一部抜粋して紹介する。

　A県中小企業診断協会には，現在30人ほどの会員がいるが，プロコンは10人程度である。この傾向は，北東北三県プラス山形県では同じである。プロコンの数が少ないため，仕事が集中し，顧問契約を中心にしているプロコンもいる。地方の場合，中小企業診断士の数の不足等から公的な仕事（特に商店街活性化のために専門家を派遣するなど）のためには，わざわざ大都市圏から中小企業診断士を呼んできている。

　以上のように仕事は十分にあるので，独立する人が増えて欲しいが，稼ぐ自信が持てない人が少なくなく，十分に仕事があることを説明してもプロコンになる人がいないのが現状である。A県中小企業診断協会としては，プロコンの（後

継者）育成が喫緊の課題となっている。なお，会員以外にも資格保有者が 30 人程度（ほとんどが，商工団体，保証協会などの支援機関の所属）いるが，独立してプロコンになろうという人は，30 歳代から 40 歳代の若手だけなく退職後に年金をもらっている人の中にもいない。

　このように地方における活躍の可能性があるとしても，独立（転職）となるとハードルは高くなる。先にあげたプロフェッショナル人材事業についても，当初は大都市・大企業の人材を正社員（常用雇用）として採用することを想定していた。しかしながら，転職と転地に加えて収入減となることもあるので，採用が進まなかった（遠原・前田，2017）。そこで，大企業等で本業を持ちながら業務委託契約などを結んで地域の中小企業での仕事に従事し，その経営課題を解決する「副業・兼業人材」にまで対象を広げると，事業が活発化し始めた（日経産業新聞　2021 年 6 月 10 日）。

　実際，副業に関する関心は高まっている。人材サービス会社のみらいワークスが関東 1 都 3 県に在住し，東京都に勤務している大企業の管理職（1,636 名：35 歳から 44 歳・436 人，45 歳から 54 歳・600 人，55 歳から 65 歳・600 人）に実施した調査（2021 年 9 月）では，地方の中小企業での副業（月 1 日から 3 日程度）に「興味あり」と「やや興味あり」の合計が 35 歳から 44 歳で 44.7％，45 歳から 54 歳で 55.2％，55 歳から 65 歳で 39.6％となっており，少なくとも約 4 割以上が興味を持っている。そして，地方での副業の後にその地域へ移住や転職を行う可能性については「可能性あり」と「やや可能性あり」の合計が，35 歳から 44 歳で 66.1％，45 歳から 54 歳で 69.3％，55 歳から 65 歳で 63.9％となっており，どの世代でも 6 割以上が可能性を示している[注14]。以上の調査は，「40 歳以上」の「大企業」の人材の「副業」に関する意識調査であり，これらの人材は企業内診断士でも中心を占めている人々である。

　では，企業内診断士の副業の状況についてみてみる。中小企業診断協会（2021）から企業内診断士に対する勤務先企業における副業の状況についての質問項目が加わっているが，回答数（459 人）のうち「全面的に認められている（12.1％）」と「一部認められている（許可制）（34.9％）」を合わせると，約半数が何らかの形で副業が可能となっている。一方，同じく中小企業診断協会（2021）でコンサルティング活動を行っていない理由として，「機会がないから」が最も多く，約

半数の人が選択している。「会社の仕事に追われ，時間と余裕がないから」という理由も約４割となっており，副業で中小企業診断士として活躍することは簡単なことではない。しかしながら，都市部の大企業を中心とした企業内診断士が地方において活躍する機会は少なくとも広がってきているので，彼らの活躍は地方の活性化に資することが期待できる。

5.　おわりに

中小企業診断士は，先行研究において様々な課題が指摘されているにもかかわらず，多くの受験者を集めている。第１次試験の申込者は，2001年度には約１万人であったが，2009年度には倍の２万人を超え，それ以降ほぼ毎年２万人近い申込者となっている。難関資格であるので，第２次試験の合格者数は限られてくるが，それでも着実に増加しており，2001年度の627人から2020年度には1,174人となっている[注15]。

そこで，本稿では中小企業診断士の現状・課題と可能性について改めて考察した。その結果として，従来から指摘されていた現状・課題が改めて確認できたことに加えて，休止者が急増し，完全に「眠れる（埋もれる）資源（資産）」となっているという新しくかつ深刻な問題が浮き彫りとなった。一方で定年診断士という貴重な人材が芽吹いてきていることも明らかとなった。そして，これらを踏まえたうえで，本稿では中小企業診断士特に大企業に所属する中小企業診断士が，地方において活躍できる余地が大きいことを指摘した。経験したことのない少子高齢化が進む中，地方の経済そしてそれを支える中小企業の活性化を図ることは，わが国にとって喫緊の課題である。大企業に所属する中小企業診断士がその能力を地方で発揮し，地域経済の中核的存在である中小企業の攻めの経営に貢献することが期待される。

〈注〉

1　野村総合研究所「日本の労働人口の49％が人工知能やロボット等で代替可能に
　〜601種の職業ごとに，コンピューター技術による代替確率を試算〜」
　https://www.nri.com/-/media/Corporate/jp/Files/PDF/news/newsrelease/
　cc/2015/151202_1.pdf

2　資格試験の合格率は弁護士が 2017 年，その他は 2016 年のものである。なお，中小企業診断士の合格率は，第 1 次試験と第 2 次試験の合格率を乗じたものである。

3　他には日沖（2020）があり，プロコンへのインタビュー調査を通じて，どのような動機で，どのように事業のリスクとリターンを認識して意思決定したのか，について明らかにしている。

4　中小企業診断士の登録者数（休止者を含む）については，川村（2020b）の「図表 1 年度別登録者数の推移（休止者を含む）（p.175）」に基づいている。なお，川村氏の日本経営診断学会第 54 回全国大会（千葉商科大学・2021 年 10 月 24 日）における発表「中小企業診断士における資格休止者の実態」の資料に中小企業庁から提供されたデータとして，2018 年度の登録数が記載されており，27,268 名となっている。

5　前掲の川村氏の発表資料に記載されている年齢構成（2018 年度）は，20 歳代・1.2%（327 名），30 歳代・14.5%（3,951 名），40 歳代・30.6%（8,335 名），50 歳代・27.9%（7,606 名）60 歳代・17.4%（4,774 名），70 歳以上・8.4%（2,304 名）となっている。これをみてわかるように，40 歳代以上が中小企業診断士の大半を占めていることが改めて確認できる。

6　アンケート実施の前年度の合格者を記載しているのは，中小企業診断士の登録は，第 2 次試験合格日以降 3 年以内に実務要件（15 日間以上の①実務補修もしく②診断実務従事）を満たして，申請する必要があるからである。

7　文部科学省「国家資格の概要について」https://www.mext.go.jp/b_menu/shingi/chousa/shougai/014/shiryo/07012608/003.htm

8　無回答はプロコンで 0.1%，企業内診断士で 0.2% である。なお，本稿とはプロコンと企業内診断士の定義が若干異なっている。川村（2018c）のプロコン（診断士）は「中小企業診断士のうち，独立したプロのコンサルタントおよびコンサルティング会社等任務の者」，企業内診断士は「中小企業診断士のうち，独立したプロのコンサルタントおよびコンサルティング会社等勤務の者以外で企業・団体等に所属する者」である（p.1）。

9　中小企業庁経営支援課「中小企業診断士制度の見直しについて」https://www.chusho.meti.go.jp/shindanshi/2005/download/18fyshindan_kaisei_gaiyou.pdf

10　251 名から回答があり，男性が 87%，女性が 13% で，プロコンが 29%，企業内診断士が 71% であった。年齢構成は，40 歳未満が 30%，40 歳代が 37%，50 歳代が 25%，60 歳代が 8% であった。

11　なお，定年後，診断士活動はしないと答えた 9 名のうち，定年より早く独立を考えている人が 2 名，診断士以外の仕事を考えている人が 6 名と，働く意思は持っている。

12　プロフェッショナル人材戦略ポータルサイト「人材ニーズ」https://www.pro-jinzai.go.jp/recruit/index.html

13　内閣府「事業スキーム」https://www.pro-jinzai.go.jp/about/scheme.html

14　みらいワークス「2021 年度　首都圏大企業管理職に対する「地方への就業意識調査」」https://uploads-ssl.webflow.com/5e60a6d8dcb1b65cfde0928a/614aea50d1994f69

162

6e6e3274_ss_gmj_20210924.pdf
15 中小企業診断協会「中小企業診断士試験申込者・合格者等の推移」https://www.j-smeca.jp/attach/test/suii_moushikomisha.pdf

〈参考文献〉

1 川村悟（2013）「中小企業診断士（企業内診断士）の専門性発揮に関する一考察：診断報酬有償化によるサービス品質向上」『日本経営診断学会論集』，13
2 川村悟（2015）「中小企業診断士の独立開業に伴うリアリティショックの検討：撤退事例を中心に」『日本経営診断学会論集』，15
3 川村悟（2016）「中小企業診断士によるプロボノ活動の可能性と課題」『日本経営診断学会論集』，16
4 川村悟（2017）「中小企業診断士資格の魅力に関する一考察：定性的方法による社会的機能の検討」『日本経営診断学会論集』，17
5 川村悟（2018a）「中小企業診断の変遷に関する考察：官から民へ移行した中小企業診断士」『日本経営診断学会論集』，18
6 川村悟（2018b）「民間の視点による中小企業診断士資格の成立過程に関する考察―1950年代の資格をめぐる論争を中心に」『日本中小企業学会論集』，37
7 川村悟（2018c）「企業内診断士の実態調査：現状と活躍の可能性について」https://www.j-smeca.jp/attach/kenkyu/honbu/h29/jittaichosa.pdf
8 川村悟（2019）「統計からみる独立中小企業診断士の特徴」『日本経営診断学会論集』，19
9 川村悟（2020a）「国家資格者の独立開業における類型と障害の検討―中小企業診断士を事例として―」『日本経営診断学会論集』，20
10 川村悟（2020b）「統計史料から導く中小企業診断士の課題」『日本中小企業学会論集』，39
11 遠原智文（2017a）「企業内診断士の活用の新展開」『企業診断』，64（2）
12 遠原智文（2017b）「中小企業診断士のキャリア志向と職務満足」『日本中小企業学会論集』，36
13 遠原智文，前田卓雄（2017）「眠れる資源としての企業内診断士」『日本政策金融公庫論集』，35
14 遠原智文，前田卓雄（2021）『企業内診断士の適材適所』，『福岡大学商学論叢』，66（2・3）
15 遠原智文，三島重顕，前田卓雄（2016）「中小企業診断士の現状と課題」『経営経済（大阪経済大学中小企業・経営研究所）』，51
16 日沖健（2020）「中小企業診断士・独立開業のリスクとリターン」『日本経営診断学会論集』，20
17 山口良明（2018）「特集：企業内診断士，定年後の世界　第1章【アンケート】企業内診断士と独立診断士の意識」『企業診断ニュース　2018.3』

https://www.j-smeca.jp/attach/article/article_2018_03_03-06.pdf
18　Schein, E. H. (1978) *Career Dynamics: Matching Individual and Organization Needs*, MA: Addison-Wesley.（二村敏子，三善勝代訳（1991）『キャリア・ダイナミクス：キャリアとは，生涯を通しての人間の生き方・表現である』白桃書房）
19　Schein, E. H. (1990) *Career Anchors: Discovering Your Real Values*, Jossey-Bass/Pfeitter.（金井壽宏訳（2003）『キャリア・アンカー：自分の本当の価値を発見しよう』白桃書房）
20　中小企業診断協会（2005）「データでみる中小企業診断士（2005 年実施分）」
　　https://www.j-smeca.jp/contents/enquete/index.html
21　中小企業診断協会（2011）「データでみる中小企業診断士　2011 年度版」
　　https://www.j-smeca.jp/contents/data2011/index.html
22　中小企業診断協会（2016）「データでみる中小企業診断士　2016 年度版」
　　https://www.j-smeca.jp/contents/data2016/index.html
23　中小企業診断協会（2021）「「中小企業診断士活動状況アンケート」結果（令和 3 年 5 月）」
　　https://www.j-smeca.jp/attach/enquete/kekka_r3.pdf

第 10 章
ビジネスと人権に関する国別行動計画の策定と中小企業の課題

名城大学名誉教授　渡辺俊三

1. ビジネスと人権に関する指導原則と国別行動計画の策定

　2015 年 9 月，国連は「我々の世界を変革する：持続可能な開発のための 2030 アジェンダ」（United Nations, 2015, 以下 SDGs と略す）を採択した。これをうけて 2016 年，日本政府は SDGs 推進本部を設置し，それ以降，「持続可能な開発目標」への取組が本格化している。SDGs は政府・自治体，企業，市民社会においても取り組まれている。この企業のなかには大企業だけでなく中小企業も含まれる。ところで SDGs に先行して，2011 年，国連人権理事会で「ビジネスと人権に関する指導原則：国際連合『保護，尊重及び救済』枠組実施のために」（United Nations Human Rights Council, 2011, 以下指導原則と略す）が採択されたことは意外と知られていない。

　指導原則は企業活動がグローバル化するとともに，企業活動における人権が重視されるようになった結果採択されたものであり，人権を尊重する経営を企業は行わなければならないことを国際的に宣言したものである。人権への配慮のきっかけとなったのは，国連人権委員会が 2005 年から議論を始め，2011 年に承認された指導原則である。なお 2006 年に，人権委員会に代わる機関として人権理事会が設置されたので，指導原則は人権理事会名で発表されている。

(1) 指導原則の概要

　指導原則は，人権の保護，尊重，救済の枠組みといわれ，(1) 人権を保護する国家の義務，(2) 人権を尊重する企業の責任，(3) 被害者の効果的な救済の 3 つ

の柱からなる。簡単にいえば，(1) 国家は人権を保護しなければならない，(2) 企業は人権を尊重しなければならない，(3) 人権被害を受けた人は救済されなければならないということである。

　指導原則は 31 の原則から構成されている。その 12 番目の原則で，人権とは，「世界人権宣言」(1948 年)，「市民的及び政治的権利に関する国際規約」(1966 年)，「経済的，社会的及び文化的権利に関する国際規約」(1966 年)，「ILO 中核 8 条約上の基本権に関する原則」(1988 年，2010 年追加) に定めている項目であるとしている。追加的なものとして，先住民族，女性，民族的または種族的・宗教的・言語的少数者，子ども，障がい者，移住労働者とその家族が含まれる。抽象的だが，基本的人権に関わるものすべてが人権に包摂されるのである。

　指導原則は，第 1 から 10 項で国家の義務を述べ，第 11 から 24 項で企業の責任を述べ，第 25 から 31 項で救済について述べている。そして企業が尊重すべき原則としては，(1) 人権を侵害しない，(2) 国際的に認められた人権規準が最低限の規準となる，(3) 仕入先，販売先の両者を含むサプライチェーンの中で引き起こされた人権侵害も対象になる，(4) 人権が侵害されるリスクを削減する，といったことなどがある。

　しかも指導原則は，企業規模の大小を問わず，2 つ以上の国々でビジネスを行なう企業に適用される。原則 14 では，「人権を尊重する企業の責任は，その規模，業種，事業状況，所有形態及び組織構造に関わらず，すべての企業に適用される」といい，さらに原則 14 の解説では，「中小企業のなかにも人権に対し重大な影響を及ぼすものがあり，その規模に関係なくそれに見合った措置を求められる」と，中小企業にも言及している。指導原則をとりまとめた J・G・ラギー (2014) はその著書の中で，「私が多国籍企業と言うとき，それは，二つ以上の国々でビジネスを行なう企業を意味し，垂直的に統合された企業，ジョイントベンチャー，企業グループ，国境を越えた製造ネットワーク，企業提携，商社，商品やサービスの海外供給者との契約関係を通じたものなど，その形態は問わない。また，上場企業，非上場企業，また国有企業であることも問わない」(p.19) といっている。指導原則は大企業だけでなく，すべての企業に適用されるのである。

(2) 国別行動計画の策定の経緯

　指導原則により，国連には専門家で構成されるビジネスと人権に関する作業部

会が設置され，同作業部会は指導原則を具体化するために，2013 年以来，各国に国別行動計画（以下行動計画と略す）を策定するように呼びかけ，2016 年に最終報告書を発表した（UN Working Group on Business and Human Rights, 2016）。デンマークにある The Danish Institute for Human Rights（DIHR）のホームページによると，行動計画が策定されたのは，2021 年 7 月時点で 28 カ国である（DIHR, 2021）。なお同研究所は，2014 年と 2017 年の 2 回，行動計画を策定するための手引き書（tool kit）を発行している（DIHR and ICAR, 2014）。日本は 2016 年に行動計画の策定を発表し，2018 年から外務省総合外交政策局人権人道課において策定作業が進められ，2020 年 10 月に行動計画が発表された。

　外務省は行動計画策定に向けて，2018 年 3 月以来，ステークホルダー，関係府省庁，有識者，オブザーバーの 4 者からなる「ビジネスと人権に関するベースラインスタディ意見交換会」を 10 回にわたり開催し，2018 年 12 月に「ビジネスと人権に関するベースラインスタディ報告書—ビジネスと人権に関する国別行動計画策定に向けて—」（外務省, 2018）を発表した。ベースラインスタディとは，現状認識ないしは把握の意味である。

　「ベースラインスタディ報告書」は，指導原則の第 1 の柱である「国家の義務」と第 3 の柱である「被害者の効果的な救済」のうち政府の取組については，ほぼ網羅的に整理されているものの，第 2 の柱である「企業の責任」については非常に扱いが軽い。ベースラインスタディで紹介されているのは経団連の調査である。しかしこの調査だけで「企業の責任」の現状が語られたとはとうてい考えられない。なぜならば経団連の会員は東証 1 部上場企業であるので，大企業の現状しか示されていないからである。しかし日本の企業の 99.7％は中小企業である。「企業の責任」については，中小企業の認識と適応の現状および課題を掘り下げて調査し，その結果を行動計画に反映させることが必要だが，それがなされていなかった。というよりも中小企業の現状についての認識がベースラインスタディ意見交換会のメンバーのなかになかったのであろう。意見交換会において，中小企業について議論されたのは第 8 回会合と第 9 回会合であり，しかも中小企業団体（中小企業家同友会全国協議会）が意見交換会に出席したのは，第 9 回会合と第 10 回会合の 2 回のみであった。

　このベースラインスタディ報告書に基づいて，「ビジネスと人権に関する行動計画に係る作業部会」が設置された。作業部会は，「ビジネスと人権に関する行

動計画に係る関係府省庁連絡会議」とステークホルダーから構成されていた。さらに作業部会の上部組織として，「ビジネスと人権に関する行動計画に係る諮問委員会」が設置された。行動計画は，「ビジネスと人権に関する行動計画に係る関係府省庁連絡会議」の名で発表されているが，実際の策定は，作業部会のステークホルダーと関係府省庁連絡会議の合作であると言ってもよい[注1]。

　作業部会のステークホルダー構成員は，行動計画策定にあたり2回にわたって「要請書」を提出し，作業部会としての行動計画の内容について意見を表明している。その「要請書」とは，2019年11月に書かれた第1要請書（2019）と，2020年6月に書かれた第2要請書（2020）の2つである。

　第1要請書は，（1）企業情報の開示，（2）外国人労働，（3）人権デュー・ディリジェンス及びサプライチェーン，（4）公共調達，（5）救済へのアクセスの6点に対する要請が述べられている。「（6つの）テーマについては，SH（stakeholderの略）からの意見が多く，複数のSHから重要性が指摘された事項を中心に選定」（p.1）したと説明している。なおデュー・ディリジェンス（Due Diligence，「注意義務」と訳す場合もある）とは，投資，企業取引，合併や買収（M&A）などの際に対象となる企業の価値やリスクを詳しく把握するために実施されるもので，法務，財務，人事，環境，人権といった様々な観点から調査される。ここでは人権に関する注意義務のことを指している。

　また第2要請書は，（1）第1要請書に基づく共通要請事項の反映，（2）ステークホルダー関与型の行動計画の実施・モニタリング・改定の体制整備，（3）コロナ危機を通じた人権への影響とその対応についての行動計画への組み込みの3点が述べられている。

　ステークホルダーの構成員が2回目の要請書を提出した理由として，2019年11月21日に政府に対し第1要請書を提出し，2020年2月17日に行動計画の原案がパブリックコメントに付されたにもかかわらず，行動計画原案には第1要請書の内容やパブリックコメントの意見が十分に反映されておらず，個々の要請内容の反映の可否とその理由についてさらなる議論が必要と考えているからである，と説明している。なお第1要請書に対しては，2020年8月に，「ビジネスと人権に関する行動計画に係る関係府省庁連絡会議」（2020a）名で，回答書が出されている。

2．行動計画の概要

(1)　行動計画の特徴

　以上のような経緯で策定された行動計画は，2020 年 10 月，「ビジネスと人権に関する行動計画に係る関係府省庁連絡会議」の名で公表された。行動計画は 4 章から構成されている。目次を列記すると次のとおりである。

第 1 章　行動計画ができるまで（背景及び作業プロセス）
　1．はじめに〜「ビジネスと人権」に関する国際的な要請の高まりと行動計画策定の必要性〜
　2．行動計画の位置付け〜「指導原則」等の国際文書及び SDGs との関係〜
　3．行動計画の策定及び実施を通じ目指すもの
　4．行動計画の策定プロセス
第 2 章　行動計画
　1．行動計画の基本的な考え方
　2．分野別行動計画
　　(1)　横断的事項
　　　ア．労働（ディーセント・ワークの促進等）
　　　イ．子どもの権利の保護・促進
　　　ウ．新しい技術の発展に伴う人権
　　　エ．消費者の権利・役割
　　　オ．法の下の平等（障害者，女性，性的指向・性自認等）
　　　カ．外国人材の受入れ・共生
　　(2)　人権を保護する国家の義務に関する取組
　　　ア．公共調達
　　　イ．開発協力・開発金融
　　　ウ．国際場裡における「ビジネスと人権」の推進・拡大
　　　エ．人権教育・啓発
　　(3)　人権を尊重する企業の責任を促すための政府による取組
　　　ア．国内外のサプライチェーンにおける取組及び「指導原則」に基づ

> 　　　　く人権デュー・ディリジェンスの促進
> 　　　イ．中小企業における「ビジネスと人権」への取組に対する支援
> 　（4）救済へのアクセスに関する取組
> 　　　　司法的救済及び非司法的救済
> 　（5）その他の取組
> 第3章　政府から企業への期待表明
> 第4章　行動計画の実施・見直しに関する枠組み
> 出典：ビジネスと人権に関する行動計画に係る関係府省庁連絡会議（2020b）による。

　すでに述べたように，世界の国々のなかで行動計画が策定されたのは，2021年7月時点で28カ国である。これらの国々の行動計画と日本のそれとを比較すると，日本の行動計画の特徴として3点指摘できる。

　第1に，第1章で行動計画策定の背景と作業プロセスを詳細に述べている点である。コロンビア（2015），ドイツ（2016），イタリア（2016），タイ（2019）などの行動計画でも，計画策定の背景が述べられているものの，タイを除いてはいずれも叙述が簡単である。行動計画は官主導によって作成されたとはいえ，各省庁と行動計画に関係するステークホルダーが作成に関わっていることを記録に残すことは，行動計画の実効性を高めるうえで，さらには行動計画の実施状況の確認や行動計画の見直しのためにも重要である。こうした意義を第1章は持っているといえよう。

　第2に，指導原則は，人権を保護する国の義務，人権を尊重する企業の責任，人権が侵害された場合の救済へのアクセスの3つから構成されている。行動計画にこれら3つの要素を含むのはいずれの国の計画においても共通している。ただし行動計画は国の行動計画であって，行動計画の主体は国である。しかし企業経営の主体は，国営企業・公営企業を除けば，民間企業であって国ではない。よって企業の責任に国がどの程度介入できるのかとの議論が生じる。いいかえれば企業の責任を国としてどのように扱うべきかとの議論の整理が必要となる。ビジネスと人権に関する行動計画を社会的規制の一種であると考えれば，国によるガイドラインの策定は間違いなく容認できるものである。第2章では，「人権を尊重する企業の責任を促すための政府による取組」といって，国の取組を前面に出しているものの，第3章では，「政府から企業への期待表明」といって，「企業への

期待」と表現しているのは，行動計画の主体が国であるからに他ならない。ちなみに他の国の行動計画をみてみると，「企業の責任」という表題で述べている国が多いなかにあって，フィンランド（2014），英国（2016）の第 2 次行動計画，スロベニア（2018）では「政府の企業への期待」，ドイツ（2016）では「企業の挑戦」，チリ（2017）では「企業の貢献」という表題で記述している。日本の行動計画の第 3 章の位置づけは上記の考えが反映しているのであろう。

　第 3 に，第 4 章で行動計画の実施・見直しについて述べている点である。行動計画は 5 ヶ年計画であって，3 年後を目途に関係府省庁連絡会議において，関連する国際的な動向及び日本企業の取組状況について意見交換を行い，4 年後を目途に，関係府省庁連絡会議において，ステークホルダーの意見も踏まえ，行動計画の改定作業に着手するとしている。行動計画の実施状況の確認と次の行動計画の検討が約束されているのである。他の国の行動計画において見直しが語られているのは，スイス（2016），イタリア（2016），スペイン（2017），チリ（2017），ケニア（2019），タイ（2019）などまだ少数の国である。政策の見直しにあたっては第 3 者による監視が必要であるといわれるものの，それが約束されているのはまだ少数の国である。日本の行動計画の見直しに際しては，行動計画の実施状況と国際的に認められた人権保護義務とのギャップの確認が，ステークホルダーから要求されるものと思われる。見直しの際に重視されるべきことは，（1）人権を遵守するために何がなされるべきか，（2）人権遵守の阻害要因となっているものは何か，（3）阻害要因を取り除くための方策はどのようなものか，といったことになるであろう。

(2) 行動計画の適用範囲

　ところで指導原則は，企業規模の大小を問わず，2 つ以上の国々でビジネスを行なう企業に適用されるのはすでに述べたとおりである。そうであるならば，行動計画の対象企業は多国籍企業であって，国内だけで事業を行っている企業は対象外となる。しかし日本の行動計画は国の内外で事業を行うすべての企業に適用されるものと解釈されている。そのようになった理由は以下のとおりである。

　2019 年 4 月 24 日に開催された「ビジネスと人権に関する国別行動計画に係る作業部会」第 1 回会合の議事要旨には，外務省の次のような発言が記録されている（第 1 回会合議事要旨，2020）。「国内については，国内法令を遵守することが

大前提であり，焦点を当てるべきは，国境を越えるイシュー等，国内法令遵守では拾い切れない問題であると考える」（p.5）。これでは行動計画は国外で議論となっているか，あるいは国外で懸念される事項だけを取り上げると理解されかねない。

　そのため 2019 年 6 月 6 日に，国連と OECD から委員を招聘して開催された「作業部会」のコンサルテーション会合において，日本側の作業部会構成員から次のような質問が出された（コンサルテーション会合議事要旨，2020）。

　「日本では行動計画作成の範囲を，国境を越えるものに限定しようという案だが，各国ではどのような範囲で作成しているか。【注：政府としては，行動計画作成に当たって，その範囲を国境を越えるものに限定するとの立場ではなく，誤解があるかもしれない旨外務省より補足した上で，質問が紹介された。】」

　ダンテ・ペッシュ（国連ビジネスと人権作業部会委員）の回答は，「日本のように企業のサプライチェーンが世界各国にまたがっている場合，行動計画でも国境を越えた影響に言及する必要がある。同時に，国内政策についても検討しなければならず，国内外のバランスを考える必要がある」というものであった。

　またクリスティーナ・テバー・レス（OECD 責任ある企業行動ユニット長）の回答は，「ほぼ全ての国の行動計画はサプライチェーン全体をカバー（している…筆者補足）。米国は国外の企業活動のみを対象とし，国内について言及していないため批判を受けている。企業が国内で正しいビジネスを行うことは，国外でもそれを展開する基礎となる」というものであった（p.3）。

　この回答によって，行動計画は海外事業を行っていない企業にも適用されるものとなった。人権を尊重する国の義務，企業の責任，救済措置は，海外のみならず，国内においても発生すること，いいかえれば，地球上で事業を行う限り行動計画は普遍的規範となることが確認されたのである。海外事業において人権が尊重されなければならないならば，国内事業においても同様であるというのである。海外事業と国内事業を別個のものとして切り離して考えるという，ダブルスタンダードは許されないのである。

3.　中小企業の対応と課題

　すでに述べたように，行動計画は国の行動計画であって，行動計画の主体は国

である。行動計画を企業の立場からみるとどのようになるのか。

(1) サプライチェーンにおける取組と人権デュー・ディリジェンスの促進

　企業の責任として行動計画が述べているのは，国内外のサプライチェーンにおける取組と，指導原則に基づく人権デュー・ディリジェンスの促進の2つである。
　サプライチェーンといった場合，売り手となる場合と買い手となる場合の両面が考えられる。売り手となる場合は，自社が人権を尊重していることを企業の内外に示すと同時に，販売先企業が人権侵害を行っていないかどうかを確認することである。他方，買い手となる場合は，仕入先が人権侵害を行っていないかどうかを確認することである。自社が人権を尊重するだけでなく，仕入先・販売先も人権を尊重しているかどうかを確認しなければならない。確認する方法として，人権デュー・ディリジェンスが存在する。人権デュー・ディリジェンスの方法については，OECD（2018）がガイドブックが発表しており，これが指針となっている[注2]。日本の行動計画において，サプライチェーンにおける取組と，人権デュー・ディリジェンスの促進の2つが述べられる理由はこうしたことにある。

(2) 企業の対応

　行動計画に即した企業経営をいかにして行うかについては，本稿では考察の対象外とする。本稿では，中小企業が企業の責任を達成するためには，いかなる考え方に立つのが望ましいのかを考察する。指導原則を策定したJ・G・ラギー（2014）は，「正しいビジネス」を提唱しているので，正しいビジネスを確立するために何が必要かとの観点から企業の責任を示すこととする。そのためには中小企業にとって企業内の問題すなわち経営課題と，企業外の経営環境の改善の両面から論点を整理する必要がある。
　企業内の経営課題というのは，経営者の労働者に対する認識に他ならない。中小企業家同友会全国協議会（1989）が，1975年に「中小企業における労使関係の見解」にもとづいて人間尊重の経営，人を生かす経営という考え方を提唱して以来，長年が経過しており，この理念が今や国際的な標準になろうとしていることを認識する必要がある[注3]。
　J・G・ラギー（2014）は，指導原則には規範の誕生，規範の伝播，規範の内面化の3つの段階があると述べている（pp.223-224）が，日本ではまだ規範の伝

播の段階にあることは間違いない。行動計画は，当面は規範の伝播を考慮に入れつつ，将来的には規範の内面化をはかるものとなっていかなければならない。

　規範の内面化とは指導原則の理念を自社の経営の中に取り入れることである。換言すれば企業は労働者を尊重するビジネスを行うこと，人間一人一人を大切にする経営を行うことといってもよい。この理念は，大企業であろうが，中小企業であろうが異なるものではない。また海外で事業を行う企業であろうが，日本国内で事業を行う企業であろうが異なるものではない。さらに労働者の性，年齢，学歴，経歴，出自，人種，民族，国籍等々の如何を問うものでもない。経営者たるもの労働者及びその家族の生存を考えながら事業経営を行なわなければならないということである。こうした考えは企業の社会的責任あるいは経営倫理として長年，言われ続けてきたことである。近年，言われているダイバーシティ・マネジメントも同じ流れである。指導原則は規範であって，これを各国に適用する行動計画も法的拘束力のない規範である。それ故に指導原則も行動計画もともに，経営者に人間尊重という倫理性を求めるものとなっている。

　人間を尊重する経営は，賃金と利潤に対する考え方に典型的に現われる。まずは賃金に対する考え方である。人間を尊重しない企業経営者は，賃金をコストとしてしかみていないのであろう。賃金をコストであると考えるならば，いかにしてコストダウンをはかるかということのみに注力することとなる。低賃金労働が蔓延し，非正規雇用の雇用比率が拡大している日本の現状には憂うべきものがある。人件費は労働力商品の価格表現であるとはいえ，その背後には生きた人間が存在していることを忘れるべきではない。賃金は労働力の再生産費であると言われる。労働力は人間の肉体的・精神的能力のすべてである。コスト以前に人間から発想をスタートさせなければならない。労働力の再生産費には労働者自身の肉体的再生産のみならず，精神的な再生産も含まれ，さらには家族の維持に必要な費用も含まれる。こうした認識に立てば，賃金をコストとのみ考えることはできないだろう。労働者が人並みな生活ができる賃金を，経営者は保証する責任がある。

　次に利潤についてである。企業の第一の目的は利潤を生み出すことであるといわれる。確かに企業は利潤を生み出さなければ，賃金を支払うことができず，取引先に支払いができず，国・地方自治体に租税を支払うことができない。したがって利潤を上げることそれ自体は否定されるものではない。しかし目的は手段を正当化するわけではないことを理解すべきである。利潤を獲得するためには何を

行っても許されるわけではないのである。強欲な経営者が存在し，それをもてはやす風潮が蔓延する現状にあって，人間を尊重したうえで利潤は獲得されるべきであることを経営者たるものは肝に銘じるべきである。人々の幸福の追求は国の役割であって，企業の役割ではないとの認識は，21 世紀に入ってすでに 20 年を経過しようとする今日，もはや払拭しなければならない時代に入ったと考えるべきである。

(3) 経営環境の改善

　企業外の経営環境の改善というのは，中小企業を取り巻く経営環境の改善のための行動計画である。中小企業が人権を尊重する経営を行おうと思ったとしても，企業間の取引において不利益をうけ，その結果，人権を侵害する場合も考えられる。

　企業の責任については，大企業と中小企業との間で異なるものではないものの，中小企業独自の問題も存在する。企業の責任に関する中小企業の独自性としては，サプライチェーンにおける取引上の問題，いいかえれば大企業と中小企業との取引上の力関係から発生する大企業による不公正な取引の強要と，強いられた不公正な取引から発生する中小企業による人権侵害がある。これらを防止するためには，大企業と中小企業とのあいだに公正な競争条件を形成することが必要不可欠である。これは独占禁止法の役割であるが，行動計画のなかに独占禁止法の精神をいかに反映させるのかとの思考が必要である。

　例えばコストダウン要請のために低賃金労働力に依存せざるを得ず，その結果，外国人労働者や日本人の非正規雇用に依存し，人権を侵害するような場合，あるいは自社の取引先企業にコストダウン要請を転嫁し，その結果，この取引先が人権を侵害するような場合である。指導原則ではこれを「責任あるサプライチェーン」の役割といっているが，これを以前から使われている表現で示せば，公正な市場環境の形成であり，不利の是正である。中小企業と大企業との取引のみならず中小企業間の取引においても，公正な取引が行われる環境を創出することは，企業の責任でもあり，国家の義務でもある。公正な取引の実現は一企業のみがなし得るものではない。それ故中小企業者の運動として取り組む必要がある。

　公正な取引とは，教科書風に言えば，供給独占あるいは買い手独占の弊害が存在しない世界である。言い換えれば，（1）自由な競争の確保，（2）競争手段の公

正さの確保，（3）自由競争の基盤の確保が保証されている世界である。要するに自由な競争，公正な競争が確保されている世界である。J・G・ラギーの著書の原題は，"Just Business" である。Just は正しいという意味であると同時に「公正」という意味でもある。

2019 年の安倍内閣時代の「成長戦略実行計画」（内閣官房成長戦略会議，2019）以来，取引関係の適正化がいわれ（pp.45-46），『中小企業・小規模企業白書 2020 年版』（中小企業庁，2020）では，付加価値の獲得に向けた適正な価格設定と取引関係の構築が指摘された（第 2・3 章）。さらに 2021 年 6 月の菅内閣による「成長戦略実行計画」（内閣官房成長戦略会議，2021）では，大企業と中小企業との取引の適正化として，（1）下請取引の適正化，（2）大企業と中小企業の連携促進，（3）約束手形の利用の廃止，（4）系列を超えた取引拡大がいわれた（p.26）。ただしこの実行計画における取引の適正化は，下請生産を前提にしている。

しかし今問われているのは，不公正な競争環境であり，下請企業にかぎらず，すべての企業にとっての課題である。日本商工会議所が中心になって進めている「パートナーシップ構築宣言」（日本商工会議所，2020）は，取引関係の是正を目指すものではあるが，中小企業側に価格決定力を持たせるには至っていない。依然として上から価格を押し付け続けられているのが，多くの中小企業の現状である。また中小企業が非正規雇用への依存を強いられる理由もここにある。

さらに言えば，公正な競争は国内の取引でいわれてきたが，国際的な取引の中でも適用される原則である。独禁法の考え方は，優越的地位にある事業者の禁止事項を示したものであるが，独禁法の考えを一歩進めて，国際的な取引の中でも追求されなければならない。例えば，ドイツ（2016）の行動計画では，「G20，EU，ASEM［アジア欧州会合］などの多国間フォーラムにおいて，ILO，OECD，国連などの国際機関と緊密に協力し，連邦政府は競争条件に関するグローバルな公平な競争の場の形成［creating a global level playing field］を求める」（p.24）と述べている。このように公正な競争は，先進資本主義国間のみならず，先進資本主義国と発展途上国間，発展途上国間においても，普遍的な原理となることによって，人権を尊重したビジネスの確立が可能になるのである。

重要な視点は，先進資本主義国による発展途上国への経済協力，経済支援という上から目線の考え方ではなくて，しばしば Win-Win の関係と言われているように，まさしく共に生きることである。それを定めたものが指導原則の考え方で

ある。

〈注〉
1　作業部会の構成員および関係府省庁名と諮問委員会の構成員はビジネスと人権に関する行動計画に係る関係府省庁連絡会議（2020b）のなかに掲載されているので，それを参照。なおこの会議のなかには，東京オリンピック・パラリンピック競技大会組織委員会がオブザーバー参加しているが，公正取引委員会は参加していない。オリ・パラ組織委員会が参加したのは，東京 2020 オリ・パラが指導原則に則った大会であることを全世界に示すためであった。とはいえ会長の女性蔑視発言，開会式プロデューサー解任，参加予定タレントの出場辞退等々のドタバタ劇を見ると，行動計画の精神が欠落していることが如実に示されていた。また公正取引委員会の不参加の理由は不明である。
2　このガイダンスは，国連の指導原則の具体化というよりも，OECD の『多国籍企業行動指針』を具体化したものである。『多国籍企業行動指針』については，OECD 閣僚理事会（2011）を参照。
　　さらに指導原則に基づく人権デュー・ディリジェンスを促進するために，人権デュー・ディリジェンス法の制定が，主として欧州諸国で進められている。2010 年にカルフォルニア州で「サプライチェーン透明法［California Transparency in Supply Chains Act of 2010（CTSCA）］」が制定され，2015 年に英国で「現代奴隷法［Modern Slavery Act 2015］」が制定され，2021 年 6 月，ドイツでも「サプライチェーンにおけるデュー・ディリジェンス法［Lieferketten Sorgfaltspflichten Gesetz］」が制定された。これらの法の内容とその他の国の現状は JETRO（2021）のなかで紹介されている。
　　現在のところ法の規制対象となるのは大企業である。しかし未来永劫にわたって中小企業には適用されないという保証はない。欧州諸国の状況を見ると，いずれ日本においても法制化が課題になるものと思われる。21 世紀は人権の時代といわれているように，ビジネスにおいても人権尊重が規準となるからである。
3　本稿では紙幅の関係から中小企業の取組の実例を紹介しなかった。中小企業の実例を知りたい人は，公益財団法人人権教育啓発推進センター（2014，2018）が参考になる。ただしこれらに紹介されている企業は，中小企業家同友会の会員企業だけではない。さらに愛知中小企業家同友会の会員企業が，ビジネスと人権・SDGs を踏まえた自社の事業展開を紹介しているものとして，新日本法規出版社のホームページに掲載されているコラムがある。また愛知中小企業家同友会の会員企業で，人権に関する独自の行動憲章と行動指針を作成した企業を紹介したものに，渡辺（2017，pp.13-17）がある。

〈参考文献〉

1　外務省（2018）『ビジネスと人権に関するベースラインスタディ報告書 ビジネスと人権に関する国別行動計画策定に向けて 2018 年（平成 30 年）12 月』
　　https://www.mofa.go.jp/mofaj/files/000433656.pdf（2021 年 7 月 12 日閲覧）

2　JETRO（2021）「『サプライチェーンと人権』に関する主要国の政策と執行状況」
　　https://www.jetro.go.jp/biz/areareports/2021/b6c13236c006d018.html（2021 年 9 月 4 日閲覧）

3　公益財団法人人権教育啓発推進センター（2014，2018）「企業における CSR・人権に関する取組事例ビデオ Vol. 1（2014 年度制作）」「企業における CSR・人権に関する取組事例ビデオ Vol. 2（2018 年度制作）」
　　http://www.jinken.or.jp/information/jigyou/event/seminar#video
　　http://www.jinken.or.jp/information/jigyou/event/seminar#video2（2021 年 9 月 4 日閲覧）

4　新日本法規出版 HP「2030 年，人権を実現できるビジネスをめざす～ビジネスと人権に関する国連指導原則そして SDGs を追い風に～」
　　https://www.sn-hoki.co.jp/article_list/series/business_and_human_rights/（2021 年 9 月 4 日閲覧）

5　中小企業家同友会全国協議会（1989）『人を生かす経営』初版

6　中小企業庁編（2020）『中小企業白書 小規模企業白書 2020 年版（上）』
　　https://www.chusho.meti.go.jp/pamflet/hakusyo/2020/PDF/chusho/99Hakusyo_zentai.pdf（2021 年 7 月 3 日閲覧）

7　内閣官房成長戦略会議（2019）『成長戦略実行計画 2019』2019 年 6 月
　　https://www.kantei.go.jp/jp/singi/keizaisaisei/pdf/ap2019.pdf（2021 年 7 月 3 日閲覧）

8　内閣官房成長戦略会議（2021）『成長戦略実行計画 2021』2021 年 6 月
　　https://www.cas.go.jp/jp/seisaku/seicho/pdf/ap2021.pdf（2021 年 7 月 3 日閲覧）

9　日本商工会議所（2020）『パートナーシップ構築宣言』
　　https://www.jcci.or.jp/partnership/（2021 年 7 月 3 日閲覧）

10　ビジネスと人権に関する行動計画（NAP）に係る作業部会第 1 要請書（2019）「ビジネスと人権に関する行動計画に係る作業部会ステークホルダー構成員一同要請書」
　　https://www.mofa.go.jp/mofaj/files/000561987.pdf（2021 年 7 月 14 日閲覧）

11　ビジネスと人権に関する行動計画（NAP）に係る作業部会第 2 要請書（2020）「ビジネスと人権に関する行動計画（NAP）に係る作業部会第 2 要請書及び『ステークホルダー共通要請事項（第 2)』」
　　https://www.mofa.go.jp/mofaj/files/100086868.pdf（2021 年 7 月 14 日閲覧）

12　ビジネスと人権に関する行動計画に係る関係府省庁連絡会議（2020a）「ビジネスと人権に関する行動計画に係る作業部会ステークホルダー構成員の皆様へ」
　　https://www.mofa.go.jp/mofaj/files/100101258.pdf（2021 年 7 月 14 日閲覧）

13　ビジネスと人権に関する行動計画に係る関係府省庁連絡会議（2020b）「『ビジネス

と人権』に関する行動計画（2020-2025）」
https://www.mofa.go.jp/mofaj/files/100104121.pdf（2021 年 7 月 14 日閲覧）
14　「ビジネスと人権に関する国別行動計画に係る作業部会」第 1 回会合議事要旨（2020）
https://www.mofa.go.jp/mofaj/files/000485055.pdf（2021 年 9 月 1 日閲覧）
15　「ビジネスと人権に関する国別行動計画に係る作業部会」コンサルテーション会合
議事要旨（2020）
https://www.mofa.go.jp/mofaj/files/000502177.pdf（2021 年 9 月 1 日閲覧）
16　渡辺俊三（2017）「企業の社会的責任の新段階と中小企業の対応」（『中小企業研究
センター年報 2017』所収）
17　The Danish Institute for Human Rights (2021), National Action Plan for Business
and Human Rights.
https://globalnaps.org/country/（2021 年 7 月 12 日閲覧）
18　The Danish Institute for Human Rights (DIHR) and The International Corporate
Accountability Roundtable (ICAR) (2014), *National Action Plans on Business and
Human Rights A Toolkit for the Development, Implementation, and Review of State
Commitments to Business and Human Rights Frameworks.*
https://globalnaps.org/wp-content/uploads/2018/01/national-action-plans-on-business-
and-human-rights-toolkit-2017-edition.pdf（2021 年 5 月 5 日閲覧）
19　The Danish Institute for Human Rights (DIHR) and The International Corporate
Accountability Roundtable (ICAR) (2017), *National Action Plans on Business and
Human Rights Toolkit 2017 Edition.*
https://globalnaps.org/wp-content/uploads/2018/01/national-action-plans-on-business-
and-human-rights-toolkit-2017-edition.pdf（2021 年 5 月 5 日閲覧）
20　John Gerald Ruggie (2013), *Just Business: Multinational Corporations and Human
Rights*, W. W. Norton & Company Inc., New York.（ジョン・ジェラルド・ラギー
（2014）『正しいビジネス―世界が取り組む「多国籍企業と人権」の課題―』[東澤靖訳]
岩波書店）
21　OECD (2018), *OECD Due Diligence Guidance for Responsible Business Conduct*,（邦
訳 OECD（2018）『責任ある企業行動のための OECD デュー・ディリジェンス・ガイ
ダンス』）
http://mneguidelines.oecd.org/OECD-Due-Diligence-Guidance-for-Responsible-Busin
ess-Conduct.pdf
https://mneguidelines.oecd.org/OECD-Due-Diligence-Guidance-for-RBC-Japanese.
pdf から閲覧可能。（2019 年 7 月 19 日閲覧）
22　OECD (2011), *Guidelines for Multinational Enterprises, 2011 Edition*,（OECD 閣
僚理事会（2011）『多国籍企業行動指針　世界における責任ある企業行動のための勧
告』[日本語仮訳版]）
https://www.oecd.org/corporate/mne/48004323.pdf

http://www.mofa.go.jp/mofaj/gaiko/csr/pdfs/takoku_ho.pdf（2019 年 7 月 19 日閲覧）

23 United Nations Human Rights Council (2011), *Guiding Principles on Business and Human Rights: Implementing the United Nations "Protect, Respect and Remedy" Framework*,（サステナビリティ日本フォーラム，アジア・太平洋人権情報センター［ヒューライツ大阪］共訳（2011）『ビジネスと人権に関する指導原則：国際連合「保護，尊重及び救済」枠組実施のために』国際連合広報センター）
https://www.mofa.go.jp/files/000055037.pdf
http://www.unic.or.jp/texts_audiovisual/resolutions_reports/hr_council/ga_regular_session/3404/（2021 年 7 月 12 日閲覧）

24 United Nations (2015), *Transforming Our World: The 2030 Agenda for Sustainable Development.*（邦訳「我々の世界を変革する：持続可能な開発のための 2030 アジェンダ（仮訳）」）
https://www.un.org/ga/search/view_doc.asp?symbol=A/RES/70/1&Lang=E
https://www.mofa.go.jp/mofaj/files/000101402.pdf（2021 年 9 月 9 日閲覧）

25 United Nations Working Group on Business and Human Rights (2016), *Guidance on National Action Plans on Business and Human Rights.*
https://www.ohchr.org/Documents/Issues/Business/UNWG_NAPGuidance.pdf（2021 年 7 月 12 日閲覧）

〈国別行動計画（National Action Plans）〉

1 Chile (2017), *National Action Plan on Business and Human Rights Chile.*
https://globalnaps.org/wp-content/uploads/2017/11/national-action-plan-on-business-and-human-rights.pdf（2021 年 8 月 22 日閲覧）

2 Columbia (2015), *National Action Plan on Human Rights and Business.*
https://globalnaps.org/wp-content/uploads/2018/04/pna-colombia-english.pdf（2021 年 8 月 17 日閲覧）

3 Finland (2014), *National Action Plan for the Implementation on the UN Guiding Principles on Business and Human Rights.*
https://globalnaps.org/wp-content/uploads/2017/10/nap-finland.pdf（2021 年 8 月 22 日閲覧）

4 Germany (2016), *National Action Plan: Implementation of the UN Guiding Principles on Business and Human Rights 2016-2020.*
https://globalnaps.org/wpcontent/uploads/2018/04/germany-national-action-plan business-and-human-rights.pdf（2021 年 8 月 17 日閲覧）

5 Italy (2016), *Italian National Action Plan on Business and Human Rights 2016-2021.*
http://www.cidu.esteri.it/resource/2016/12/49117_f_NAPBHRENGFINALEDEC152 017.pdf（2021 年 8 月 17 日閲覧）

6　Kenya (2019), *National Action Plan on Business and Human Rights for the Implementation of the United Nations Guiding Principles on Business and Human Rights.*
https://globalnaps.org/wp-content/uploads/2019/07/kenya-bhr-nap-june-2019-finalised-still-to-be-approved.pdf（2021 年 8 月 22 日閲覧）

7　Slovenia (2018), *National Action Plan of the Republic of Slovenia on Business and Human Rights.*
https://globalnaps.org/wp-content/uploads/2017/11/slovenia-bhr-nap-english.pdf（2021 年 8 月 22 日閲覧）

8　Spain (2017), *National Action Plan on Business and Human Rights.*
https://www.newsd.admin.ch/newsd/message/attachments/48579.pdf（2021 年 8 月 22 日閲覧）

9　Swiss (2016), *Report on the Swiss Strategy for the Implementation of the UN Guiding Principles on Business and Human Rights 2016-2021.*
https://www.newsd.admin.ch/newsd/message/attachments/48579.pdf（2021 年 8 月 22 日閲覧）

10　Thailand (2019), *First National Action Plan on Business and Human Rights (2019-2022).*
https://globalnaps.org/wp-content/uploads/2017/11/nap-thailand-en.pdf（2021 年 8 月 17 日閲覧）

11　United Kingdom (2016), *Good Business: Implementing the UN Guiding Principles on Business and Human Rights.*
https://www.gov.uk/government/uploads/system/uploads/attachment_data/file/522805/Good_Business_Implementing_the_UN_Guiding_Principles_on_Business_and_Human_Rights_updated_May_2016.pdf（2021 年 8 月 22 日閲覧）

第 11 章
自治体中小企業政策の新たな展開
―エコノミックガーデニング―

大阪経済大学　梅村　仁

1. はじめに

　地域の中小企業・小規模企業は雇用や所得をもたらす地域経済の核であり，24時間住民として地域社会の安定をもたらす存在となっている。さらに地域に発生する細かい需要にも，その豊かな創造性を発揮して対応している存在でもある。また，地域社会に必要な中小企業・小規模企業を支援し振興する政策には，国の施策に加えて自治体による施策として「中小企業振興条例」などがあり（八幡，2019），2021 年 4 月に高知県中小企業・小規模企業振興条例が制定されたことにより，47 都道府県のすべてが基本条例を制定するほど広がりを見せている[注1]。

　こうしたなか，中小企業の外部環境は，経済のグローバル化がさらに進展し，産業の国際的な競争はかつてなく厳しくなるとともに，ライフスタイルや価値観の変化による消費者ニーズの多様化，SDGs の視点で見た持続可能な社会への移行や 5G 環境の整備など日々急速に変化している。

　地域経済振興を促進するためにどのように政策を創造すべきか非常に悩ましいのが現状であろう。ゆえに，これまで取り組んできた中小企業政策の検証を踏まえ，地域経済の根幹である中小企業の現状や発展に向けての課題を明らかにすることが肝要である。それらを土台にして，中小企業等が直面する経営課題に柔軟かつ的確に対応した実効性の高い中小企業政策を展開し，地域経済のより一層の活性化と豊かな住民生活の実現を図ることが求められている。

　そうした中，2006 年「アメリカ中小企業白書」にて取り上げられ，日本でも少しずつ浸透している新たな産業政策のフレームとして，米国を中心に展開され

ている「エコノミックガーデニング」が注目されている。エコノミックガーデニングは，地域経済を「庭」，地元の中小企業を「植物」に見立て，地域という土壌を生かして地元の中小企業を大切に育てることにより地域経済を活性化させる政策のことを言い，山本（2010）は「地元企業が成長する環境をつくる政策である」としている。本稿では，エコノミックガーデニングに焦点を当て，中小企業政策として実施している自治体の現状分析とともにその可能性を考察する^{注2)}。

2. 自治体中小企業政策

(1) 潮流

1970 年代以降，我が国の中小企業政策において「地域」は重要な切り口となっている。グローバル化やそれに伴う産業空洞化が進展し，地域産業は大打撃を受け，政府はそれに対して当初は保護的な対応をとったが，1990 年代に入ると地域に自立や産業の高度化を求めるものに変わっていった。また，2010 年代後半に入ると，地域の中核企業への支援を重点化し，地域経済効果を生み出すことが期待されている（福嶋，2020）。この間，地域における中小企業政策の主体である自治体政策に関する研究として，関（1995），今井（1996），植田（2007）などが発表され，特に 2010 年代に入るとより実証研究の意味も深まり，岡田ほか（2010），植田・北村・本多編（2012），本多（2013），田中・本多編（2014），日本都市センター編（2016），藤原（2018），本多（2018），梅村（2019a），河藤（2019），松平（2020）などが相次いで発刊されており，自治体における中小企業政策の現状と課題，展望が今後もより多く検証されることが期待されている。

(2) 概要

さて，自治体中小企業政策と一括りにしてもその姿は，実に多様である。中小企業政策は，ものづくりから農業も含む 6 次産業化までその対応課題の範疇が実に広い。また，政策が担う地域も大都市圏の工業都市から地方創生をきっかけに検討を始める地方都市まで，様々な様相を持っている。つまり，ある自治体の政策事例を検証し，同様の政策メニューを実施しても，おそらく同程度の政策効果を得ることはできないだろう。それぞれの地域性や財政力なども加味しつつ，いわゆる政策の「模倣」や「味付け」は，政策立案の基本であり，政策効果を高め

るためにも自治体政策の弛まない学習と創造力が求められているのである。

　次に，自治体中小企業政策の多彩なメニューを紹介する。例として紹介する兵庫県尼崎市は，明治時代にマッチ製造業，紡績業から近代産業都市として発展し，2016 年の経済センサスでは製造品出荷額等総額約 1.3 兆円を誇る阪神工業地帯の中核都市である。

　尼崎市における産業政策の方向性の変遷としては，既存工業の高度化，都市型産業の立地促進，国際化や技術革新および情報化への対応，研究開発の拠点整備，ものづくりの促進，企業の立地促進と時代の流れの中で様変わりし，その時々において政策が立案されてきた（関・梅村，2009）。

　2017 年度政策については，概ね企業立地促進，技術・開発支援，経営支援，金融支援，人材育成の 5 つに分類される。尼崎市の政策的ポイントは，従来の産

図表 11 - 1　尼崎市中小企業政策の分類

	2017 年度
企業立地促進	・リサーチコア推進事業 ・企業の環境・健康活動推進事業 ・企業立地促進条例運営事業 ・企業立地支援事業 ・工場立地法の特例措置条例運営事業
技術・開発支援	・イノベーション促進総合支援事業
経営支援	・営業力強化支援事業 ・創業支援事業 ・ソーシャルビジネス支援推進事業 ・事業所景況等調査事業 ・産業振興基本条例関係事業
金融支援	・中小企業資金融資斡旋事業[注3]
人材育成	・市内企業魅力体感・発信事業企業内人権研修推進事業 ・技能功労者等表彰事業 ・雇用創造支援事業 ・キャリアアップ支援事業 ・地域雇用・就労支援事業 ・中小企業就業者確保支援事業

（出所）　梅村（2019）より抜粋

業政策が目指した産業構造問題等の全体的視点から，地域経済活性化の源泉としての中小企業等への給付的な施策へ移行している。

(3) 政策の重点化傾向

　次に，自治体中小企業政策について全体像を把握するため，2020年に筆者が実施したアンケート調査から，自治体における中小企業政策の傾向を示したい。なお，2020年調査結果概要については，梅村（2021a）にて紹介していることから，本稿では重点政策のみを示している。

　自治体における最近5年度間（H28（2016）〜 R2（2020））での重点政策については，「企業誘致」が最も高く68.0％，次いで，「創業支援」が65.1％となっており，この2つが双璧となっている。また，企業誘致の政策として，外部からの新たな企業を呼び込むほかに，企業の流出を食い止める「企業留置」に努力する自治体も多い。

　前回調査[注4]では，5年度間での重点項目について，「企業誘致」が最も高く69.7％，次いで，「融資・信用保証」が45.9％となっている。前回調査における「創業支援」は16.6％に留まっており，2020年調査で大きく上昇したことが分かる。また，地域間比較では，最近5年度間での重点項目について，いずれの地域でも「企業誘致」と「創業支援」が抜きん出ている。「地場産業支援」については，中国地方（48.3％），四国地方（42.1％），九州・沖縄地方（32.7％）で多くなっている。また，人材育成については，四国地方（26.3％），北海道東北地方（25.9％），中国地方（24.1％），北陸・信越地方（22.2％）が他地域と比べてやや多くなっている。

(4) 自治体アンケート調査からの政策動向

　梅村（2021a）と工業集積研究会（2010）及び本多（2012）を比較分析し，その結果を以下のように示した。

　第1に専任者減少だが組織運営を行っている，第2に工業政策の重点化割合に変化なし，第3に予算額は微増加傾向，第4に現場からの政策立案が前進，第5に仕組み作りの進展，第6に創業支援に重点化が移行していることが明らかになった（梅村，2021c）。

　この検討結果から，中小企業支援の必要性がこれまで以上に理解されるととも

図表 11 - 2　重点政策の項目

（n = 416）

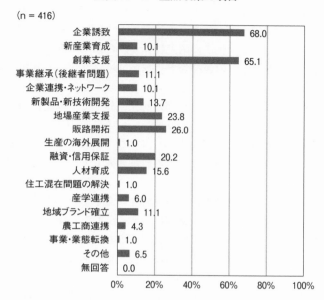

企業誘致	68.0
新産業育成	10.1
創業支援	65.1
事業継承（後継者問題）	11.1
企業連携・ネットワーク	10.1
新製品・新技術開発	13.7
地場産業支援	23.8
販路開拓	26.0
生産の海外展開	1.0
融資・信用保証	20.2
人材育成	15.6
住工混在問題の解決	1.0
産学連携	6.0
地域ブランド確立	11.1
農工商連携	4.3
事業・業態転換	1.0
その他	6.5
無回答	0.0

上段:度数　QF-1最近5年度間で重点的に実施している産業振興施策
下段:%

地域	合計	企業誘致	新産業育成	創業支援	事業継承（後継者問題）	企業連携・ネットワーク	新製品・新技術開発	地場産業支援	販路開拓	生産の海外展開	融資・信用保証	人材育成	住工混在問題の解決	産学連携	地域ブランド確立	農工商連携	事業・業態転換	その他	無回答
全体	416	283	42	271	46	42	57	99	108	4	84	65	4	25	46	18	4	27	-
	100.0	68.0	10.1	65.1	11.1	10.1	13.7	23.8	26.0	1.0	20.2	15.6	1.0	6.0	11.1	4.3	1.0	6.5	-
北海道・東北地方	58	45	7	37	3	3	8	16	10	-	9	15	-	5	6	1	-	6	-
	100.0	77.6	12.1	63.8	5.2	5.2	13.8	27.6	17.2	-	15.5	25.9	-	8.6	10.3	1.7	-	10.3	-
関東地方	104	60	8	72	17	16	14	14	31	2	29	11	2	4	10	6	2	4	-
	100.0	57.7	7.7	69.2	16.3	15.4	13.5	13.5	29.8	1.9	27.9	10.6	1.9	3.8	9.6	5.8	1.9	3.8	-
北陸・信越地方	45	27	9	22	6	3	9	10	11	-	9	10	-	-	5	4	4	5	-
	100.0	60.0	20.0	48.9	13.3	6.7	20.0	22.2	24.4	-	20.0	22.2	-	-	11.1	8.9	8.9	11.1	-
東海地方	45	38	5	31	5	2	6	8	10	1	13	8	1	1	3	1	-	3	-
	100.0	84.4	11.1	68.9	11.1	4.4	13.3	17.8	22.2	2.2	28.9	17.8	2.2	2.2	6.7	2.2	-	6.7	-
近畿地方	62	33	3	47	6	10	11	12	15	1	8	5	1	3	10	3	1	3	-
	100.0	53.2	4.8	75.8	9.7	16.1	17.7	19.4	24.2	1.6	12.9	8.1	1.6	4.8	16.1	4.8	1.6	4.8	-
中国地方	29	24	3	17	4	4	4	14	8	-	5	7	-	1	4	-	1	2	-
	100.0	82.8	10.3	58.6	13.8	13.8	13.8	48.3	27.6	-	17.2	24.1	-	3.4	13.8	-	3.4	6.9	-
四国地方	19	14	2	9	1	-	1	8	9	-	1	5	-	-	3	-	-	2	-
	100.0	73.7	10.5	47.4	5.3	-	5.3	42.1	47.4	-	5.3	26.3	-	-	15.8	-	-	10.5	-
九州・沖縄地方	52	41	5	34	4	4	3	17	14	-	9	4	-	5	6	3	-	2	-
	100.0	78.8	9.6	65.4	7.7	7.7	5.8	32.7	26.9	-	17.3	7.7	-	9.6	11.5	5.8	-	3.8	-
無回答	2	1	-	2	-	-	1	-	-	-	1	-	-	1	-	-	-	-	-
	100.0	50.0	-	100.0	-	-	50.0	-	-	-	50.0	-	-	50.0	-	-	-	-	-

（出所）　梅村（2021a）

に，ヒト・カネの注力と現場の考えが政策に反映されてきたことから，政策の重点化が進み，若干ではあるが自治体中小企業政策の広がりを確認することができた。特に，2020 年アンケート調査後の複数の自治体へのインタビューから，2014 年まち・ひと・しごと創生法の制定により，産業政策を重要視していなかった自治体も国の「地方創生」の後押しから地域経済活性化に取り組み始めたケースも見られ，広がりの要因の一つとして考えている[注5]。

　自治体の中小企業政策に関係する直近の研究において，基礎自治体の中小部門職員数（2005 年〜2019 年）の充実が図られていること（近藤，2021），2015 年以降中小企業振興条例が急増していること（大貝，2021）などからも自治体が産業政策の主体として地域課題解決に向けて政策展開していることも明らかであると言えよう。

　また，重点政策として「創業支援」が高い伸びを示した要因は，従来からの企業立地やコミュニティビジネス等の支援に加え，テレワーク・副業等の多様な働き方への対応，ダイバーシティの浸透及び新型コロナウィルス感染症による社会・経済への深刻な影響を解決するためなどに，積極的に取り組まれたからではないだろうか。

　今後も企業や事業者の挑戦を促すコトへの支援はますます重要となってくる[注6]。特に，地方都市にて取り組まれるサテライトオフィス誘致は企業誘致に加え，新たな創業支援にも繋がる注目される政策であると考える（梅村，2021b）。

3．エコノミックガーデニング

(1) エコノミックガーデニングとは

　米国・コロラド州リトルトン市でのエコノミックガーデニングの取組が「2006 年度版アメリカ中小企業白書」にて掲載され，新たな地域産業の活性化や雇用創出効果の対策として注視された（中小企業総合研究機構訳編，2007）。エコノミックガーデニングは，Quelo and Toft（2006）がリトルトン市で実施されたエコノミックガーデニングという新しい地域経済発展の手法として紹介し，その中で従来の地域経済発展の主な手法として企業誘致をあげ，税制優遇措置や土地の低価格貸与などを条件に工場を建設し，地域住民の雇用を確保しようとするが，誘致

後の工場等の撤退の危険性を指摘していた。リトルトン市もこの問題に直面していたが，リトルトン市の企業産業局長が経済発展のロジックを変えることを主眼に，地域の中小企業にマーケティング機能を提供することで成長を促進させる政策を実施した（竹村・山本，2018）。当然，マーケティング機能を提供するからといって，すべての企業が地域を再活性化させるほど成長するわけではないが，エコノミックガーデニングは，1980 年代後半から実施され，試行錯誤をへて1990 年から 2005 年の 15 年間で雇用 2 倍，税収 3 倍を実現したことで注目を浴び，全米規模での取組になっている（山本，2018）。

　つまり，企業誘致だけに頼るのではなく，行政や商工会議所，銀行などが連携しながら地域の中小企業が活動しやすく成長できるようなビジネス環境をつくるための政策展開の根本的な概念と言える。（梅村，2019）。

　では，リトルトン市の取組はどのような特徴なのであろうか。

　第 1 に，成長志向の強い意欲のある地元の中小企業に施策の対象を絞って支援を行ったことにある。特に，地域の雇用を吸収する成長が期待できる「ガゼル」（従業員規模（10-99 人））と呼ぶ成長の第 2 ステージにある企業に注目し，中小企業支援を展開したことにある[注7]。

　第 2 に，市場規模や特色，消費者の動向，競合他社の存在などに関する情報について，データベースそのものを提供するだけではなく，データベースを基に分析した結果を提供し，中小企業の経営戦略を支援していることにある。

　第 3 に，中小企業間での連携や商工会議所，大学など地域内での連携を図りながら事業を進めていることにある。

　第 4 に，強力なリーダーシップの存在である。リトルトン市の取組が成功した要因は，長年強いリーダーシップのもと，試行錯誤しながら，継続的に取り組んだことが大きいと考えられる（山本，2010）。

　このようにエコノミックガーデニングの取組は，特に斬新なものというよりは，「地元企業が成長する環境をつくる」という原則に基づき，土壌づくりや種まき，水やりなどの環境整備を継続的に進める取組である。

　つまり，明確なビジョンに基づくリーダーシップによって，意欲のある中小企業を中心にかつ長期的な視点から支援するとともに，自立した開放的地域を形成すれば，地域産業に大きな変化を与えることができる可能性がエコノミックガーデニング手法にはあると整理できよう。

　日本においては，静岡県藤枝市が 2011 年度から，鳴門市が 2013 年度から導入を始めているほか，足利市，行田市，桐生市，山武市，寒川町など複数の自治体も取組が始まっている。

　以下，エコノミックガーデニングの先進自治体を事例に，エコノミックガーデニングが日本独自の企業風土や地域の産業特性にあわせながら，どのように政策立案されているのか考察する。

(2) エコノミックガーデニングの導入事例

　日本においても，静岡県藤枝市や徳島県鳴門市などでエコノミックガーデニングの取組が始まっている。また，2014 年より大阪府の中小企業政策にエコノミックガーデニングの考え方が導入されている。そうしたことから，具体的にどのような形で自治体が政策形成されているのか，2 つの事例を通じて概要を整理するとともに，次節において寒川町を事例にエコノミックガーデニングの具体的内容を明らかにする。

1) 静岡県藤枝市

　藤枝市では，2011 年度にエコノミックガーデニング事業費が初めて計上され，市役所職員や商工会議所，商工会等に向けた研修会の実施や推進協議会準備会の立ち上げ，市内企業へのヒアリングによる支援ニーズの把握などが実施された。2012 年度には新たにエコノミックガーデニングを担当する「産業政策課」が設置された。その後，藤枝市は中小企業が継続して繁栄できるよう，地域の支援機関と連携しながら，中小企業のチャレンジを活発化させる藤枝市独自の企業支援策「エコノミックガーデニング構想」の推進に取り組んできた。具体的には，2016 年 12 月，中小企業の振興が地域経済の健全で持続的な発展と市民生活の向上に寄与するものとして，この目的を達成するために『藤枝市地域経済を支える「がんばる中小企業」振興基本条例』を制定している。

　次に，2021 年度のエコノミックガーデニングにおける事業展開は以下のとおりである。

　各事業の政策的方向性として，①駅南図書館との連携，②情報収集・発信，③農商工連携 6 次産業化，④起業・創業，⑤個店力向上，⑥ブランド化支援，⑦地域資源の活用を掲げ，「切れ目のない支援」展開に注力している（図表 11 - 3）。

図表 11 - 3　藤枝市のエコノミックガーデニング構想と施策体系

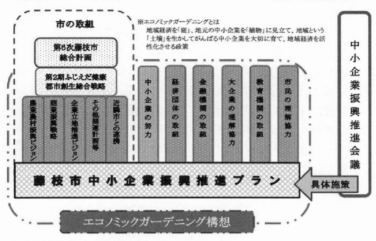

（出所）　藤枝市中小企業振興推進会議（2021）

図表 11 - 4　藤枝市のエコノミックガーデニング推進体制

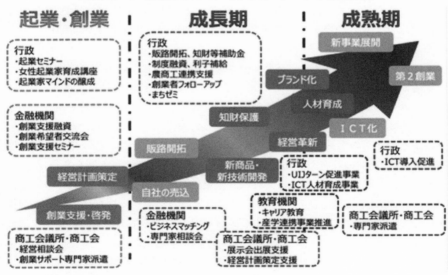

（出所）　藤枝市商工政策課提供資料

特に注力している事業として，藤枝駅南図書館のビジネス支援拠点化の目玉事業である「EG 支援センター・エフドア」（以下，エフドア。）を 2014 年に開設した。エフドアは，図書館内にあり，主に起業・創業希望者や中小企業経営者を対象とした相談・支援業務をハンズオン（伴走支援）型にて実施している。相談・支援には，2016 年から産業コーディネーター（中小企業診断士）が常駐し，経営改善アドバイス，経営計画策定支援，行政・各機関の支援策提供，証券分析データの提供，図書館を活用した情報提供，各支援機関への引き継ぎ等に取り組んでいる。今後の課題として，市内における横の繋がりを強化し，交流の場（ビジネスマッチング）を提供することで，チーム藤枝としてスクラムを組み，ICT 等を活用した新たな連携，新たなビジネスの創出による経営力向上を目指すとしている[注8]。

2) 徳島県鳴門市

鳴門市では 2011 年からエコノミックガーデニングに関する市内部の勉強会をスタートし，2012 年度から新たにエコノミックガーデニングを担当する「商工政策課」を設置し，市の事業として取組を始めた。当初は，企業の「生の声」を聞くことから開始し，市担当者 2 名と商工会議所担当者 1 名が共同で 70 社（複数訪問は含まず）の企業訪問を実施，2014 年度以降も継続して企業訪問に取り組んでいる。

次に，鳴門市のエコノミックガーデニング事業の取組を時系列に示す。

筆者が初めて鳴門市においてインタビューした 2013 年 8 月時点では，エコノミックガーデニングに基づく支援のあり方についてはまだ模索段階であり，パイロット事業として①中小企業人材育成・企業力強化支援事業，②大谷焼普及拡大支援事業の 2 つの事業を予算化していたに過ぎなかったが，その後市内の事業所約 1300 社に経営の課題や有効な支援策などについてアンケート調査を行うなど，精力的に政策展開を図っている。特に，企業訪問は当初から継続され，今なお毎年 100〜150 社を訪問し，市内企業の現状や課題の把握，支援制度の紹介などを実施している。また，地域経済および地域雇用を支える中小企業の重要性を地域が理解し，地域全体が一体となって中小企業振興施策を進め，強い経済基盤を持ったまちづくりの実現目指すための「鳴門市中小企業振興基本条例」を 2016 年 6 月に制定した。2016 年から始まった「鳴門市がんばる中小企業応援パッケー

図表 11-5　鳴門市の取組

```
【2012 年度】
・エコノミックガーデニング開始
・市内企業訪問を開始
・経営者ネットワーク会議の開催　※現在は実施なし
【2016 年度】
・中小企業振興基本条例制定
・がんばる中小企業応援パッケージ補助金
・児童及び生徒等の勤労観の醸成事業
【2017 年度】
・中小企業振興施策検討委員会設置
【2021 年度】
・サテライトオフィス等誘致支援事業補助金
```

（出所）　鳴門市産業政策課提供資料

図表 11-6　エコノミックガーデニング鳴門のホームページ

（出所）　鳴門市「エコノミックガーデニング鳴門」HP

ジ事業」は，①事業拡大支援事業，②創業促進事業，③国内外販路開拓支援事業，④知的財産権取得支援事業を軸に，成長意欲のあるがんばる中小企業を総合的に支援している。

　今後の課題として，企業訪問で得られた情報を基に，産学公民金が参集し，各支援機関の連携体制の強化や，市内企業における経済状況の情報交換を行うことにより，その課題や求められる支援に取り組んでいきたいとしている[注9]。

4．寒川町のエコノミックガーデニング

（1）寒川町の取組

1）町の概要とエコノミックガーデニングの導入経緯

　寒川町は，神奈川県のほぼ中央部に位置し，首都圏から50kmに位置し，町域面積13.42km^2，人口は48,513人（2021年10月1日現在）の湘南エリアの一角を成す町である。産業構造としては，1960年代前半から積極的に企業を誘致し，農業の町から工業の町へと産業構造を変え発展してきた。町内には約200社の製造業が立地し，首都圏中央連絡自動車道（圏央道）の開通により幹線道路の交通渋滞の緩和や東名・中央・関越・東北道へのアクセスが容易になり，産業活動の場としての優位性が向上している[注10]。

　次に，寒川町においてエコノミックガーデニングが導入された背景は，2014年の「まち・ひと・しごと創生法」の施行がある。寒川町は，将来的に人口減少が予想され，町の経済規模の縮小，エリアとしての価値減退，縮小が懸念されていた。そうしたことから，2016年「寒川町まち・ひと・しごと総合創生戦略」が策定され，3つの目指すべき将来の方向性として「雇用機会の確保と産業の創出」，「若い世代の子育て環境の整備」，「街の魅力と認知度の向上」が定められた。また，基本目標が4つ示され，基本目標1として「地域全体で寒川の経済成長を支え，安定した仕事を育みます」においてエコノミックガーデニングによる支援ネットワークの導入が示され，エコノミックガーデニング推進事業が始まった[注11]。

2）エコノミックガーデニング政策の展開

　エコノミックガーデニング推進事業は，事業内容として「企業総合支援」と「創

業支援」に分けて取り組まれている（図表11 - 7参照）。この事業を進める上で，2016年度から産業振興課に企業支援担当2名を増員した。企業支援担当は，各種相談への対応や各支援機関につなげる企業サポートなど，個別企業の幅広いニーズに対応していくために設置された。また，企業からの専門性の高い相談への対応や地域の産業活性化に関する知見を得ることを目的とし2016年度から専門家として中小企業診断士3名を「寒川町地域経済コンシェルジュ」として委嘱し組織の体制強化を図った。

　特に，2016年度の町が実施した企業ヒアリングから，以下の課題と今後の展開方向が示された[注12]。

　①工業において，町の基盤産業である製造業等（既存企業）は，安定した雇用を創出しており，さらなる成長は，地域経済の発展と雇用創出に大きく貢献する可能性を有している。

　②商業において，購買力が流出している状況があり，居住環境（利便性）の面で，商業力の向上が求められており，既存事業者の成長と創業を促す必要がある。

　③企業等が抱える課題は，企業等ごとに異なり，その課題も多岐に亘る（経営，人材確保・育成，販路，資金，施設設備，研究開発，操業環境，情報交換，情報発信）。

　④企業活動がしやすいビジネス環境を創出する観点で，これらの課題に対応す

図表 11 - 7　支援の内容

①企業総合支援	
➢ 経営サポート（専門家配置）	総合的な経営相談・各種支援、連携ネットワークと交流ネットワークの構築・運営、操業環境の向上促進（操業環境相談、地域貢献情報の発信）　など
➢ 販路拡大サポート	マッチング支援制度（企業マッチング体制の構築、展示会等出展補助）、商農工連携推進、企業・製品等の把握と情報発信　など
➢ 人材サポート	人材育成・確保相談、資格取得補助、合同面接会・説明会、採用情報発信　など

②創業支援	
➢ 創業総合サポート（専門家配置）	総合的な創業相談・各種支援（創業前・創業後）、創業者育成、販路支援、PR支援、創業者ネットワークの構築・運営など

（出所）　寒川町「寒川エコノミックガーデニングの取り組みについて」HP

るための支援が求められている。しかしながら，行政（町）単独では支援資源が不足していることから，今後の展開方向として，①町内の既存企業の成長を重点に施策を展開，②支援にあたっては，行政単独ではなく地域活性化の実現を目指す組織等（商工会を始めとした経済団体，金融機関，大学，行政機関等）の連携による支援が示され，寒川エコノミックガーデニングコンソーシアムの構築を検討することになった[注13]。

(2) 地域経済コンシェルジュ（中小企業診断士）の活躍

寒川町の企業における地域経済コンシェルジュの方々の伴奏形支援の取組は，町内の企業から高い評価を受けている。その根底となったのは，2016年度にコンシェルジュ3名が約150社を訪問し，町内各企業の現状を分析し，その対応を5段階に区分し，優先順位を確立した。支援対象企業の5段階の区分であるが，A：積極的に支援を希望する企業，B：支援を希望する企業，C：定期的に訪問し施策情報等を知らせる企業，D：最低年に1回は訪問して状況把握する企業，E：要請があった時に訪問する企業とした。特に区分AとBについては支援担当者を決め，適宜訪問するとした[注14]。それらの方向性によって，真に支援を必要とする企業に対し，より密着度の高い対応ができていることから，事業計画の策定など実際の経営支援につながっているようである。

図表 11 − 8　地域経済コンシェルジュの実績（2019 年度）

```
・地域経済コンシェルジュ（3名）　222日（延べ日数）
・業務内容
1．企業訪問の実施[注15]
2．さむかわ次世代経営者研究会の運営及びさむかわ次世代経営者勉強会の発足
3．経営計画策定等支援
4．販路開拓支援
5．事業承継支援
6．創業支援
7．寒川エコノミックガーデニング推進協議会の運営
```

（出所）　寒川町「寒川エコノミックガーデニング推進事業・令和元年度の取組報告について」HP

(3)　さむかわ次世代経営者研究会[注16]

1)　概要

寒川町のエコノミックガーデニング事業の柱政策として，経営者のネットワークによる創発を目指して，2016 年 11 月に準備会を立ち上げ，2017 年 10 月にさむかわ次世代経営者研究会（以下，研究会。）として設立され，9 社の会員で構成されている（2021 年 9 月現在）。研究会は，2019 年度まで寒川町主導で進めてきたが，2019 年 4 月から自主運営に切り替え，月一回の定例会を原則に活動している。また主な活動として，会員企業の企業訪問や事業計画発表会の開催，モデル企業の見学，セミナーの実施，行政の政策説明会の開催，会員によるパートナーシップ事業の展開（展示会への出店等）となっている。また，参加会員からの聞き取りによると研究会への参加のメリットとして，異業種交流による気づき，事業計画発表会等を通した大きな刺激を受けているとのことであった。これまで企業間取引は薄かったが，企業経営者同士が知り合い，企業訪問や事業計画発表会を通じて，お互いの事業特徴を知り合えたことから取引の拡大と新たな協業が始まっている。また，喫緊の課題として，経営を支えるいわゆる「右腕，左腕」的な社員の早期な育成が望まれている。

2)　研究会メンバー紹介

① 　株式会社木村産業

1945 年に地元大手企業からスピンアウトし創業（従業員数 26 名，資本金 3,000 万円）。創業以来一貫して木製パレット，木箱の製造販売を主とした事業展開をしている。顧客は，全国の金属関連，自動車関連，食品関連等であり，近年は輸出割合が高くなってきている。

寒川町の支援を通して，以下のことに対して取組を始めた。①事業計画書を作成し社員と共有，②新規事業の立案思考の変革，③生産性向上に向けた IOT の導入等である。その結果，様々な課題に対し情報共有ができコミュニケーションが活発になったことから，2018 年度の神奈川県経営革新計画の承認，神奈川県優良工場の受賞，事業継続強化計画の認定，補助金の採択などその成果は着実に現れてきている。今後の展望として，木村孝明社長（研究会会長）は「これまで当社が培ってきた木製パレットの良さを生かしたものづくりを進めるとともに，

激変する経済環境変化に柔軟に対応できる強い体質を作っていきたい。常に先を見据えて社員とともに，実践していく企業経営を目指す。」と語っている。

写真1　パレットの製造工程

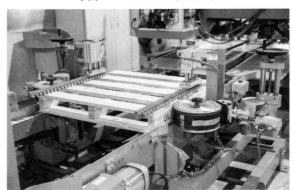

（出所）　株式会社木村産業提供

② 　有限会社湘南技研

　1977年に創業し，一貫して真空部品などの精密機械の加工事業を展開している（従業員数19名，資本金1,000万円）。また，ステンレス鋼の機械加工を中心に様々な材料（銅，アルミ，鉄など）を切削加工し，溶接を含む真空装置の部品制作を得意としている。顧客は大手真空メーカーが中心であるが，民間企業の研究所や超精密加工企業，大学や官公庁の研究機関からの受注もある。寒川町の支援を通して，自社を見つめ直し，自社の強みと弱みを把握して計画的に会社を運営することが大切であるであることを学び，以下のことに対して取組を始めている。①会社の企業理念の再認識，②5S活動の重要性，作業手順書を作成し社員と共有，③事業計画を作成し社内に浸透するようにミーティングを開催，④納期管理等問題点の洗い直し，情報の見える化を実施した。その結果，2017年度の神奈川県優良小規模事業者の受賞，中小企業基盤整備機構のJ-GoodTechへ登録し新たな取引開始，ものづくり補助金の獲得などにつながっている。今後の展望として，池田博之社長（研究会副会長）は，「目標として顧客に頼りにされる存在になることを第一に，加工技術だけでなく設計，材料知識で改善提案を出せる

レベルを目指していきたい。現在自社商品を社員一丸となって開発中であるが，どこにも負けない技術を持ってチャレンジし続けたい。」と語っている。

写真 2　攪拌ユニットを活用した研究機器

（出所）　有限会社湘南技研提供

(4) 小括

　寒川町のエコノミックガーデニング事業は，地域に存立する中小企業の支援に注力することを明確に示したものとなっている。当初は，町役場職員の熱意から始まったことであるが，その政策のパートナーとして専門家（中小企業診断士）の力を借りて，企業訪問による企業のニーズとシーズを確認しながら支援策を検討してきた。特に寒川町の特徴として，大きな補助金や新たな金融支援を創設する従来型の政策ではなく，「企業の声と姿をしっかり見る」ことによる伴走支援型政策として展開され，着実にその歩みを進めている。また，研究会が創設されたことの本旨は，中小製造事業者の連携の重要性にある。一般的には，共同受注などが想像されるが，こうした経営者コミュニティーにとって一番重要な事は知恵の交流であり，それらをもとにした気づきと相互の刺激であろう。お互いの会社経営，事業計画などから学ぶべき点は非常に多い。こうした政策展開は，専門家（中小企業診断士）とのコラボによる政策形成の有益性が示されたものと考える。

5. まとめ

　まとめとして，エコノミックガーデニングの取組が新たな中小企業政策として機能するのかについて考察する。

　「ガーデニング」という言葉には，庭の草木がいつかきれいな花を咲かせるのを楽しみにして大切に育てる，という温かい響きがある。つまり，「エコノミックガーデニング」は，地域の中小企業を育成するための環境作りを造園になぞらえてシンボリックに表現した産業政策のビジョンであるといえる。また，多くの自治体で熱心に取り組まれている企業誘致施策を主軸とした施策ではなく，地域に存立する中小企業を大切に育て，雇用の場と活力の源泉にしようとする中小企業支援策への転換を図ることを目指したものといえよう。しかし，我が国の中小企業政策に積極的な一部の自治体では，日常業務としての企業訪問活動やマッチング活動，異業種交流会の場の設定，支援機関の連携など，エコノミックガーデニングで提示されている施策は，これまでにも必要性が唱えられたり，既に取り組まれていることであり，特に目新しいものとは言えない[注17]。

　次に，これまでの検討から，エコノミックガーデニングに関するインプリケーションを示したい。

　①エコノミックガーデニングの概念は，中小企業政策を検討する上での大きな概念として理解できる。政策概念としての「わかりやすさ」がエコノミックガーデニングの大きな役割である。

　②中小企業政策が既に形づけられている自治体としては，漠然として物足りないとともに，目新しい施策が示されているとは言い難いが，外部の専門家（中小企業診断士）を活用する方策の有効性は示されている。

　③これからの中小企業政策を検討する上で，支援対象の明確化と中小企業への伴奏形支援の重要性が明らかになった。

　これまで，我が国の自治体政策の中での産業政策は，補助金や税の減免など資金的な面にとどまることが多く，自治体が中小企業に個別に関与する場面は限定的であった。ところが，多くの中小企業が廃業する現状の中で，より細かな対応が求められるようになってきている。寒川町の事例から，「エコノミックガーデニング」という旗印のもとで，中小企業への個別支援に力点を置いたことは自治

体政策として大きな転換になったと言える。

　日本においてエコノミックガーデニングは，まだ始まったばかりであることから，結論は時期尚早ではあるが，中小企業政策の手法として高い可能性があると考えている。ただし，その対象は新規に中小企業政策に取り組む自治体が望ましいのではないだろうか。また，エコノミックガーデニング導入における注意すべき点として，政策形成における「何が変わるのか」ではなく，「何を変えるのか」が重要である。これからのエコノミックガーデニングに今後も注目していきたい。

　本研究にあたり，寒川町役場の関係者，さむかわ次世代経営者研究会の皆様をはじめ多くの方々より多大なご支援とご示唆をいただいた。記して感謝を申し上げたい。なお，本稿は大阪経済大学中小企業・経営研究所特別研究費（研究代表者：梅村仁）の研究成果の一部である。

〈注〉
1　地方自治研究機構「中小企業振興に関する条例」web を参照。
2　本稿は，特に断りのない限り，2021 年 8 月の寒川町におけるインタビュー調査及び寒川町提供資料に基づき記述している。
3　金融支援は，多くの融資メニューがある。ただし，2019 年度末を持って尼崎市独自の金融支援施策は廃止となった。
4　工業集積研究会（2010）および本多（2012）にて示された 2009 年調査データのことを前回調査と記している。また，質問項目は主に工業施策を対象として，政策を推進する上で必要な人，情報，予算，人材育成，政策の傾向等について調査している。なお，地域別でのクロス集計を実施しているが，総務省地方分局（総合通信局）の管轄地域をもとに設定した。
5　2020 年 11 月から 12 月にかけて，関東・関西地域の自治体の産業振興担当への電話インタビューに基づく。
6　例えば，兵庫県 IT 戦略推進事業（目的：兵庫経済の持続的成長に向けたイノベーションの創出や，人口減少地域における情報通信産業の振興と地域活性化を図るため，新たに事業所を開設する IT 起業家等に経費の一部を補助する。）では，2020 年度予算 19 事業所の補助予定であったが，申込件数 60 事業所となっており，起業意欲の高さが伺える（2020 年 10 月 20 日兵庫県新産業課へのインタビューに基づく）。
7　山本（2010）は，中小企業であれば経済成長が実現するというわけではなく，地域の成長に資するタイプの企業があると指摘している。
8　2021 年 8 月，藤枝市商工政策課提供資料に基づく。
9　2021 年 8 月，鳴門市産業政策課提供資料に基づく。
10　産業のまちネットワーク推進協議会 HP を参照。

11 筆者が寒川町外部評価委員会委員長であった2014年に，町産業政策へのエコノミックガーデニングの導入を進言した（梅村，2019）。

12 寒川町「寒川エコノミックガーデニングの取り組みについて」HPを参照。

13 2018年4月にコンソーシアムの構築にむけて，母体となる寒川エコノミックガーデニング推進協議会を設立した。目的は，寒川町内における意欲ある企業が活動しやすいビジネス環境をつくり，地域企業等の成長により地域経済の活性化を図るため，関係機関及び関係団体相互間の厳密な連携のもとに，エコノミックガーデニングを円滑に推進することである。参画団体は，国（関東経済産業局，中小企業基盤整備機構関東本部），県（神奈川県産業振興センター），地域金融機関，経済団体，産業支援機関等である。

14 積極支援区分（A，B）25社。

15 企業訪問における企業内容は，企業基礎情報，事業内容，主な得意先，現在の重要な課題，支援を受けたい経営課題，事業承継の見込み，取引金融機関，行政からの支援の有無などである。

16 記述内容は，髙島・若槻（2021）及び寒川町地域経済コンシェルジュの髙島利尚氏，寒川町役場，（株）木村産業，（有）湘南技研へのインタビューに基づく。

17 藤枝市，鳴門市共に当初は「エコノミックガーデニング」を条例名に入れることを想定していたが，実際には条例の理念として採用されるにとどまっていることも見逃してはいけない。

〈参考文献〉

1 今井照（1996）『市民自治としての産業政策―「空洞化」論を超えて』公人の友社

2 植田浩史（2007）『自治体の地域産業政策と中小企業振興基本条例』自治体研究社

3 植田浩史・北村慎也・本多哲夫編著（2012）『地域産業政策―自治体と実態調査』創風社

4 梅村仁（2019）『自治体産業政策の新展開―産業集積の活用とまちづくり的手法―』ミネルヴァ書房

5 梅村仁（2021a）「自治体産業政策に関するアンケート調査報告―政策形成の実態分析―」大阪経済大学中小企業・経営研究所『経営経済』第56号，pp.83-102

6 梅村仁（2021b）「新型コロナ（COVID-19）の影響とテレワークへの期待―サテライトオフィスの立地・活用―」『経営経済』第56号，pp.103-120

7 梅村仁（2021c）「自治体産業政策の現状と潮流―政策形成の視点から―」大阪経済大学中小企業・経営研究所『中小企業季報』第198号，pp.15-30

8 大貝健二（2021）「中小企業振興条例の現段階」大阪経済大学中小企業・経営研究所『中小企業季報』第196号，pp.19-34

9 岡田知弘ほか（2010）『中小企業振興条例で地域をつくる―地域内再投資力と自治体政策』自治体研究社

10 河藤佳彦（2019）『市民参加による自治体産業政策―基礎自治体における取組みを

中心として—』同友館

11　近藤健一（2021）「基礎自治体中小企業政策部門の実施体制の現状と課題」日本中小企業学会編『中小企業研究の継承と発展—日本中小企業学会 40 年間の軌跡—』pp.167-180, 同友館

12　工業集積研究会（2010）『地域産業政策（工業を中心）に関する自治体アンケート調査』

13　関智宏・梅村仁（2009）「地方自治体における産業振興施策の展開と企業の活性化—尼崎市における総合計画と企業立地促進施策を中心に—」『阪南論集（社会科学編）』第 45 巻第 1 号, 阪南大学学会, pp.15-40

14　関満博（1995）『地域経済と中小企業』筑摩書房

15　髙島利尚・若槻直（2021）『地域に根差す中小企業の成長記録—寒川エコノミックガーデニング』さむかわ次世代経営者研究会

16　竹村正明・山本尚志（2018）「エコノミック・ガーデニングの操作定義としての経済レジリエンスの測定尺度開発」『明大商學論叢』100 (3), pp.65-83

17　田中宏昌・本多哲夫編著（2014）『地域産業政策の実際—大阪府の事例から学ぶ—』同友館

18　中小企業総合研究機構訳編（2007）『アメリカ中小企業白書 2006』同友館

19　日本都市センター編（2016）『これからの自治体産業政策—都市が育む人材と仕事—』日本都市センター

20　福嶋路（2020）「平成の中小企業政策：産業集積政策を振り返って」商工金融 70 (8), pp.5-20

21　本多哲夫（2012）「産業政策・中小企業政策」植田浩史・北村慎也・本多哲夫編『地域産業政策—自治体と調査—』pp.219-233, 同友館

22　本多哲夫（2013）『大都市自治体と中小企業政策—大阪市にみる政策の実態と構造—』同友館

23　本多哲夫（2018）「自治体中小企業政策と地域貢献」大阪経済大学中小企業・経営研究所『中小企業季報』第 187 号, pp.1-13

24　藤原直樹（2018）『グローバル化時代の地方自治体産業政策』追手門学院大学出版会

25　松平好人（2020）『自治体の中小企業イノベーション促進政策—政策効果の実証分析による可視化—』同友館

26　八幡一秀（2019）「地域経済と自治体による「中小企業振興条例」」『商工金融』商工総合研究所, 2019 年 8 月号, pp.1-2

27　山本尚志（2010）『地方経済を救うエコノミックガーデニング–地域主体のビジネス環境整備手法』新建新聞社

28　山本尚志（2018）「エコノミックガーデニングによる地域活性化」『日本政策金融公庫調査月報』No.114, pp.36-41

29　Quelo, Steve and Graham Toft(206), Economic Gardening: Next Generation

Applications for a Balanced Portfolio Approach to Economic Growth, Small Business Association(ed), The Small Business Economy for Data Year2005: A Report to the President, Washington, D.C.: United States Government Printing Ofice, pp.157-193

30　寒川町「寒川エコノミックガーデニングの取り組みについて」HP
（http://www.town.samukawa.kanagawa.jp/material/files/group/12/egtorikumi.pdf
アクセス 2021 年 10 月 25 日）

31　寒川町「寒川エコノミックガーデニング推進事業・令和元年度の取組報告について」HP
（http://www.town.samukawa.kanagawa.jp/material/files/group/1/R1torikumi.pdf
アクセス 2021 年 10 月 25 日）

32　産業のまちネットワーク推進協議会 HP
（https://www.sanmachi-net.jp/samukawa/ アクセス 2021 年 10 月 30 日）

33　地方自治研究機構「中小企業振興に関する条例」HP
（http://www.rilg.or.jp/htdocs/img/reiki/068_Small_and_medium-sized_enterprises.htm 2021 年 10 月 28 日アクセス）

34　鳴門市「エコノミックガーデニング鳴門」HP
（https://www.eg-naruto.jp アクセス 2021 年 10 月 20 日）

35　藤枝市中小企業振興推進会議（2021）「藤枝市中小企業振興推進プラン」HP
（https://www.city.fujieda.shizuoka.jp/material/files/group/97/shinkosuishinplan.pdf
アクセス 2021 年 10 月 22 日）

第 12 章
中小企業政策研究の発展を目指して

一橋大学　岡室博之

1. はじめに

　インターネットや SNS 上で，新型コロナウイルス感染症対策や経済・社会政策，財政政策等に関する様々な議論が見られる。これらは正に玉石混交であり，科学的分析に基づく専門家の学術的知見はなかなか理解されず，広く浸透することがない。日本では特に，専門家の学術的な知見やエビデンス（実証的証拠）が軽視され，政策立案において十分に考慮されていないようである。

　中小企業政策についても，中小企業庁の発足（1948 年）から 70 年以上，中小企業基本法の制定（1963 年）から 60 年近く経ち，中小企業基本法の大幅な改訂（1999 年）から 20 年以上過ぎた現在に至るまで，研究の蓄積と知見の共有が不十分であり，それを踏まえた政策の議論が進んでいない。政策の展開を整理し，それぞれの時代の政治・経済・社会状況の中に位置づけ，政策理念について議論することは重要であり，そのような政策研究が様々に行われてきた（清成，2009；黒瀬，2006；寺岡，1997；寺岡，2000；三井，2011，など）。しかし，限りある政策資源を投入する以上，政策の効果をきちんと評価し，必要に応じて政策を見直し，より良い政策を立案・実施することは，中小企業政策においても重要であり，そのような視点からの政策研究の必要性が高まっている。

　2017 年 6 月の閣議決定以降，日本の官庁でも「エビデンスに基づく政策立案」（Evidence-Based Policy Making：EBPM）への取組が開始され，中央官庁だけでなく地方自治体においても検討・実施されるようになっている。これは，様々なデータを収集・分析することによって各政策の効果を検証し，それに基づいて

より良い政策の内容や方法を立案するという考え方である。これは日本ではまだ始まったばかりで，政策担当者・実務家の間では戸惑いや異論も多く，「どのように取り組めば良いのか分からない」という意見も多いようである（大橋編，2020）。他方，実証経済学の分野では数年前から計量経済学的な「因果推論」（causal inference）が田中（2015），森田（2014），山本（2015）など初級の教科書や入門書にも掲載されるほどに普及している。イノベーション支援や資金調達の円滑化などを含む中小企業向けの経済政策についても，10年以上前から定量的な評価研究が行われている。EBPMを先取りする定量的な政策研究は既にかなり進んでいると言ってよい[注1]。

　筆者はこれまで10年以上にわたって中小企業の研究開発とイノベーション，産学官連携，創業等に関わる具体的な政策について，データに基づく定量的な実証研究を重ねてきた。その政策研究の対象には，文部科学省の「知的クラスター創成事業」のように中小企業庁の管轄ではなく，中小企業を直接の政策対象としていない政策も含まれる（岡室・池内，2019；Okamuro and Nishimura, 2018）。また，近年は政策の立案と施行の地域分権化が進み，都道府県，さらには市区町村レベルの地方自治体による政策や，民間の支援事業者の役割も注目されるようになった（Okamuro et al., 2019; Okamuro and Nishimura, 2020; Okamuro and Nishimura, 2021）。本章はそのような近年の動向と筆者自身の研究成果を踏まえて，中小企業政策研究の今後の発展のために必要と思われることを整理する。

　したがって，本章の内容は日本の中小企業政策の解説ではなく，日本の中小企業政策研究の展望や批評でもなく，筆者自身の研究のまとめや紹介でもない。そのようなことを少しずつ踏まえて，今後の日本の中小企業政策研究に必要だと筆者が考えることを，経済学的な視点から提示してみたい。それによって，中小企業政策の研究に関する議論に一石を投じるつもりである。また，本章はあくまで研究者の視点からの論考であり，政策担当者への提言ではないが，中小企業に関わる研究者のみならず，中小企業に対する政策支援の担当者・実務家の方にもご一読いただければ幸いである。

　以下，まず第2節で中小企業政策の必要性を改めて考察し，次に第3節で中小企業政策の対象と担い手について議論する。第4節で政策の評価と研究の方法について，筆者自身の最近の研究成果も含めて解説する。第5節で本章の内容を締めくくり，筆者の考え方をまとめる。

2.　中小企業政策は（なぜ）必要か

　最初に，本章の議論の前提として，中小企業政策がそもそも必要か，なぜ必要なのかを考えてみたい。経済学の視点からすれば，あらゆる政策は個人や企業の自由な意思決定への介入であり，特に経済政策は個人や企業によって構成される市場への介入である。公的な資金と労力を投入して市場と社会全体の資源配分を変えるものであるから，政策の立案と実施には明確な正当化が必要である。限られた政策資源を他の目的や対象にも投入しなければならないので，単に「必要だから支援する」という理由は認められない。なぜ，公的支援が必要かということを常に意識する必要がある。そこから，政策の効果をきちんと検証し，より良い政策を立案するための実証分析の必要性が導かれる。

　中小企業を含めて，企業に対する経済政策を正当化する議論は「市場の失敗」や「市場の不完全性」である。研究開発であれば，その成果である新たな知識や技術は他の企業にスピルオーバーし，努力に対する見返りが小さくなって，研究開発へのインセンティブが低下し，民間企業による研究開発投資の水準は社会的に過小になる。新たな知識や技術は消費の非競合性（リンゴなどと違って，同じ知識を同時に複数の人が利用できる）と非排除性（対価を払わない人に知識の利用を認めないことができない）という特徴を持つという点で公共財（public goods）であり，利用者のただ乗り（フリーライド）が生じやすいので，市場が成り立たない。

　さらに，研究開発には必然的に不確実性が伴うので，資本市場が完全でなければ，どのように優れた研究のアイディアや事業計画があったとしても，プロジェクトの資金調達は困難である。その結果，優れたプロジェクトが実施されず，あるいは資金調達が過少にしか行われないために高い成果が得られなくなる。このような市場の不完全性は，資金の貸し手と借り手の間にみられる情報の非対称性のために深刻なものになる。規模が小さいために内部資源の制約が強く，外部資源へのアクセスも制約されている中小企業にとって，市場の不完全性は重大な問題である。中小企業の中でも特にスタートアップ（新規開業）企業においてこの問題は大きい（Honjo et al., 2014）。

　中小企業の中でもスタートアップ企業の多くは，研究開発のみならず多くの点

で，不確実性と情報の非対称性による市場の不完全性の問題に直面している。それは一般的に規模が非常に小さいからだけではなく，経験と実績が乏しいために信用がないからである。そのため，スタートアップ企業による研究開発とイノベーションは，ほぼ唯一の経営資源である創業者の人的資本に強く依存する（Kato et al., 2015）。以上のように，様々な中小企業政策の中でも特に研究開発・イノベーション（新事業創出）支援と創業支援，資金調達面での支援は，市場の失敗や市場の不完全性の観点から正当化しやすい。1999 年の中小企業基本法改正が，特に創業支援と創造的事業活動の支援に重点を置いていることは，このような経済学的な視点からも支持できる。

　このように，基本的に中小企業政策を含む経済政策は市場の失敗や市場の不完全性を補うものである。市場の失敗自体は企業規模の大小に関わりのない概念であるが，中でも市場の不完全性は特に中小企業やスタートアップ企業にとってより深刻な問題である。そのため，公的支援によって市場の不完全性を補うことが，中小企業政策を正当化する議論として認められる。市場の不完全性の問題は，スタートアップ企業のみならず，多くの中小企業が直面する様々な課題，たとえば顧客・販路開拓や事業承継に関わる。これには基本的に補助金などよりもマッチングやコンサルティングのような「ソフトな支援」が重要な課題になるので，地域の金融機関・支援事業者を含む民間のサービスを振興し，その活用を促す施策が望ましい。この点については後で改めて触れる。

　この点で政府も決して完全ではない。様々な「政府の失敗」や「政府の不完全性」も考慮されるべきである。政府（中央と地方の立法府と行政府を一緒に考える）も情報の非対称性の問題を抱えており，その問題は市場（民間企業）より深刻かもしれない。例えば研究開発や資金調達について，プロジェクトの価値や見込み，申請者の質などを，多くの場合，政府は民間の資金提供者以上に知らないのである。また，政府が完全な情報を持っているとしても，その意思決定にはバイアス（歪み）が見られる。選挙で選ばれる政治家は給付の増加や減税は主張しても，給付の削減や増税を主張しない傾向にある。同様に，行政官（官僚）は一度始めた政策のための予算と人員を維持・拡充したいという意向を持ち，政策の廃止や規模の縮小への抵抗が大きい。

　さらに，政府も全能ではないので，立案・施行した政策が必ずしも所期の効果を挙げるとは限らない。政策が期待に反して負の効果，想定外の効果をもたらす

可能性もある。政策の効果をきちんと検証し，時には見直し，改善することが必要である。政府による公的支援を民間団体・事業者が補完・分担する官民連携も，市場の失敗と政府の失敗を補正するために有意義である。

　経済学の基本は限りある（希少な）資源をいかに最適に配分し，社会全体の厚生（企業の利潤と消費者の効用）を最大にするかを考えることであるから，あらゆる政策の議論のために有用である。実際，現行の中小企業基本法の第1条（目的）にも，「この法律は，（中略）中小企業に関する施策を総合的に推進し，もつて国民経済の健全な発展及び国民生活の向上を図ることを目的とする」と規定されている。「中小企業政策の主たる目的は中小企業の振興」であるが（中小企業庁 2000，36頁），それは国民経済の発展と国民生活の向上のためである。中小企業の振興自体が最終的な政策目標であるわけではない。

　そのうえで，なぜ中小企業の振興が重要かということについて，中小企業庁は1999年9月の「中小企業政策審議会答申」に基づいて，中小企業の役割・貢献を以下の4つにまとめている。すなわち，①市場競争の苗床，②イノベーションの担い手，③雇用創出機会の担い手，④地域の経済社会発展の担い手，である（中小企業庁 2000）。中小企業が市場の失敗や市場の不完全性の下でもこのような役割を果たせるように必要な支援を行うことが，中小企業政策の課題であると言える。

3.　中小企業政策は誰が誰のために行うべきか

　ここでまず課題となるのは，誰のために，つまりどのような企業を対象に政策を実施するかである。よく言われるように中小企業は「異質多元的」であり，必ずしもすべての企業や経営者が同じ問題に同じように直面しているわけではない。中小企業にも様々な業種・業態があり，多様な企業や企業家のタイプが見られる。もちろん，施策によって対象となる業種や業態，企業属性が限定されているものもあるが，有限の政策資源を効率的に活用するために，政策の対象をどのように限定するかは，政策の立案・運営上きわめて重要である。

　1999年の中小企業基本法改訂の要点のひとつが，正にこのような政策対象の絞り込みにあったと言える。すべての中小企業を保護すべき社会的弱者と見なして一律に支援するのではなく，格差の存在自体は認めた上で「多様で活力ある独

立した中小企業者」を対象として，その育成を目的とする新たな中小企業政策が目指されることになった（中小企業庁，2000, p.17）。そのためには「『市場の失敗』等を補正し，市場における競争条件のイコール・フッティングが確保されること，具体的には，資金・人材等の経営資源へ円滑にアクセスしうることが必要となる」ので，経営資源へのアクセスが困難な中小企業に政策の対象を絞ることになったのである。

　さらに，1999 年の中小企業基本法改正により，既存企業だけでなくこれから生まれる企業やそれを創業する個人も新たに重点的な政策支援の対象になった。このように，改正基本法において創業支援は初めて中小企業政策の重点課題として明記された。このような政策変更に伴い，創業支援と並んで特にイノベーションや経営革新，新事業創出が重視されるようになり，2000 年代以降の中小企業政策では，競争的選抜による新たな支援プログラムが開始された。

　政府が多数の中小企業の中から真に能力と意欲の高い（が政策支援を必要とする）企業を選ぶことは，情報の非対称性のために困難である。たとえそれが可能であっても，膨大な費用と時間を要することから，政策のニーズに間に合わない可能性が高い。これが正に「政府の失敗」の問題である。そこで，特に補助金については，申請に基づく競争的な選抜が行われる。関連分野の専門家に審査を委託することにより，公平と公正が担保される。

　競争的選抜を伴う助成政策では，申請書や計画書に基づいて審査が行われ，審査スコアの高い申請企業やプロジェクトが採択されるのが一般的である。能力や意欲の高い企業に希少な補助金を配分することにより政策効果を高めること自体は否定されるべきものではない。能力や意欲に関わりなく補助金の「ばらまき」が行われる非効率，能力や意欲よりも政治的なコネクションで補助金の配分が決まる不公平に比べれば，より望ましい政策運営であると考えられる。

　しかし，専門分野の研究でしばしば "cherry picking" とか "picking winners" と呼ばれる優良企業の優先的支援は，「政策支援を受けなくても必要な投資等を自力でできたはずの企業」に政策資金を投入するという意味で，無駄な支出になる可能性がある。そのような場合には，政策対象となった企業の成果が高まったとしても，それをもって当該政策に正の効果があるとは言えない。

　その反対に，政策支援を活かす能力も意欲もない企業に政策支援を行うのもまた，大いに問題である。潜在能力は高いがそれを十分に発揮できない企業，意欲

があっても諦めているような企業家を支援し，本来の能力や意欲を引き出せるような政策支援であれば望ましいが，能力も意欲も低く，市場から退出すべき企業（ファイナンスの研究において「ゾンビ企業」と呼ばれる）をただ延命させるような補助は社会全体にとって無益であるばかりか，有害である。生存能力の低い企業を放置するのではなく，円滑で円満な退出・廃業を支援する政策が必要であろう。企業の退出・廃業に伴う雇用や技能の喪失など負の影響を避けるために，事業と技能の承継，再雇用のあっせんを進めることも重要である。このように，政策の主眼は既存企業を保護して存続させることではなく，人材等の経営資源を社会全体で有効に活用することに置かれるべきである。

　このように，補助金による直接的な資金支援は競争的選抜の仕組みと整合的であるが，各種の情報提供や啓蒙活動，経営・技術面の専門的な助言（コンサルティング）や研修会・講習会，取引先や連携相手のマッチング等の間接的な（ソフトな）支援は，競争的選抜によって対象を絞り込むよりも，政策担当者のマンパワーが許す限り，できる限り多くの中小企業や企業者に利用してもらうことが望ましい。政府からの押しつけでなく，いくつかの支援メニューを用意して，企業者の必要と関心に応じて自由に選ばせるのがよい。また，そのようなソフトな支援は，政府機関が直接行うよりも，そのような専門知識やノウハウ，ネットワークを十分に備える民間の団体・支援事業者等に任せるほうがよい。近年，創業支援など様々な分野でこのような官民連携による中小企業政策が行われているのは注目すべき点である（岡室，2021b）。

　ここでいう民間の団体や支援事業者には，地域の商工会や商工会議所，地域金融機関，商工組合，会計士や税理士，弁護士等のいわゆる士業が含まれる。とくに，多様な施策を関係者に周知・説明し，利用を支援し，利用後のフォローアップを個別に行うのは，政府や自治体の職員には荷の重い業務である。そのため，前述の「中小企業政策審議会答申」でも，「政策の実施体制」の中で民間能力の活用を提言している。官民連携を通じて政府・自治体と民間企業・団体の役割分担を進め，政策支援の利用可能性と効率性を高めることが，これからの中小企業政策の実施・運用においてますます重要になるだろう。

　2000 年以降の日本の中小企業政策のもうひとつの特徴は，「地方公共団体との役割分担」である。これは 1999 年の「中小企業政策審議会答申」に明記され，同年の改正基本法にも盛り込まれた。中小企業政策を誰が行うべきかという本節

の課題へのひとつの解答は民間能力の活用であるが，もうひとつの解答は中央政府と地方自治体の連携と役割分担である。

　1999年以前の旧基本法において，地方公共団体は「国の施策に準じて施策を講ずる」（第4条）主体とされ，施策によっては国が実施細則まで決定し，都道府県がそれを画一的に実施していたと言われる（中小企業庁，2000）。基本法改正に先立つ「中小企業政策審議会答申」は，「地方公共団体は，地域活力の源泉たる中小企業の振興を図るための施策を，地域の実情を踏まえ策定し実施するべき対等の行政主体との認識の下に，適切な役割分担を図っていくべきである」，また「都道府県及び市町村は地域の特性と実情に応じ，地域中小企業の振興の全体計画の策定，国の施策メニューの選択と地域特性に応じた独自の施策の追加，地域の支援体制の構築・整備等を創意工夫をしながら進めていくべきである」（中小企業庁，2000，p.135）と提言している。この提言に基づいて，改正基本法第6条で，地方公共団体が国との適切な役割分担を踏まえて，地域の条件に応じた施策を策定・実施することが定められた。

　以上のように，どの政策主体がどのような中小企業のために何をどこまで行うべきかという問題は重要であるが，理論的・理念的な解決は困難である。中小企業もその課題も多様であり，そのために多様な政策が求められ，政策の分野・内容と対象によって適切な解答が異なるからである。そのさいに重要な指針になりうるのは，限られた資源をどのように配分して最適化を図るかというミクロ経済学の考え方と分析手法である。前述のEBPMの考え方にも分析上・実務上の制約や限界はあるが，いかなる理論や分析手法も完璧でない以上，制約や限界があるからと言ってそれを忌避するのは得策ではない。中小企業政策の研究にも理論と実証の両輪が必要であり，どのような政策が望ましいかという理論的考察だけでなく，個別の政策の効果を検証する実証研究が必要である。次節では，本章の核心，つまり政策の評価と研究の方法について考察する。

4. 政策の評価と研究の方法

　中小企業政策のフォローアップ自体は，日本においても決して新しいことではない。中小企業庁は，1963年の発足とともに制定された「中小企業近代化促進法」について，政策効果を評価するべきフォローアップとデータ収集・分析を行って

いる。そこでは指定業種における投資額・貸付額と企業数の動向，生産性の伸び率が測定され，記録された（三井，2011）。しかし，その後，政策の評価が行われないまま，1999 年の中小企業基本法改正を迎えることになった。

基本法改正に先立つ 1999 年 9 月の「中小企業政策審議会答申」では，以下のように中小企業政策の評価の必要性が指摘された。「今後，個別の施策を講ずるに当たっては，限りある政策資源の有効かつ効率的な配分を図る観点から，政策の評価を十分に行い，施策ごとにその対象範囲を定め，中小企業の経営革新や創業等に向けた自助努力支援，競争条件の整備，セイフティネットの整備という政策目標に照らし，中小企業の育成・発展のための効果が高いと考えられる真に必要な施策への重点化を推進するとともに，利用実績が低くなった事業や政策的意義の乏しくなった事業については，果断な見直しを図るべきである」（中小企業庁，2000，pp.131-132）。

また，それに続く第 2 節「政策の実施体制」の「(1) 政策評価の充実と施策の利便性の向上」において，以下のように，具体的な政策評価手法の確立が求められた。「近年，政策の質の向上や説明責任の向上の観点から，政策評価の重要性が高まっている。中小企業政策においても，…施策の企画立案過程におけるパブリックコメント制度の活用等による透明性，公平性の確保，施策の導入後における施策利用者からの評価等による施策効果の検証とその公表，各施策実施機関へのフィードバックなど政策評価手法の確立とその積極的導入が必要である」（中小企業庁，2000，p.133）。

中小企業基本法改正に先立ち，1998 年 7 月に中小企業庁長官の私的懇談会として「中小企業政策研究会」（座長・清成忠男法政大学総長）が設置され，それまでの中小企業政策の評価を行った。清成（2009）は第 9 章でその政策評価を総括している。その対象は金融・税制，各種の法律に基づく振興政策（中小企業近代化促進法，中小企業創造活動促進法など）から組合制度，労働政策まで多岐にわたるが，①制度・事業の利用度の把握，②施策利用者等へのアンケート調査，③地方自治体の政策担当者へのヒアリングによって行われた。「本来的には施策のもたらす効果，マクロ経済への寄与度等を精査すべきではあるが，当時は必ずしも有効な評価手法が開発されていなかった」ことを，清成（2009，p.216）は回想している。

中田編著（2012）は「通商産業政策史」の一環として 1980 年代と 1990 年代の

中小企業政策をテーマ別に詳述し，主な施策ごとに「実績と評価」をまとめている。基本法改正以前の日本の中小企業政策の評価を総括するものではあるが，概ね施策の利用件数・成果件数などの記述に留まる。経済産業省（中小企業庁）が各施策の本格的な評価分析に取り組むのは，ごく最近のことである。

　このように，中小企業基本法の改正前も改正後も，日本の中小企業政策の本格的な評価分析はほとんど行われてこなかった。これは中小企業政策だけの問題ではなく，他の多くの政策分野に共通することである。より正確に言えば，政策評価はある程度行われていたものの，その主な内容は利用実績の把握と施策利用者へのアンケートやヒアリングのまとめ，成功事例の紹介であった[注2]。実際，前述のように1999年の「中小企業政策審議会答申」でも，中小企業政策の事後的な評価の手法として「施策利用者からの評価」を挙げる程度であったから，これは当時としてはやむを得ないことであったかもしれない[注3]。

　より進んだ手法として施策利用前後の企業成果の比較や施策全体の費用効果分析も部分的には実施されたが，これは政策の因果効果を推定するという点では，後述するようにきわめて不十分である。さらに，費用効果分析は政策評価の手段として必ずしも適切ではない。公的支援の効果があるかないか，どのくらい大きいかが問題であり，効果が費用を上回り，政策費用が「回収」できたかどうかは，必ずしも重要ではない。費用を上回る効果が期待できる施策は，民間部門に任せればよいからである。ただ，他の代替施策との比較によって最も効率的な施策を選ぶという場合には，費用効果分析は意味を持つ。

　施策利用企業の利用前後の成果比較によって政策の効果を計るのは，一見，まともな方法にみえる。これが不適切なのは，「もしその企業が施策を利用していなかったらどうなっていたか」という反実仮想（counterfactual）が不明で，施策利用の真の効果が分からないからである。ある企業の生産性が補助金の受給後に受給前の2倍になったとしよう。補助金の実際の効果はもっと大きいが，不況あるいは別の要因のために生産性が低下し，補助金の効果が過少推定されているのかもしれない。あるいは補助金の生産性効果はゼロであるが，好況あるいは別の要因のために生産性が2倍になったのかもしれない（過剰推定）。

　この場合，同期間にこの企業の生産性に影響を与えうる他の要因（交絡因子）をすべて考慮（コントロール）して利用前後の比較をしなければ，政策の真の効果（因果効果）は分からない。それは重回帰分析を用いることによって可能では

あるが，近年よく用いられるのは「差の差」の分析（Difference-in-Differences：DID）と呼ばれる分析手法である[注4]。これは，施策利用企業を処置群，それ以外の企業を対照群として，「処置群の施策利用前後の成果の差の平均値」から「対照群の施策利用前後の成果の差の平均値」を差し引いた値（差の差）を測定し，有意検定を行う手法である。対照群の施策利用前後の変化を反実仮想と考えて，それと処置群の実際の変化を比較するのである。

　もうひとつ，よく用いられる分析手法が，パネル固定効果分析である。これは，企業サンプルを数年間フォローしたパネルデータを用いて，各企業に固有の（期間中に変化せず観察不能な）要因の影響をすべて除去することで，政策の因果効果を明確にする手法である。これはしばしば，前述の DID や後述するマッチングと併せて用いられる。

　政策対象の処置群とそれ以外の対照群の属性が大きく異なる場合，両者を比較して処置群の成果が平均的に大きいとしても，それが政策の効果と言えるかどうか，識別が難しい。そこで，処置群とほぼ同じ（唯一違う点は政策対象かどうかのみ）企業を見つけて対照群としてマッチングした上で，両者の成果の平均値を比較検定するというのが，マッチング分析の考え方である。ただし，企業の属性は多様（多次元）であり，多くの属性がほぼ一致する企業を見つけるのは容易ではない。そこで，様々な要因をまとめて重回帰分析によって政策対象になる傾向スコアを推定し，できるだけ近いスコアを持つ企業同士をペアにして両グループの成果を比較検定するのが，傾向スコアマッチング（Propensity Score Matching：PSM）の手法である。

　政策の因果効果を識別するその他の主な分析手法として，中小企業政策分析で用いられた事例は乏しいが，新薬の治験や開発経済学の現地調査で活用されるランダム化比較試験（Randomized Control Trial：RCT）や，政策対象者と非対象者の偶然による「紙一重」の違い（審査スコアの僅かな差による採択と不採択など）を利用する回帰不連続デザイン（Regression Discontinuity Design：RDD）が挙げられる。

　このような因果推論の手法を用いた日本の中小企業政策の評価研究は 21 世紀初頭から主に研究開発支援事業について開始され，Eshima（2003）に始まる中小企業創造法（1995 年度開始）等の効果検証や，地域新生コンソーシアム事業（1997 年度開始），日本版 SBIR（1999 年度開始），経済産業省・文部科学省のク

ラスター事業（2001年度・2002年度開始），基盤技術高度化支援事業（サポイン）（2006年度開始），ものづくり補助金事業（2012年度開始）等の効果分析が行われた（詳細は岡室2021aを参照）。最近では，経済産業省が独立行政法人経済産業研究所（RIETI）に対していくつかの中小企業政策のミクロデータ（行政データ）に基づく政策評価研究を委託し，その成果論文がディスカッション・ペーパーとして公開され，学会でも報告されている。

　いくつかの大学には政策評価研究を行う機関が設立されている。東京大学政策評価研究教育センター（CREPE）には，経済学研究科の教員を中心に他部局の教員と学外の招聘研究員が結集し，様々な政策の評価研究の実績を上げている（http://www.crepe.e.u-tokyo.ac.jp/）。一橋大学社会科学高等研究院（HIAS）にも筆者自身が参画する「EBPM研究センター」（HIAS-EBPM）が2019年度に設置された（https://ebpm.hias.hit-u.ac.jp/）。この研究センターに続いて2020年3月には筆者をセンター長とする「地域・中小企業政策研究センター」（HIAS-SME）が設置され，中小企業庁との連携協定に基づいて中小企業・地域振興政策の実証研究を開始した（https://rsmep.hias.hit-u.ac.jp/）。このような研究拠点で行政データや統計データ，企業ミクロデータ等を駆使した政策評価研究がさらに進められ，研究成果が広く社会に還元され，国際的に発信されることを期待する。

　本節の最後に，政策評価研究の課題と限界について改めて述べておきたい。第一に，政策評価研究を含む実証研究の質は，素材であるデータの利用可能性と質に強く依存する。日本では政策情報を含む行政データは原則として研究者にも開示されないため，ミクロデータによる政策評価分析が困難であることが多い[注5]。しかし，因果識別の手法を用いた政策評価分析は，多くの場合，官庁の政策立案・担当者と外部の研究者の連携によって可能になる。公正な評価という観点からも，政策の正当化の証拠作りにならないように，担当者自身が政策評価を行うのは避けるべきである（西出，2020）。シンクタンクやコンサルティング会社等に評価分析を外注・委託することもできるが，大学の研究者の専門的な知見と分析のスキルを活用することも重要である。

　第二に，政策は多様であり，それに応じて政策評価の手法も異なる。政策データや企業データを使って政策の効果を定量化しやすい分野もあれば，そうでない分野もある。したがって，客観的な証拠のみに依拠して政策の評価と立案を行う

ことは適切ではなく，政策対象者の意見など定性的な情報を十分に考慮すること
が求められる（大橋編，2020）。

　第三に，政策評価は基本的に政策の開始後十分な期間を経た後で，あるいは政
策の終了後に行われることが多い。政策の開始時点ではまだデータがなく，成果
を計るには尚早であるから，政策評価は事後的・長期的な検証になる。少なくと
も事後評価を効率的に実施できるよう，政策立案の段階から研究者の意見を採り
入れて，因果効果の検証が可能な政策を設計しておく必要がある。

　第四に，研究者にとってはこれが最も重要な点であるが，単なる政策効果分析
は学術論文として認められにくい（森川，2017）。質の高い学術論文として認め
られるためには，ある政策の効果を単に検証するだけでなく，先行研究を踏まえ
てその研究の独自の学術的貢献を明示する必要がある。特に海外の学術誌は，日
本の学会誌等と違って日本の政策研究を重視してくれるわけではない。学術的な
価値を示すことができない政策研究論文は，掲載を拒否される。

　この点については，狭義の EBPM に留まらない，学術的価値の高い政策評価
研究の設計が求められる。先行研究を踏まえて独自の研究課題を設定することが
重要である。例えば，ある政策の効果を検証する（その政策が有効だったかどう
か）だけでなく，その政策が「なぜ」また「どのように」有効だったか（要因・
メカニズム），あるいはその政策の「どこが良かったのか」を研究課題として明
確に位置づけることが求められる。これが政策の改善のための含意に繋がるだけ
でなく，政策研究の学術的な価値を高めることにもなる。

　例えば，Nishimura and Okamruo（2011）は経済産業省の「産業クラスター
政策」参加登録企業を対象にして補助金等の直接的（ハード）支援と助言・マッ
チングのような間接的（ソフト）支援の効果を比較し，後者のほうが予算規模の
小さい割に様々な成果指標への効果が高いことを明らかにした。この論文の要点
は，世界で初めて，クラスター政策の効果をハードな支援策とソフトな支援策に
分けて比較検証したことである。

　Okamuro and Nishimura（2021）は，近年海外で注目を集める Multilevel
Policy Mix（中央政府と地方政府のように異なる垂直レベルにおける同じ施策の
組み合わせ）の効果をアンケート調査データと企業データを用いてパネル固定効
果分析によって検証し，市町村の研究開発補助金が（金額が少ない割には）生産
性への効果が高く，特に都道府県や国の補助金と同時に受給すると効果が高まる

ことを明らかにしている。海外にはあまり見られない市町村レベルの研究開発補助金の補完効果に注目して実証したことが，この研究の独自性である。

　さらに「どのような代替的なプログラムや政策設計がより効果的か」を検証することも有効である。例えば，Hünermund and Czarnitzki（2019）は欧州連合（EU）における研究開発補助金制度 Eurostar を対象にして，傾向スコアマッチングの手法でこの補助金の企業成長への効果を比較する。プロジェクトの採択に関わる現行の制度設計（Virtual Common Pot）と代替的な（実際には使われていない）制度設計（Real Common Pot）を比較し，現行の制度の制約によって補助金の効果が大幅に阻害されていることを示している。

5.　むすび

　本章では，経済学の視点から，そもそも（なぜ）中小企業政策が必要なのかを考察し（第2節），政策の対象と担い手を論じ（第3節），因果推論に基づく政策評価の方法を説明して若干の事例を紹介した（第4節）。それによって，中小企業政策研究の今後の方向性のひとつを提示し，問題を提起した。特に近年，エビデンスに基づく政策立案（EBPM）の重要性が認識されるようになり，中小企業政策の評価研究の重要性も高まっている。中小企業政策の担い手は経済産業省等の中央官庁だけでなく，政策の地方分権化の中で地方自治体の役割がますます重要になっているので，EBPM の考え方は地方自治体にも拡がりつつある。地方自治体における政策資源の制約により，特に研究開発支援や創業支援に関わる様々な事業で，地域の民間団体・事業者との役割分担が進んでいる（岡室・西村，2021）。

　日本では，データに基づく定量的な因果推論としての政策研究は近年ようやく始まったばかりであり，中小企業政策の定量的な評価研究の蓄積はまだきわめて不十分である。政策研究の最大の障壁はデータの制約（利用可能性）である。厳密な政策評価分析のためには多くの企業のミクロデータの他に，特別の機密性をもつ行政・政策データが必要であり，これらのデータを匿名化して利用可能にするためには，何よりも政策担当者の理解と協力が重要である。この点では，中央官庁よりも地方自治体のほうが，委託・共同研究に基づく行政・政策データの活用を進めやすいかもしれない。中小企業政策の地方分権化に伴って国と地方自治

体の役割分担に関する研究（岡室，2021b；岡室，2022；Okamuro and Nishimura, 2021）が重要性を増している今こそ，地方自治体と大学の研究者との連携が重要である。

　中小企業政策に関する実証研究は日本ではまだあまり進んでいないが，海外では多くの研究蓄積がある。したがって，世界に通用する中小企業政策研究は独自性の高い研究課題を設定してグローバル・ニッチトップを目指す必要がある。政策現場における評価分析と学術的な政策研究との間にはまだ大きなギャップがあり，それを埋めるのは容易ではない。しかし，大学の研究者と政策担当者の連携によって実践的な政策評価と学術的な政策研究を両立させるのは不可能ではない。政策担当者自身によるお手盛りの評価に対する批判（西出，2020）を考慮すれば，外部の研究者への研究委託の可能性も今後高まると考えられる。今後，中小企業政策の評価研究のための産学官連携が進展することを期待する。

〈注〉
1　近年，因果推論や自然実験に基づく政策・制度の実証研究を開拓した経済学者がノーベル経済学賞を受賞する例が相次いでいる。
2　数年前に筆者を座長として開催された，某官庁の外郭団体が実施する研究開発補助金制度の評価研究会では，先例に則って，採択企業のうち商品開発・上市に成功した企業のみを対象とするアンケート調査を実施して，その結果をまとめた。筆者はこのような「政策評価」方法の問題を何度も指摘し，強く反対したが，この方法が見直されることはなかった。
3　施策の利用者の意見が重要であるのは，言うまでもない。三井（2011）も中小企業政策の評価において「中小企業の声を聞く」ことの重要性を強調している。特に政策の利便性を高めるために利用者からの意見聴取が有効であるが，政策評価においては利用者の主観バイアス（例えば，補助金の採択枠や金額を増やすことには賛成が多く，反対者はいない）に注意が必要である。
4　以下に紹介される，DID，パネル固定効果分析，傾向スコアマッチング等の分析手法の詳細や具体的な分析事例については，田中（2015），森田（2014），山本（2015）等を参照されたい。
5　近年，政策情報の一部，例えば中小企業庁の公的補助金プログラムに採択された企業やプロジェクトの一覧は中小企業庁ホームページに公開されるようになった。しかし，審査・評価のスコアや不採択企業等の情報は公開されないので，因果識別の強力なツールである回帰不連続デザイン（RDD）を用いた評価分析ができない。

〈参考文献〉

1 　大橋弘編（2020）『EBPM の経済学　エビデンスを重視した政策立案』東京大学出版会

2 　岡室博之（2021a）「中小企業の研究開発と創業の政策支援：定量的評価と展望」『商工金融』（商工総合研究所）2021 年 6 月号，pp.5-25

3 　岡室博之（2021b）「支援政策の支援：『創業支援事業計画』認定制度の効果」『日本中小企業学会論集』第 40 号，pp.153-166

4 　岡室博之（2022）「創業支援政策の地域分権化とその効果」『企業家研究』第 19 号，pp.33-41

5 　岡室博之・池内健太（2019）「知的クラスター政策による産学官連携支援の効果」『企業家研究』第 16 号，pp.25-44

6 　岡室博之，西村淳一（2021）「地方自治体による研究開発支援・創業支援：自治体アンケート調査の結果から」『中小企業研究センター年報』2021 年版，pp.3-11

7 　清成忠男（2009）『日本中小企業政策史』有斐閣

8 　黒瀬直宏（2006）『中小企業政策』日本経済評論社

9 　田中隆一（2015）『計量経済学の第一歩　実証分析のススメ』有斐閣

10　中小企業庁（2000）『新中小企業基本法―改正の概要と逐条解説―』同友館

11　寺岡寛（1997）『日本の中小企業政策』有斐閣

12　寺岡寛（2000）『中小企業政策の日本的構図：日本の戦前・戦中・戦後』有斐閣

13　中田哲雄編著（2012）『中小企業政策』，通商産業政策史編纂委員会編『通商産業政策史』第 12 巻，経済産業研究所

14　西出順郎（2020）『政策はなぜ検証できないのか　政策評価制度の研究』勁草書房

15　三井逸友（2011）『中小企業政策と「中小企業憲章」日欧比較の 21 世紀』花伝社

16　森川正之（2017）「「エビデンスに基づく政策形成」に関するエビデンス」*RIETI Policy Discussion Paper Series* 17-P-008，2017 年 3 月，経済産業研究所

17　森田果（2014）『実証分析入門　データから「因果関係」を読み解く作法』日本評論社

18　山本勲（2015）『実証分析のための計量経済学　正しい手法と結果の読み方』中央経済社

19　Eshima, Y. (2003). Impact of public policy on innovative SMEs in Japan. *Journal of Small Business Management* 41, pp.85-93

20　Hünermund, P.and Czarnitzki, D. (2019). Estimating the causal effect of R&D subsidies in a pan-European program. *Research Policy* 48, pp.115-124

21　Honjo, Y., Kato, M. and Okamuro, H. (2014). R&D investment of start-up firms: Does founders' human capital matter? *Small Business Economics* 42, pp.207-220

22　Kato, M., Okamuro, H. and Honjo, Y. (2015). Does founders' human capital matter for innovation? *Journal of Small Business Management* 53, pp.114-128

23　Nishimura, J. and Okamuro, H. (2011). Subsidy and networking: The effects of direct and indirect support programs of the cluster policy. *Research Policy* 40, pp.714-727

24　Okamuro, H., Nishimura, J. and Kitagawa, F. (2019). Multilevel policy governance and territorial adaptability: evidence from Japanese SME innovation programmes. *Regional Studies* 53, pp.803-814

25　Okamuro, H. and Nishimura, J. (2018). Whose business is your project? A comparative study of different subsidy policy schemes for collaborative R&D. *Technological Forecasting and Social Change* 127, pp.85-96

26　Okamuro, H. and Nishimura, J. (2020). What shapes local innovation policies? Empirical evidence from Japanese cities. *Administrative Sciences* 10 (11)

27　Okamuro, H. and Nishimura, J. (2021). Effects of multilevel policy mix of public R&D subsidies: Empirical evidence from local Japanese SMEs. *Science and Public Policy* 48, pp.829-840.

第13章
起業増・起業文化醸成につながる社会連携
—オランダの経験に学ぶ—

桜美林大学　堀　　潔

1. はじめに—オランダでの小規模企業増加への関心—

　筆者は数年前，本誌に寄稿の機会を得て，オランダにおける起業活動がたいへん活発であり，小規模企業が年々増え続けていることと，それが可能となる経済・社会的背景について紹介した（堀，2017b）。そこでは，同国経済の過去数十年間の変遷を振り返り，以下の３点を重要な点として指摘した。①働き方が多様化するなかで，起業が自由なライフスタイル実現のひとつの形態となっていること。②グローバリゼーションの下で既存企業の経営再編が進み，従来のような雇用機会が減少したこと。③高等教育段階での，体験や経験を重視する「実践的な教育」が起業を志す若者を後押ししていること。

　後述するように，同国における起業増加の動きはその後も変わらず，オランダの企業数は 200 万に迫りつつある。特に注目すべきは，この企業数増加の圧倒的多数の部分が従業者１名の「ひとりビジネス」であることである[注1]。我が国にも同種の，フリーランスで働く人々や個人事業主と呼ばれる人々が多く存在し年々増加の傾向にあると言われるが，こうした人々をも「企業」として認識するかどうか，創業支援策の対象として政策的に支援するかどうか，については，議論が必要かと思われる。

　創業が政策的な支援の対象となりうると考えられるのは，新事業の創造を通して社会にイノベーションをもたらし，イノベーションを通じて生産性が高まることにより，経済成長や雇用の増加に寄与する可能性があるからである。このような考え方に立てば，フリーランスを選択する人々の一定部分は，事業の成長・発

展よりは「自由に時間を使いたい」とか「好きなことを仕事にしたい」など自身の自己実現のために「雇われない働き方」を望む人々であるから，政策的支援の対象とは考えられないとの見方もありうるとは思われる。ただ，どんな有名大企業でも，そのほとんどが創業初期にはひとりあるいは少人数によって始められたビジネスである。そのように考えてみると，どのようなきっかけで始められたビジネスであれ，チャンスをつかめば成長できる可能性はあると思われるので，視野を狭めずに様々な可能性を追求する考えを，本稿では提示したいと考える。

　本稿での主要な論点は，以下の3つである。
① 　まず，オランダにおいて増え続ける「ひとりビジネス」の状況について確認し，事業者の業種別や経営者年齢別の構成についても確認する。事業としては商品を持たないサービス業で事業展開する「ひとりビジネス」の多いこと，比較的若い人々の起業が多いこと，などが確認される。
② 　次に，「ひとりビジネス」の生産性と成長性について，オランダで発表されている資料からその状況を確認する。①より規模の大きな企業にも引けをとらない高い生産性をあげる「ひとりビジネス」が少なからず存在すること，②より規模の大きな企業となりうる可能性が一定程度あること，を指摘する。
③ 　さらに，オランダで起業促進に重要な役割を果たしている教育機関の取組と，それを支援する様々な社会連携について紹介する。

　最後に，本稿のまとめとして，今後わが国においても，フリーランスや個人事業主を中小企業に関する調査研究対象に加えてその動向を把握することや，地域の企業・自治体・教育機関などの多様な社会連携によって起業活動を促進していくことが重要であることを示唆する。

2. オランダにおける起業（企業）の現状—増え続ける「ひとりビジネス」—

(1) 増え続ける「ひとりビジネス」

　まず，オランダにおける起業（企業）の現状について統計的に確認する。図表13-1はオランダ中央統計局（Centraal Bureau voor de Statistiek, 以下

図表 13 - 1　オランダの企業数（単位・社。従業者規模別：各年初）

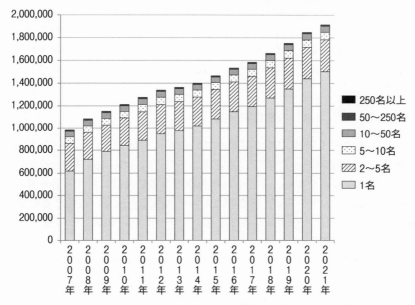

（出所）　オランダ中央統計局ウェブサイト（www.cbs.nl）"StatLine" より筆者作成

「CBS」と記す）が発表する統計に基づく，オランダの企業数の推移である。
2007 年には 100 万者弱であったオランダの企業数は年々増え続け，2021 年初め
には 190 万者を超えるほどに増加している。

　この増加分のほとんどが従業者 1 人の「ひとりビジネス」（以下「ZZP」[注2] と
記す）であり，毎年数％ずつ着実に増加している。ZZP は 2007 年にはオランダ
企業全体の 63％ほどであったが，2021 年には 78％を超えている。また，2019 年
には 15〜75 歳の働く人のうち 12.3％が ZZP であり[注3]，同国の経済社会動向の
一つの特徴といえる。

　ZZP は，わが国でいえば個人事業主，あるいはフリーランスにあたる存在で
ある。オランダでは，会社でも個人でも，独立して事業活動を行う者はすべて商
工会議所（Kamer van Koophandels, KvK）に登録して，登録番号を取得する
義務がある[注4]。つまり，わが国におけるフリーのカメラマンや翻訳家のように

単発で仕事を請け負って報酬を得る個人であっても，給与所得や年金所得を主たる所得としている者が副業的に事業を行う場合であっても，商工会議所の登録番号をもたなければならないし，オランダでは統計上，彼らも一個の企業としてカウントされるのである。したがって，企業といっても自由業のような人たちもカウントされているぶん，数字が大きめに表われているということを考慮しなければならない。

(2)「ひとりビジネス」の業種別分布

ZZP はどのような業種で多く活動しているのか。図表 13 - 2 は，企業数の産業別構成比（2021 年初）を ZZP（従業者 1 名）と大企業（従業者 250 名以上）とで比べてみたものである。それぞれの規模の企業数合計に対する各産業の企業数の比率を見たものであるが，比率の差が特に大きく表われている業種として，「建設業」「ビジネス向けサービス」と「文化，レクリエーション，その他サービス」を挙げることができる。

ZZP のなかには農業生産者などのように自己の生産物を販売する者もいるが，

図表 13 - 2　オランダ企業の産業別構成比：ZZP と大企業との比較（単位・%。2021 年初）

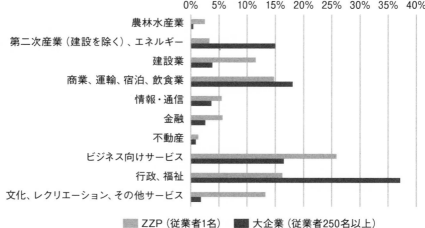

（出所）　オランダ中央統計局ウェブサイト（www.cbs.nl）"StatLine" より筆者作成

約 8 割の ZZP は自らの技能や労働をサービスとして企業あるいは個人に提供している[注5]。具体的に ZZP が携わる業務を，上記主要業種について思い浮かべてみると，「建設業」では，熟練技能を持っていくつもの建設現場をかけもつ建設作業員や，設計・図面制作に携わる建築デザイナーなどが想像される。特定の建設会社の従業員でなく，建設プロジェクトごとに契約を結んで業務に従事する人々である。「ビジネス向けサービス」業種で具体的な ZZP 業務の例として想起されるのは，例えば経理事務を受託する人々やウェブデザイナー，経営コンサルタントや人材育成研修などを行うトレーナーのような人々であり，「文化，レクリエーション，その他サービス」の場合には，著述業，写真家，芸術家，美容師などが想起される[注6]。いずれも，自らが持つ知識や技能，才能などを使って複数の顧客を相手に仕事をし収入を得ている。

(3) 旺盛な若年層の起業

それにしても，オランダにおける人々の起業・独立志向はわが国のそれとは比べ物にならないほど旺盛である。CBS（2015：p.26）によれば，2013 年には就業人口が約 830 万人であったのに対して企業数が約 130 万者に上り[注7]，オランダで働いている人の 6 人に 1 人は経営者であるといわれている。

図表 13-3 には，他の企業に従業員として雇われている人に比べた ZZP の特徴を示した。ZZP は従業員に比較して男性の割合が高い。年齢別では 45 歳以上の ZZP が 6 割近くを占めているが，若い世代の起業も旺盛である。最終学歴では半数近くが高等教育を終えている。

オランダでは，特に若い世代が起業に前向きであるとみられている。CBS によれば，35 歳以下の起業は 2007 年には全体の 40％ほどであったが，2016 年には

図表 13-3　従業員と比較した ZZP の特徴（2020 年）

	性　別		年　齢			最終学歴		
	男性	女性	15〜24	25〜44	45〜	低	中等教育	高等教育
ZZP	59.6	40.4	5.8	35.4	58.8	15.9	36.4	45.9
従業員	51.2	48.8	16.9	41.7	41.4	20.8	40.6	37.4

（出所）　CBS のウェブサイトより[注8]

図表 13 - 4　オランダにおける起業家の年齢（2007〜2016 年）

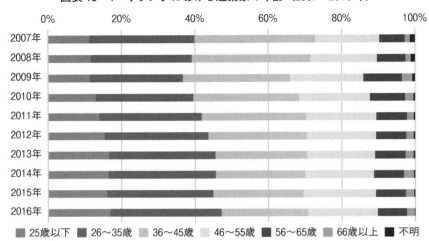

47％と半数近くにまでなっており，特に25歳以下の起業が割合として大きくなっている（図表13‐4）[注9]。また，GEM（Global Entrepreneurship Monitor）のTEA（Total early-stage Entrepreneurial Activity: 総合起業活動指数）をみると，オランダの2013年における25〜34歳の13.1％が起業準備または起業してから3年半未満の状態にあると報告されており，35歳以上の同指数と比べても高い水準にある（Stel, Span, and Hessels, 2014, p.24）。

3. 「ひとりビジネス」の生産性と成長性

　一般に，我が国でも，フリーランスや個人事業主と呼ばれる人には「自分の好きな仕事をしたい」「時間を自由に使いたい」などの自己実現指向が強く，売上や利益を増やしたり従業員を雇って規模を拡大したり，などという意欲はあまりない，と思われがちである。したがって，このような「起業」ばかりが増えても一国全体としての雇用や経済成長にはあまり寄与せず，国が政策的に促進すべき起業の対象とはなりにくいのではないか，とも考えられる。これとの関連で，オランダにおける「ひとりビジネス」の生産性と成長性について，言及しておきたい。

(1) ZZP の労働生産性

　図表13‐5はオランダ企業の労働生産性の分布を従業員規模別，業種別（製造業，商業，ビジネス向けサービス業の3業種）にみたものである。それぞれの業種について各規模の労働生産性平均が示されている他，同一業種や同一規模区分における労働生産性上位20％企業，20～80％企業，下位20％企業の労働生産性平均値も示されている。

　これをみると，どの業種や規模についても企業間で生産性に相当大きなばらつきがあることがわかる。また，規模が大きいほど生産性が高くなる，というわけでもなく，より規模の大きな企業と同等かそれ以上の生産性をあげている ZZP は一定程度存在することがわかる。例えば「ビジネス向けサービス業」において

図表13‐5　オランダ企業の労働生産性（業種別，従業員規模別。2018年）

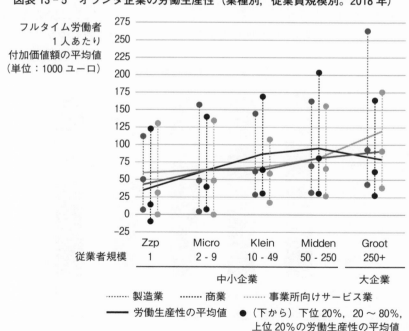

（出所）　Nederlands Comité voor Ondernemerschap (2020) p.45

はZZP（従業者1名），零細規模（同2〜9名），小規模（10〜49名）を比べてみると労働生産性の平均値はほぼ同じである。むしろ，各規模の上位20％企業の平均値を見れば，ZZPのほうが小規模企業よりも生産性は高くなっている。想像の域を出ないが，非常にニッチな分野で高度な技能や専門的知識を保有し他の追随を許さないZZPが少なからず存在することが想像できる。

(2) 「ひとりビジネス」からの規模拡大の可能性

図表13-6は，2011年に存在した企業の従業員規模が2019年に変化したかどうかを表したものである。①同じ従業員規模の範疇にとどまっているか（規模変動なし），②より大きな規模の範疇に移ったか（規模拡大），③より小さな規模の範疇に移ったか（規模縮小），④存在しなくなってしまったか（退出）の4分類で表示されているが，ほとんどの従業員規模では「規模拡大」よりも「規模縮小」のほうが多くなっている。

ZZPでは半数近くが市場から退出している一方，自分のほかに従業員を雇い規模を拡大させた企業も4％程度存在する。一見，微々たる数のように見えるか

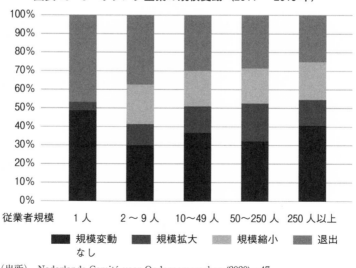

図表13-6　オランダ企業の規模変動（2011 → 2019年）

（出所）　Nederlands Comité voor Ondernemerschap (2020) p.47

もしれないが，前掲の図表13－1によれば，2011年には約88万のZZPが存在していたので，それから8年経って3万ほどのZZPが従業員を雇って規模を拡大させた，という計算になる。この数字が多いか少ないかは判断が難しいが，ZZPがより規模の大きな企業となりうる可能性がまったくないわけではない，ということは認識しておく必要があろう。

(3) 成長企業の「苗床」としてのオランダの「ひとりビジネス」

　以上，簡単ではあるが，オランダのZZPの業種分布と生産性，規模成長について確認した。たいへん興味深かったことは，以下の2点であった。①より規模の大きな企業にも引けをとらない高い生産性をあげるZZPが少なからず存在すること，②より規模の大きな企業となりうる可能性が一定程度あること。

　経済政策的な観点から「起業」を考えるとき，革新的な技術や経営手法をもって市場に参入する起業活動が盛んになることで，全体としての生産性，雇用，所得の上昇が期待される。一方，フリーランスとしての起業は規模拡大を目指さず，自己実現や自分らしいライフスタイルを表現するために「雇われない働き方」を追求しているので雇用や所得の拡大には寄与しにくい。したがって経済政策の観点から支援すべき対象となる創業のあり方とは別のものとして解釈されてしまう向きもあったかもしれない。

　しかし，以上で確認したオランダの動向は，ZZPの成長可能性を否定するものでなかった。誰もが知っている有名大企業も創業当初は中小零細企業であったことを考えれば，自らが独立して事業を営もうとする人がたくさんいて，しかもその数が増え続けるオランダの状況は健全であり，将来への可能性を感じさせる。昔から「中小企業は大企業の『苗床』」と言われてきたが，そのことを改めて確認できたように思われる。

4. 起業増加への教育の果たす役割—地域での多様な社会連携に注目して—

(1) 教育に関する柔軟な社会連携

　オランダではなぜ，起業活動が活発で企業数が増え続けているのか。本稿冒頭で記述したように，堀（2017b）では，同国経済の過去数十年間の変遷を振り返り，その要因を経済的要因のみならず，この国の歴史的，文化的背景なども踏まえて

紹介した。特に HBO[注10] と呼ばれる高等教育機関において行われている実践的教育について，起業を促していく上での教育の果たす役割と，教育機関と地方自治体や地域の企業社会との連携の重要さについて言及した。

学校によっては，企業や地域社会との連携のなかで，かなり本物に近い実習設備を用意したり，総合的で実践的な教育を実践したりする例が出てきている。紙幅の関係で実際の事例紹介は他稿に譲ることとしたいが[注11]，長期のインターンシップやインキュベーション施設での起業体験など，学校ごとに，専門分野ごとにこのような実践的な人材育成の手法やカリキュラムはたくさんあるが，概ね HBO での教育の特徴として挙げられるのは，以下の3点であろうと考えられる。

① 「知識を得る」ことよりも「経験をさせる」ことに教育の重点を置いていること。将来，どのような会社でどのような仕事をするのかは個々人によって異なるが，「仕事をした経験がある」人は「経験がない」人に比べて圧倒的に自信をもって物事に取り組むことができる。

② 総合的・学際的な学習を重視していること。企業の直面する課題は複雑であり，企業経営に関わる人材は財務だけできても IT にだけ詳しくても不十分で，いつも多面的な思考能力が必要とされる。国際情勢にも異文化理解にもある程度精通していなければならない。多面的な思考能力を育てるためには，ある専門分野に関する知識や理論を複数学ばせるのではなくて，ある事例を使ってそれらを総合的に学ばせる方がはるかに役に立つと考えている。

③ 「本物こそが最良の教育の場」だと考えていること。外国語を学んだのならそれを実際にその国で使ってみるのが一番，企業経営を学んだのであればそれを実際の企業で生かすのが一番。そのような現場主義，徹底した実践的教育がこの国の高等職業教育の特徴なのである。

以上のような考えに立って，オランダでは，企業の経営者や公的機関の職員などが教育に積極的に協力している。大学などの高等教育機関で学ぶ学生が在学中に企業等で半年程度のインターンシップを行うことがカリキュラムのなかに組み込まれていることが多い。企業側も学生の受け入れを毎年の恒例行事のように考えているし，学生と企業をマッチングさせるための様々なサービスも存在する[注12]。インターンシップだけでなく，企業の経営者が授業に招かれて講演した

り，学生たちの成果発表に審査員やコメンテーターとして参加したり，といったことはごく自然に行われている。

(2) オランダにおける「早期離学」問題にみる地域における社会連携

実は，高等教育における教育機関と地域の企業，地方自治体などの連携だけでなく，オランダでは学校と企業，行政機関やその他の組織との問題意識の共有や問題解決に向けての連携が広範に行われているように見える。そのひとつの例を「早期離学」問題にみることができる。

オランダでは特に今世紀に入って以降，深刻な社会問題として，義務教育を終える前に学校をやめてしまう「早期離学者」[注13] が多数存在することが認識されてきた。最低限の生活・労働能力を形成するはずの義務教育すら終了できない若者たちは就業しにくく，社会にも適応できず，犯罪などに手を染めてしまう可能性もある。オランダ教育省はこうした「早期離学者」の属性として，①非欧米系外国人（niet-westers allochtonen）の学生がドロップアウトしやすい，②大都市において早期離学がより発生しやすい，③「両親とも働いてない」「少なくとも一方の親が（病気などの理由で）社会保障給付を受けている」とか「両親と一緒に住んでいない」など，家庭に何らかの問題を抱えている場合には，早期離学者の発生する可能性が高くなる，といった要素を挙げた（CBS, 2007）。

図表 13-7 は 1999 年，2009 年および 2019 年の 3 か年のオランダの人口に関するデータを並べたものである。この 20 年間にオランダの総人口は約 10%，数にして 150 万人ほど増加している。この増加分のうち 140 万人近くは外国系住民で，しかもそのうちの 95 万人ほどは非欧米系（non-western background）で，出身国別に言えば，特にトルコやモロッコ出身の移民とその家族が多い（彼らの多くはイスラム教徒である）。

オランダ系と非欧米系住民との間には，所得水準や失業率，大学教育を受けた人の割合，犯罪率など各種の統計指標において，現在でも，なお一定の格差が見られる。もちろんこれは平均値的な統計上の観察結果であり，非欧米系住民のすべてが低所得なわけでも犯罪者であるわけでもない。ただ，かつて欧州諸国で非欧米系住民への差別や移民・難民排斥の運動が高まりを見せるなど社会不安が起こりかねない動きがあることから，これら諸格差の縮小と多様な民族のオランダ社会への統合を目指した諸施策が今世紀初頭からとられて来ている[注14]。

図表 13 - 7　オランダの人口構成（出身国・地域別）

	1999	2009	2019	1999〜2019 増加数	1999〜2019 増加率
総人口	15,760,225	16,485,787	17,282,163	1,521,938	9.66%
オランダ系	13,060,991	13,198,081	13,196,025	135,034	1.03%
外国系	2,699,234	3,287,706	4,086,138	1,386,904	51.38%
うち非欧米系	1,346,035	1,809,310	2,311,867	965,832	71.75%
うち欧米系	1,353,199	1,478,396	1,774,271	421,072	31.12%
移民第一世代計	1,390,141	1,661,505	2,161,684	771,543	55.50%
うち非欧米系	536,380	627,311	876,946	340,566	63.49%
うち欧米系	524,706	586,718	801,203	276,497	52.70%
移民第二世代計	1,309,093	1,626,201	1,924,454	615,361	47.01%
うち非欧米系	816,819	851,085	897,325	80,506	9.86%
うち欧米系	808,455	845,236	887,827	79,372	9.82%

（出所）　オランダ中央統計局ウェブサイト（www.cbs.nl）"StatLine" より筆者作成

　前述したように，特に今世紀初頭，異なる民族や宗教，出自の人々が対立しあうことに起因する社会不安が深刻な問題と認識されたこともあり，「早期離学者」問題は単なる教育問題ではなく，地域社会全体で解決すべき問題だと認識されることになる。政府がイニシアティブをとり，若者たちへの学習や就労機会の拡充，そのための相談窓口の設置など各種の対策が講じられた[注15]。その結果，学校だけでなく，地方自治体や地域の企業社会の協力もあり，「早期離学者」の数は，2000 年代の初めには 70,000 人ほどであったが，2019 年 9 月から始まる学校年度では 22,785 人まで減少，出身国などによる格差も縮小してきている[注16]。

　以上のような，学校と実社会とを結び，実践的な学びを若者たちに提供することで，就業経験のない若者に就業機会を，起業経験のない若者たちに起業機会を提供しているのがオランダの特徴であると言える。

(3) 社会課題の共有による課題解決のための連携

　実は，教育に関連したことに限らないのであるが，オランダでは地域のさまざ

まな人々や機関がそれぞれのできる範囲で社会課題の解決にとりくむ動きが数多くみられる。高齢者福祉や環境問題への対応など，様々な社会課題への地域ぐるみでの対応の様子がいくつかの書籍を通じて我が国にも伝えられている[注17]が，どれを読んでも，地域の様々な人々が社会課題を共有しつつ，それぞれのできる範囲のことをやりながら課題解決に挑む姿が共通して著されている。

　筆者は長年，起業促進のための教育の果たす役割に注目しながらこの国で行われていることをフォローしてきたが，もっと広い視野を持って情報に接することで，起業増・起業文化醸成のための課題解決の方策をさらに深く検討していけるのではないか，と考えている。

5.　まとめにかえて―起業増・起業文化醸成につながる社会連携―

　これまで，起業活動の盛んな国の例としてオランダに関心を持ち，「ひとりビジネス」を主とした企業（起業）増加の状況，その背景について検討を行ってきた。文化的，歴史的，制度的背景などが大きく異なるので，我が国の起業状況と直接的に比較することや，我が国の起業政策にすぐに参考となることはそれほど多くないかとは思われる。しかしそれでも，いくつかの点で，我が国の中小企業政策担当者や中小企業研究者，中小企業に関心を持つ様々な立場の人々が参考にすべきことが確認できたのではないかと思われる。

　本稿のまとめにかえて，以下の3点を指摘しておきたい。

(1)　フリーランスを「企業」と認識するか〜「起業」の意味を問い直すべきか〜

　オランダの企業数増加の大部分は ZZP と呼ばれる「ひとりビジネス」の増加であった。我が国ではフリーランスとか個人事業主とか呼ばれるものがこれに対応するのだと考えられるが，我が国でも，ZZP と同じような働き方をする人たちは相当数存在する。

　現在，フリーランスや単発で仕事を請け負うギグワーカーなど「雇われない働き方」を選択する若者が注目を集めている。「時間が自由に使える」「方向性を自分で決められる」「自分の頑張りが収入につながる」といった魅力からその数は年々増加の一途をたどっていると言われ，いまやその数は 1600 万人，我が国労

働力人口の 24％にものぼるとする調査もある^{注18)}。本稿冒頭にも述べたように，我が国では，この四半世紀ほどの間，様々な創業支援の取組にもかかわらず，起業活動はなかなか活発になっていないと考えられているが，彼らのようなフリーランスや「雇われない働き方」を選択する人々を含めて「起業」について考えることはできないだろうか。

(2) フリーランスや個人事業主の「生産性」に注目しよう〜「成長企業の苗床」として考える〜

我が国においては，フリーランスや個人事業主は「自由に働く人」「他人に雇われずに働く人」「自分らしい生き方を追求する人」という先入観のようなものがあり，彼らが行っていることを「ビジネス」と考えたり，彼らが事業を始めることを「起業」として認識したりすることは，なかったように思われる。これまでにないアイディアを事業化することで多様なイノベーションを創出し，それを通じて事業の拡大や雇用の増加など国民経済の成長に寄与する可能性が大きい事業を「起業」と考えると，「雇われずに働く」「自分らしい生き方を追求する」といった自己実現に重点を置いた個人の活動は，「起業」とは（似ている部分が少なからずあるとしても）少し別の次元のものとしてとらえられてしまうのではないか，と感じられる。

しかし，前述したように，オランダでは生産性の高い ZZP の存在が一定程度確認されるし，数％程度ではあるが，共に働く従業員を雇い入れて規模を拡大する ZZP も存在することが確認された。このような視点を我が国でも取り入れて，フリーランスに関する実態調査を行っていく必要があるのではないか。やはり，中小企業は「大企業の苗床」なのである。

(3)「総合政策」としての起業政策を〜社会連携に注目して〜

本稿では，特に人々の起業に関する関心を高め，起業活動が活発になるために教育の果たす役割に注目した。大学等高等教育機関で行われている実践的教育，そして人々の経済的自立を促すための地域における社会連携の動きを，オランダにおける「早期離学」問題を例にしながら紹介した。

本稿で強調したことの一つは，オランダでは，若者たちの起業を含む自らのキャリア形成支援のために，教育機関だけでなく地域の企業社会や公的機関など

が，それぞれにできる範囲のことを行って互いに協力し合っている，ということであった。これは，就業促進や起業促進に関わる様々な取組が教育政策や経済政策として行われている，ということ以上に，人々が犯罪や社会不安などに悩むことの少ない安心した社会づくりのために総合的に行われていることである。

　社会課題には多様な側面があり，課題解決にも様々なアプローチがあるのだろうが，個別課題の背景やその対応策を調べていくと意外にも共通の要因が発見できることがある。本稿においては，それが「社会連携」であった。我が国においても今後，起業政策を経済・産業政策としてだけでなく，労働政策，社会政策，教育政策などとあわせた「総合政策」として考え，社会連携の重要性について検討していく必要があるのではないだろうか。

〈注〉
1　中小企業庁（2019）でもオランダにおける小規模事業者の増加に注目しており，コラム 2-2-3 で，2 ページを割いてその動向と背景について説明している。中小企業庁（2019）pp.100-101 を参照。
2　ZZP は "Zelfstandigen Zonder Personeel" というオランダ語の略で，直訳すれば「従業員なしの自営業」である。
3　CBS のウェブサイトに掲載されている記事より（https://www.cbs.nl/nl-nl/dossier/dossier-zzp/hoofdcategorieen/is-elders-in-de-eu-het-aandeel-zzp-ers-zo-hoog-als-in-nederland-）。同記事によれば，15〜75 歳の働く人のうち自己雇用者（self-employed）の占める割合は EU 全体では 10.2％であり，オランダはこれを上回っている。
4　商工会議所へ ZZP の登録を行うには，以下の要件を満たさなければならない。①オランダ国内に居住していること（住民登録が必要），② BSN ナンバー（BurgerServiceNummer：市民管理ナンバー。わが国でいうマイナンバーのようなもの）をもっていること，③事業計画書を提出すること，④ビジネス用の銀行口座を開設し，4,500 ユーロ以上の預金があること。オランダで活動するフリーランスの佐藤まり子氏の以下の記事を参照（https://thinkit.co.jp/article/15338）。
5　https://www.cbs.nl/nl-nl/dossier/dossier-zzp/hoofdcategorieen/wie-zijn-de-zzp-ers-（最終アクセス日：2021 年 9 月 11 日）。2020 年において，ZZP のうち自己の生産物を販売する者は 19.1％である。
6　例えば，オーケストラは楽団に雇用された「従業員」としての演奏者の集団ではなく，ほとんどの場合，1 回の公演ごとに契約で出演する ZZP としての演奏家の集まりである。また，美容師も特定の美容院で雇用されている人は少数で，圧倒的多数は複数のサロンとフリーランス契約を結んでいる。

7 独立行政法人労働政策研究・研修機構のウェブサイトに掲載されている「基礎データ」によれば，2018 年のオランダの就業人口は 880 万人であり，同年の企業数 166 万者と比べると，就業人口に占める経営者の割合はさらに高くなっていると推測できる（https://www.jil.go.jp/foreign/basic_information/netherlands/index.html）。

8 https://www.cbs.nl/nl-nl/dossier/dossier-zzp/hoofdcategorieen/wie-zijn-de-zzp-ers-（最終アクセス日：2021 年 9 月 11 日）

9 CBS のプレスリリースによる。https://www.cbs.nl/nl-nl/nieuws/2017/50/helft-startende-ondernemers-jonger-dan-35-jaar（最終アクセス日：2021 年 9 月 11 日）

10 Hoger Beroepsonderwijs（高等職業教育）の略。いわゆる学術研究の府としての大学（Universiteit）と並んで，中等教育を修了した学生が学ぶ高等教育機関である。

11 堀（2017a）では，ロッテルダムの造船所跡を利用した産学官連携による新たなキャンパス構築と，そこでの産学共同研究開発活動や人材育成，起業支援の例について紹介している。また堀（2017b）では，こうした実践的教育がいっそう意識して行われるようになった政策的な背景としての「トップセクター政策」や，起業家マインド育成のための実践教育の例として，Hogeschool Rotterdam（ロッテルダム応用科学大学）の Rotterdam Business School（RBS）で行われている「輸入プロジェクト」を紹介している。

12 例えば，堀（2006）を参照。

13 オランダ語で "voortijdig school verlaters" と記す。略して vsv。英語に翻訳すると early school leavers となる。オランダでは進路によって義務教育の終了年齢が異なるのだが，概ね 18 歳で修了するはずの教育内容が 23 歳になっても修了できていない人をと「早期離学者」してカウントしているようである。

14 水島（2012）を参照。特に第 4 章に 2000 年以降のオランダ政府の様々な「統合化」へのとりくみが記述されている。

15 具体的にとられた対策とその背景については，堀（2007）を参照されたい。

16 CBS の発表資料による。https://www.nji.nl/cijfers/voortijdig-schoolverlaten（最終アクセス日：2021 年 11 月 7 日）

17 例えば，シャボット（2018），松岡（2021），安居（2021）を参照。

18 ランサーズ（株）『フリーランス実態調査 2021』
https://speakerdeck.com/lancers_pr/huriransushi-tai-diao-cha-2021

〈参考文献〉

1 大槻紀夫（2016）『オランダから見える日本の明日―〈しあわせ先進国〉の実像と日本飛躍のヒント』悠書館

2 桑本香梨（2021）「公庫調査からみる創業の多様なかたち―広がる創業の裾野に着目して―」日本政策金融公庫総合研究所『日本政策金融公庫調査月報』2021 年 3 月号，pp.4-17

3 権丈英子（2018）「オランダの労働市場」労働政策研究・研修機構『日本労働研究

雑誌』No.693.　pp.48-60

4　シャボットあかね（2018）『オランダ発ポジティヴヘルス〜地域包括ケアの未来を拓く〜』日本評論社

5　中小企業庁（2019）『小規模企業白書（2019 年版）〜令和時代の小規模事業者の活躍に向けて』

6　内閣官房・公正取引委員会・中小企業庁・厚生労働省（2021）「フリーランスとして安心して働ける環境を整備するためのガイドライン」

7　長坂寿久（2000）『オランダモデル―制度疲労なき成熟社会』日本経済新聞出版社

8　中谷文美（2015）『オランダ流ワーク・ライフ・バランス―「人生のラッシュアワー」を生き抜く人々の技法』世界思想社

9　堀潔（2005）「『起業教育のための産学連携』の必要性―オランダの起業教育事例に学ぶ―」三井逸友編著『地域インキュベーションと産業集積・企業関連携―起業家形成と地域イノベーションシステムの国際比較』御茶の水書房，pp.5-24

10　堀潔（2006）「オランダにおける大学インターンシップ制度」桜美林大学産業研究所『大学インターンシップ制度の国際比較研究』，pp. 33-44

11　堀潔（2007）「オランダにおける「早期離学」の動向と就業資格制度―オランダにける若年者の就業問題とその対策」桜美林大学産業研究所『桜美林大学産業研究所年報』第 25 号，pp.187-199

12　堀潔（2017a）「産学官連携によるイノベーションと人材育成―オランダにおける RDM　Campus のケース―」関智宏・中山健編著（2017）『21 世紀中小企業のネットワーク組織』同友館，pp. 97-112

13　堀潔（2017b）「オランダにおける起業（企業）増加の背景― Globalization と Diversity の進展のなかで―」大阪経済大学中小企業・経営研究所『中小企業季報』第 183 号，pp.13-25

14　堀潔（2018）「オランダにおける小規模起業の増加―我が国起業政策への示唆―」商工総合研究所『商工金融』第 68 巻 11 号，pp.40-53

15　堀潔（2021）「「雇われない働き方」が経済社会に与える影響―オランダの経験からわが国は何を学べるか―」『日本政策金融公庫論集』第 52 号，pp.69-82

16　松岡洋子（2021）『オランダ・ミラクル〜人と地域の「力」を信じる高齢者福祉〜』新評論

17　水島治郎（2012）『反転する福祉国家―オランダモデルの光と影』岩波書店

18　リヒテルズ直子（2010）『オランダの共生教育―学校が〈公共心〉を育てる』平凡社

19　安居昭博（2021）『サーキュラーエコノミー実践〜オランダに探るビジネスモデル〜』学芸出版社

20　Adviesraad voor wetenschap, technologie en innovatie (2015), *Mkb en hogescholen: Partners in innovatie*, Den Haag

21　Centraal Bureau voor de Statistiek (2007), *Jaarboek onderwijs in cijfer*

22   Centraal Bureau voor de Statistiek (2015), *De staat van het MKB 2015*, https:// www.cbs.nl/-/media/imported/documents/2015/48/de-staat-van-het-mkb-2015. pdf?la=nl-n

23   GEM (2011), *Global Entrepreneurship Monitor 2010 Global Report*, http://www. gemconsortium.org/report

24   Jansen, Milan, Jan de Kok, Judith van Spronsen, and Sten Willemsen (2003) *Immigrant entrepreneurship in the Netherlands: Demographic determinants of entrepreneurship of immigrants from non-western countries*, Scientific Analyses of Entrepreneurship SMEs

25   Nederlands Comité voor Ondernemerschap en Financiering (2016) *Jaarbericht Staat van het MKB 2016*, https://cms.staatvanhetmkb.nl/wp-content/ uploads/2016/11/De-staat-van-het-MKB2016jaarbericht-i_.pdf

26   Nederlands Comité voor Ondernemerschap en Financiering (2017) *Jaarbericht Staat van het MKB 2017*, https://cms.staatvanhetmkb.nl/wp-content/ uploads/2017/11/Jaarbericht-De_staat_van_het_MKB-2017-4MB.pdf

27   Nederlands Comité voor Ondernemerschap (2018) *Jaarbericht Staat van het MKB 2018*, https://cms.staatvanhetmkb.nl/wp-content/uploads/2018/10/Jaarbericht-De_ staat_van_het_MKB-2018-4MB.pdf

28   Nederlands Comité voor Ondernemerschap (2019) *Jaarbericht Staat van het MKB 2019*, https://cms.staatvanhetmkb.nl/wp-content/uploads/2019/10/Jaarbericht-De_ staat_van_het_mkb-2019-6MB.pdf

29   Nederlands Comité voor Ondernemerschap (2020) *Jaarbericht Staat van het MKB 2020*, https://cms.staatvanhetmkb.nl/wp-content/uploads/2020/12/Jaarbericht-staat-van-het-mkb-2020.pdf

30   Stel, André van, Tommy Span, and Jolanda Hessels (2014), *Global Entrepreneurship Monitor The Netherlands 2013 National Report*, Panteia

第14章
東京都城東地域における皮革関連産地の変容

大阪経済大学　山本俊一郎

1．はじめに

　東京都城東地域（台東区，墨田区，江東区，葛飾区，江戸川区の5区）は，都内の製造業事業所の約4割が集積する工業地域として発展してきた。なかでも皮革，同製品は都内の約70％が当地区に集中しており，履物，鞄，ベルトなどの皮革関連産業の集積地域として特徴づけられる。特に，東京特別区におけるなめし革・同製品・毛皮製造業の製造品出荷額に占める台東区と墨田区の割合は，それぞれ28.2％，29.2％であり，両区の基幹産業となっている（2019年　工業統計調査）。ここで，図表14-1には皮革関連産業が集積する台東区，墨田区周辺の業種別にみた産地の分布状況を示した。台東区北東部の隅田川右岸には履物産地が広がり，その西側に鞄産地が広がっている。また，台東区南部には袋物，ベルト，帽子の産地がみられる。くわえて，図中には後述する 2k540 AKI-OKA ARTISAN と台東デザイナーズビレッジ，および東京スカイツリーの位置を示している。そして，本研究の対象地域である木下川皮革産地は，図中北東の荒川右岸に位置している。

　これまで経済地理学，地域経済分野において，当該地域の地場産業を対象とした研究は数多く蓄積されてきたが（井出 1966；板倉・井出・竹内 1970；上野 1987 など），皮革関連産業を対象にしたものは，それほど多くない。そのようななか，竹内・北村（1962）は，城東皮革産地について，江戸から明治にかけて皮革業者が日本橋本革屋町や神田新革屋町から浅草へ移転し，そこで軍需の拡大とともに発展したのち，1887 年頃には現在の木下川流域に移転した形成過程を明

図表 14 - 1　台東区，墨田区周辺における皮革関連産業地域の分布

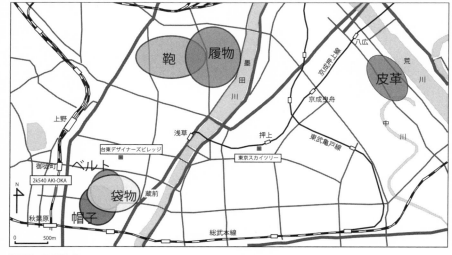

（出所）筆者作成。

らかにしている。くわえて，1960年頃の製革業が産地として存続していくため
に解決すべき問題点として，土地・用水・労働力の不足や，地域社会側からみた
排水，悪臭の問題点を指摘している。また，大谷（1973）は足立区本木地区を対
象に，皮革事業所の分布状況と事業所の家内工業である下請零細工業の特徴を明
らかにしている。

　しかしながら，1980年代に入ると，工業地域研究の関心は一般機械，電気機械，
輸送用機械を中心とした機械工業へと移り，日用消費財産業の衰退とともに，皮
革関連産業を扱った研究は低調となる。ようやく2000年代に入り，ものづくり
における基盤技術に対する見直しや，産業地域の暗黙知やソーシャルキャピタル
といった無形資産に対する関心が高まるなかで，皮革関連産業を対象に産地活性
化に向けた取組を明らかにした研究がみられるようになった（山本，2008；遠藤，
2012；濱田ほか，2018，など）。ただし，これらの研究においても，城東地域に
皮革関連事業所が集積していることには触れるものの，皮革産業そのものを研究
対象として取り扱うものは少ない。

　当産業において多くの蓄積がみられるのは部落産業としての視点から取り上げ

た研究である。そこでは，1969 年に制定された同和対策事業特別措置法による高度化事業の実態や問題点を論じたものが多くみられる（『部落』1980，八木，1996，など）。また，1980 年代以降のグローバル経済の進展にともなう輸入製品の流入による産業の衰退と，差別の構造的問題を扱った研究がある（菱山，1999）。2000 年以降になると，同特別措置法が 2002 年に終了したことへの影響を危惧するものや，劣悪な労働環境を訴えるルポルタージュ（関野，2004），被差別部落での差別撤廃を訴えるもの（北川，2004）などがみられる。これらの研究は，劣悪な労働環境，差別問題，企業の零細性に関する課題を論じたものが多い。このことから皮革関連産業については経済的，産業的課題から捉えた研究よりも，社会的課題から捉えた研究が多く蓄積されている点を指摘できる。

　以上のように，経済地理学，地域経済分野では，差別的な視点を含めた当地の問題点と産業を支える地域社会との関わりなど，社会的課題に関する記述は少なく，あくまで産業論からのアプローチに徹してきたことがわかる。しかし，産業地域の現状を適切に把握するためには，経済的，社会的，両面から産業地域を俯瞰的にとらえ，地域の課題について考察していくことが必要であり，産地が抱える課題の本質を理解していくうえで重要な視点となる。

　そこで本研究は，第 1 に，地理的研究対象として扱われることが少なかった東京都墨田区木下川皮革産地の生産構造と現状を把握し，同産業地域が抱える課題について明らかにする。第 2 に，皮革関連企業と地域社会との関わりに着目し，地域活性化に向けた取組について明らかにする。

2.　木下川皮革産地の概況と課題

(1)　木下川皮革産地の成り立ち

　木下川皮革産地は，1892 年，警視庁「魚獣化製場取締規則」の公布により，もともと浅草亀岡町・新谷町にあった皮革鞣業者が現在の東墨田一丁目から三丁目に位置する「木下川地区」に移転したことに端を発する。

　戦後の 1949 年には当地区内に 58 社の革鞣し業の事業所が立地していた。高度経済成長期の豚肉消費と皮革需要の増大により産地が拡大し，1990 年には 113 社に増加し最盛期を迎えた（木下川沿革史研究会，2005）。1996 年には，関連業者を含めると皮革業者 118 社，油脂業者 28 社，機械・金属加工業者 62 社が立地

図表 14 - 2　木下川皮革関連産業の事業所分布（1996 年）

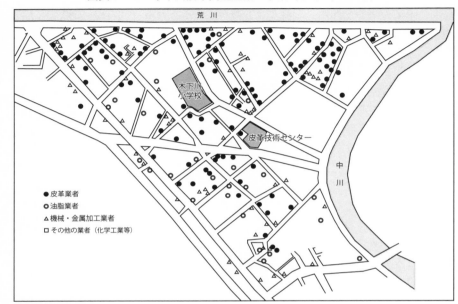

（出所）木下川資料室資料より作成。

しており，産地全体で約 200 社の事業所が立地していた（図表 14 - 2）。約 1 km²
の範囲に数多くの皮革業者が集積していたことがわかる。同和教育の拠点として
も有名な木下川小学校も同産地内に位置していたが，2003 年に閉校となる。そ
の後，校舎は皮革産業と同和教育の資料館として利用されていたが，2014 年に
介護施設に改修されて現在に至る[注1]。

(2) 皮革産業の生産流通構造

図表 14 - 3には皮から革へと加工する皮革の生産工程を示した。まず，と場（食
肉加工センター）において分別された皮（原皮）を水洗いし（水漬け），原皮に
付着している汚物を洗い流す。それを硫化ナトリウムなどの脱毛促進剤を添加し
た石灰溶液に漬けて皮を膨らませ，毛を抜き取る（脱毛，石灰漬け）。次に，用
途に応じた皮の厚みに分割し，さらに石灰に漬けて皮の表面を整える。その後，

図表 14－3　皮から革へ　皮革の生産工程

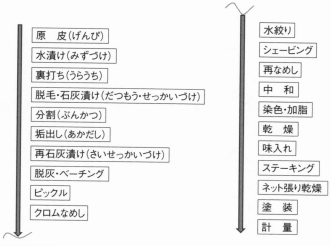

原　皮（げんぴ）
水漬け（みずづけ）
裏打ち（うらうち）
脱毛・石灰漬け（だつもう・せっかいづけ）
分割（ぶんかつ）
垢出し（あかだし）
再石灰漬け（さいせっかいづけ）
脱灰・ベーチング
ピックル
クロムなめし

水絞り
シェービング
再なめし
中　和
染色・加脂
乾　燥
味入れ
ステーキング
ネット張り乾燥
塗　装
計　量

（出所）東京都立皮革技術センター HP より作成。

　クロムやタンニンなどを用いて皮の腐敗を防ぎ，耐久性を持たせる（クロム鞣し
など）。水分をとばし，皮の厚みを調整（シェービング）する。ここで，再度，
皮を鞣し染色をする。乾燥したのち，もみほぐしながら平らな状態にするために
網版に張って伸ばす（ネット張り乾燥）。塗装を施し，皮の面積を計量し，皮革
が出来上がる。
　以上の工程が産地のなかで分業されており，水平的な生産構造が構築されてい
る。この工程は獣皮の種類を問わず概ね同様の流れである。
　図表 14－4 には，木下川産地における豚革の生産構造と各業者間のつながりを
示している。まず，と場（食肉加工センターなど）から生の状態の豚原皮が，原
皮商や鞣し業者へ運び込まれる。輸出する豚原皮は塩漬けにされる。次に原皮商
や鞣し業者によって原皮に付着している油やゼラチン質が取り除かれ，油とり業
者やゼラチン加工業者へと出荷される。その後，鞣し業者によって残った皮部分
の脱毛，石灰漬け作業が進められ，この時点で最終製品の用途にあわせて皮の厚
みが調整される。この加工工程を生スキ業者に外注する鞣し業者も存在する。鞣
し加工を経ると，シェービング加工業者が革の内面を削りながら厚みを調整し，

246

図表 14-4　木下川皮革産地の生産構造

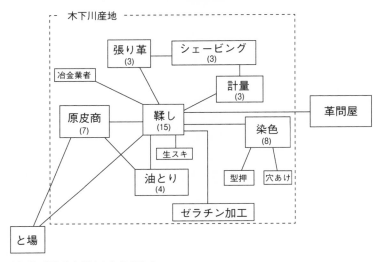

（出所）聞き取り調査より筆者作成。

染色業者による染色が施され，張り革業者による乾燥，計量ののち，仕上がった豚革が革問屋に納入される。図中括弧内の数値は2014年現在の当該産地の主な工程の事業所数を示している。産地の生産量の減少に伴い，企業数が縮小し，今後，分業によって生産工程を維持していくことが難しい状況にある。

　ここで，豚革の原料となる豚原皮生産量の推移をみると（図表14-5），1995年から2012年までに，1,530万頭から1,600万頭の間で推移していることがわかる。

　この傾向は，豚と畜頭数の推移と一致していることから（図表14-6），2020年現在の豚原皮生産量も，豚と畜頭数と同量程度の数値であることが推察できる。つまり原皮自体は減少しておらず，原材料の供給と豚革生産の縮小とは関係がない。

　ここで，と場から出た豚原皮の約95％は塩漬けにされて輸出される。近年ではその大半が東南アジアへと輸出され，現地で鞣し工程が行われる[注2]。豚原皮（なめし過程にないもの）輸出量の推移（図表14-7）をみると，輸出量はグローバル市場における皮革の需要増により2003年より2013年まで輸出量が増加し，2014年以降に減少傾向にある。輸出額をみると，リーマンショックによる需要

図表 14 - 5　豚原皮生産量の推移

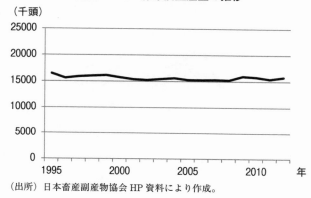

（出所）日本畜産副産物協会 HP 資料により作成。

図表 14 - 6　豚と畜頭数の推移

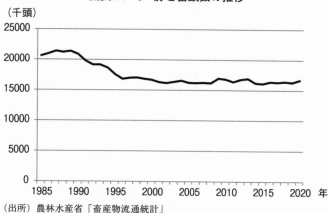

（出所）農林水産省「畜産物流通統計」
　　　東京都「かわとはきもの」資料より作成。

　減の影響により 2009 年～2010 年に大きく落ち込むものの，豚原皮の取引価格の
上昇により 2018 年まで高値が続いた。
　2019 年からは豚コレラの発生によって豚原皮価格が大幅に下落している。
2005 年には原皮 1 枚あたり 60 円であったが，2014 年になると 200 円に上昇して
おり，この動向と輸出量の増加が連動していることがわかる（図表 14 - 8）。

図表 14-7　豚原皮輸出量と輸出額の推移

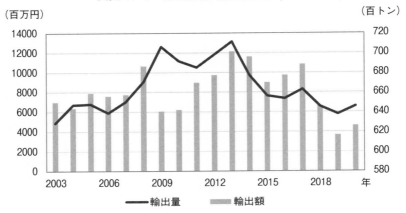

（出所）日本関税協会「日本貿易月表」
　　　東京都「かわとはきもの」の資料より作成。

図表 14-8　原皮 1 枚あたりの取引価格

年	豚	牛	馬（成馬）
2005	60	2,000	500
2006	80	2,000	500
2007	80	2,300	500
2008	130	2,300	500
2009	80	2,300	500
2010	30	1,000	500
2011	110	1,000	500
2012	110	1,000	500
2013	160	1,000	500
2014	200	2,000	500
2015	170	2,000	500
2016	150	2,000	500
2017	180	1,500	500
2018	150	1,500	500
2019	10	700	500
2020	10	500	500
2021	0	10	時価

（出所）東京都中央卸売市場 HP　食肉市場ニュースにより作成。
　　　数値は各年の 8 月末日の市場価格を示す。
　　　2019 年以降牛は和牛交雑去勢・雄 380kg 以上の値

3.　皮革産業衰退の背景

(1)　鞣し製造業者の衰退

　図表14‐9には東京都内の鞣し製造業の事業所数ならびに製造品出荷額の推移を示した。ここでは東京都内全体の鞣し製造業の事業所数と，製造品出荷額の2001年から2019年までの推移を示しているが，どちらも急激な減少傾向にあり，19年間で約3分の1にまで落ち込んでいる。

　ここで，図表14‐10には，我が国の豚革の生産量（原皮換算重量）を示している。1989年の豚革の全生産量約353万枚のうち83.4％が東京都の生産であったことを踏まえれば[注3]，図中の傾向は木下川産地でも同様と考えることができる。木下川産地の生産量は1980年代前半に最盛期を迎え，その後急激に減少し，2019年現在，豚革の製品枚数に換算すると年間120万枚から3万枚へと40分の

図表14‐9　東京都鞣し製造業者の推移

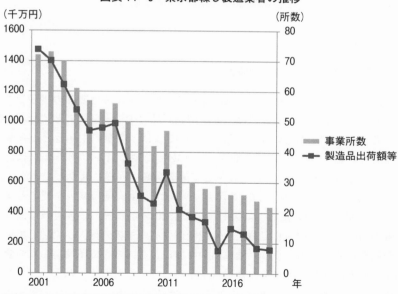

（出所）東京都「東京の工業」（工業統計調査報告）により作成。
　　　　従業者4人以上の事業所が調査対象。

図表 14 - 10　国内豚革生産量（原皮換算重量）の推移

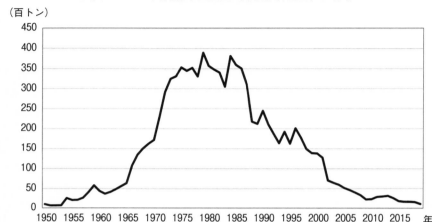

（出所）「雑貨統計年報」「繊維・生活用品統計年報」「生産動態統計年報　繊維・生活用品統計編」
　　　より作成。
　　　1990 年〜2001 年，2011 年以降は馬・豚・めん羊革の合算値を示す。

1 にまで激減している[注4]。

(2) 皮革関連産業（革靴）の衰退

　鞣し製造業者が衰退する背景には，豚革を用いる皮革関連製品の生産量の減少が大きく影響している。ここでは，皮革関連製品の中でも部材として豚革が使用される革靴の動向から考察する。図表 14 - 11 には，革靴の生産量と出荷額の推移を示している。1995 年以降，約 5 千万足あった生産量が，2020 年には約 1 千万足にまで減少しており，それと比例して販売金額も同様に減少している。また，図表 14 - 12 には革靴の輸入動向を示しているが，生産量の減少を埋めるように 2003 年まで急激に輸入足数が増大している。2012 年以降，輸入足数は減少しているものの輸入額は増加しており，付加価値の高い革靴の輸入が増加している傾向が読み取れる。このように，輸入品の増加による国内の皮革関連産業の衰退は著しく，その動向が皮革産業の衰退につながっていると考えられる。

　そのほか，2006 年度より厳格化された下水排除基準にともなう排水処理装置の設置義務化も，鞣し製造業者の廃業を加速した要因とされる。また，労働力の

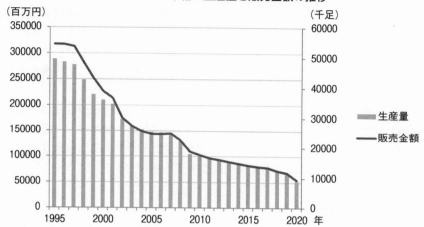

図表 14 - 11　革靴の生産量と販売金額の推移

（出所）経済産業省「生産動態統計年報（繊維・生活用品統計編），「生産動態統計（繊維工業・
　　　その他の工業）月報」
　　　東京都「かわとはきもの」資料より作成。
　　　常用従業者 10 名以上の事業所

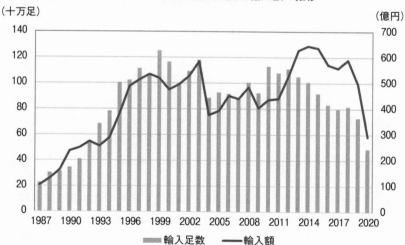

図表 14 - 12　革靴の輸入足数と輸入額の推移

（出所）日本関税協会「日本貿易月報」，東京都「かわとはきもの」の資料により作成。

確保の難しさも衰退の要因の一つにあげられる。

　以上のように，当該産地の生産量の減少の要因には，第一に皮革製品の輸入量の増大による皮革関連産業の衰退があり，それは直接，原材料を生産する鞣し業者，生スキなどの加工業者の衰退につながり，産地全体の縮小を招いている。あらためて図表14－4の括弧内に示した数値をみると，皮革産業の生産構造が存立できなくなりつつあることが理解できるだろう。

　さらに，皮革産業の衰退は，業者の廃業につながり，空き地が駐車場や住宅への転換を加速させている。皮革産地の住宅地化の進行は，地域内での異臭や騒音のトラブル発生にもつながりやすく，それは，油脂業者や廃品回収業者にも同様の影響をあたえ，当地域の産業空洞化はますます進行することとなる。

4. 皮革産業と地域ブランド

(1) 台東区，墨田区における地域ブランド構築の取組

　1990年代，中国を中心としたアジアからの低価格輸入品の流入により，国内の日用消費財産地はさらなる高付加価値生産体制の構築しなければならない状況となった。そこでは「モノ」から「コト」への転換といわれるように，加工技術や製品の機能性向上はもとより，デザインや地域ブランドなど無形資産を活用した付加価値の向上により，商品の差別化を図る対応が必要不可欠となった。台東区では，地域ブランド構築を目指した「アルティベリー事業」[注5]や，台東デザイナーズビレッジ[注6]を設立し，ものづくりの街に若者のセンスを取り込み，製造業の活性化を図るために，インキュベート機能を強化する政策を進めてきた。また，クラフト製品を扱う専門店街であるAKI-OKA 2k540[注7]が2010年に設立し，当地域周辺がものづくりの街としてのブランド構築の一役を担っている。さらに，2011年からデザイナーズビレッジ入居企業と地域の飲食店等が協力し，年に一度，台東区南部を巻き込んだモノづくりイベント「モノマチ」が開催されている[注8]。

　一方，墨田区においても，墨田区や中小企業センターが地域ブランド構築に向けて，1985年から始まった「すみだ3M運動」に端を発し，「すみだモダン」「じつはすみだ」といった地域のものづくりにおけるブランディング事業をすすめている。東京スカイツリーによる観光客の増加を見越して，ソラマチ5F産業観光

プラザにアンテナショップも出店している。

(2)　企業ブランド構築に向けた取組

　前節のように，台東区と墨田区では，消費者と生産者の結びつきを目的とした地域ブランド構築がすすめられてきた。近年では，生産・消費両面における若者との新たなネットワーク構築がすすめられている。このような動きは木下川皮革産地の企業の取り組みにもみられる。ここでは，2 社の事例を紹介し，新たな地域資源を活かした高付加価値生産体制の構築に向けた取組を紹介する。

①　若者（クリエイター）とのつながりによる企業ブランドの向上

　A 社は，従業員数 15 名以下で，ファッション業界との取引が中心の革加工メーカーである。豚革，牛ぬめ革，山羊革の型押し加工や，革表面への染色加工，箔加工，塗装加工などを手掛けている。使用する革材は革問屋より仕入れており，一部輸入品も使用している。A 社は，台東デザイナーズビレッジ入居企業のなかで皮革製品を制作している企業（作家）や専門学校生をインターンシップで受け入れるなど，若者のクリエイターとのつながりを重視している。インターンシップ生が入社し，社内でオリジナルブランドを立ち上げたり，Youtube を活用して対談する動画を配信するなど，若者のセンスと A 社の技能を結びつけながら，企業ブランドの向上を図っている。若手クリエイターも，皮革産地ならではの地産地消の優位性をアピールする記事を配信するなど，コト消費への対応がみられ大変興味深い。

②　環境にやさしい革づくりによる企業ブランドの構築

　B 社は従業員数 10 名以下の皮革の鞣製・染色・仕上げ加工を行う鞣し業者であり，同時に地域ブランド構築に向けた様々な関連事業を手掛けている。植物タンニン鞣しによる環境にやさしい鞣し技術を開発するとともに，NPO 法人「革のまちすみだ」を設立し，地域ブランドの構築にも力をいれている。また，墨田の皮革産業を活性化し，産業と地域に事業者のみならず地域の人々が誇りをもてるようなまちづくり活動を推進するために，工場見学会を積極的に実施しており，これまでファッション関連企業，専門学生，大学生等，地元小中学生など，年間約 2,000 人を受け入れてきた。くわえて，墨田区の公共施設である「すみだ

産業会館」や東京スカイツリータウン・ソラマチ5F産業観光プラザ「すみだ まち処」にて，皮革素材を主とした皮革製品の販売促進のためのイベント開催やデザインコンテストの作品展示などを実施している。

　上記の2社以外にも，産地には植物タンニンによる鞣し革にもかかわらず，白く柔らかな仕上げで，高級ブランドのバッグに使用される豚革を加工する技術力の高い企業や，美味しいと評判の豚肉の豚革を使うというコンセプトでヒットしたバッグなどを開発した企業などがいくつか存在する。

　これらの動向をまとめると，以下のような産地の新たな変化を指摘することができる。まず，大量生産・大量消費のために問屋や製造卸を中心として構築された社会的分業構造に基づく生産体制が，ニッチ市場における企業ブランドの向上を目指した生産体制へと変化している点である。近年，皮革生産者は地域内で活動する若い世代のクリエイターや，まちづくりや環境問題などの社会課題の解決を目指す人々との結びつきによって，より直接的に消費市場や地域コミュニティとつながり，新たな顧客層とつながることを重視している。これはモノ消費からコト消費への市場の変化への対応と捉えることができる。

5. まとめ

　本章では，皮革関連製品の安価な輸入品流入によって急激な生産量の縮小が続く城東地域皮革産地の現状と新たな動向について考察を進めてきた。皮革関連産業の衰退によって皮革産地では大量生産体制を継続することが困難となっており，産地の急激な縮小傾向が明らかとなった。これにともなって，産地内では既存の分業体制が維持できなくなり，各生産工程における生産技術の消失が危惧されている。また，近年，廃業した鞣し業者や皮革関連の加工業者の跡地には，戸建て住宅が立地し，宅地化も進展している。今後は，騒音や異臭などめぐってトラブルに発展する懸念があり，皮革生産企業にとってはより厳しい操業環境となっている。

　一方で，木下川産地の各企業は都市近郊に立地する強みを生かし，若い世代のクリエイターとの交流や，地域活性化，環境問題など社会課題との関わりから新しい経済価値と社会価値を求めて企業ブランドの構築を目指していることが明ら

かとなった。台東デザイナーズビレッジを中心とする徒蔵地区で活躍する若手ク
リエイター達は，地場の良質な原材料に対するこだわりをもっており，この価値
観が，部落産業としてのイメージが強く，近隣でありながら関わりの希薄であっ
た皮革産業との結びつきを生み出し，産地全体で新たな付加価値の形成につな
がっていると考えられる。言い換えれば，産地内の生産機能の縮小によって，企
業ブランド構築のために外部との新たなネットワークを構築せざるを得なくなっ
た状況が，良質な豚革を生み出す生産地域として再評価する動きにつながり，こ
れまで社会的に部落産業として認識され，心理的に隔離されてきた空間を，社会
課題解決に取り組む魅せる空間へと変容させつつある。地域の資源を見直し，場
所に埋もれた価値を再発見する過程のなかで，改めて地場の皮革産業の価値を再
認識していると考えられる。

　長らく製品の企画開発を問屋に依存しながら社会的分業に基づく大量生産体制
によって成立してきた日本の地場産業地域にとって，モノづくりからコトづくり
への転換は容易ではない。しかしながら，部落産業と人権教育の場から，良質で
環境にやさしい，お洒落でセンスのよい革製品を創り出す城東地域の皮革産地の
事例は，多くの産地にコトづくり地域の構築に向けた有益なヒントを与えてくれ
るに違いない。

〈注〉
1　同資料館は，近隣の東墨田会館内へ移転している。
2　東京都立皮革技術センターからの聞き取りによる。
3　「平成元年　雑貨統計年報」による。
4　産地企業からの聞き取りによる。
5　アルティベリー事業とは，1999 年に開始された皮革関連産業と台東区共催による
　台東ファッション実行委員会を中心に，皮革関連産業における異業種交流，加工技術
　の向上，地域ブランドの形成と新しい販路の開拓，優良な職人へのものづくりへの刺
　激，そして若者の靴づくりに対する魅力の提示による労働力確保，台東区のアイデン
　ティティ形成など，台東区と産地の企画・デザインの向上はもとより営業・販売機能
　を見据えた企業の高付加価値生産を目指した産業支援策である。2008 年度から業界
　団体に業務が移管されて同委員会としての活動は終了した。
6　台東デザイナーズビレッジは，台東区のファション関連業種の創業支援施設として
　2004 年 4 月に小島小学校跡をリノベーションして設立された。入居者の条件は，創
　業予定，または創業 5 年以内の若手デザイナーやクリエイターが入居可能となってい
　る。入居期間は原則 3 年間で，2020 年度までに 102 の卒業企業を輩出している。事

務所兼作業所スペース，共同制作スペース，展示場，図書室，会議室などを完備。事業計画，販売促進などのセミナーなどソフト面もサポートする。

7 2k540 AKI-OKA ARTISAN は，2010 年に設立されたジェイアール東日本都市開発によるものづくりをテーマにしたテナント施設である。東北本線の東京駅起点 2.54km 地点の高架下を再開発した。約 45 区画が賃貸されている。

8 2011 年 5 月の第 1 回の参加は 113 組（うちクリエイター 87 名，地元企業 16 社，飲食店 10 店）と広がりをみせている。モノマチについては，小田ほか（2014）に詳しい。

〈参考文献〉

1 板倉勝高，井出策夫，竹内淳彦（1970）『東京の地場産業』大明堂

2 井出策夫編（1966）「大都市日用消費財工業の地域構造」『地理学評論 39-11』古今書院

3 上野和彦（1987）「東京都墨田区における中小工場の立地移動」『経済地理学年報 33-2』日本経済評論社

4 遠藤貴美子（2012）「東京城東地域におけるカバン・ハンドバッグ産業集積の存立基盤―企業間の受発注連関とコミュニケーションの分析を通じて―」『地理学評論 85-4』古今書院

5 小田宏信，遠藤貴美子，山本俊一郎，山本匡毅（2014）「台東・墨田 産業集積の伝統と革新―第 60 回大会エクスカーション総括―」『経済地理学年報 60-3』日本経済評論社

6 大谷猛夫（1973）「東京都足立区の本木における皮革工業と家具工業についての考察―巨大都市下町地域の零細工業の存在形態」『地理学評論 46-9』古今書院

7 北川京子（2004）「木下川に生きる」『別冊東北学 Vol.7』作品社

8 木下川沿革史研究会編（2005）『木下川地区のあゆみ・戦後編 皮革業者たちと油脂業者たち』現代企画室

9 竹内淳彦，北村嘉行（1962）「東京における製革業地域の形成―生産地域の形成と存続上の諸問題―」『新地理 10-3』日本地理教育学会

10 関根吉晴（2004）「壁を超える 木下川・職人たちの軌跡」『別冊東北学 Vol.7』作品社

11 部落問題研究所（1980）「特集 部落産業と高度化資金」『部落』

12 濱田愛，中島直人，西村幸夫（2018）「皮革関連産業構造の変遷から見た台東区北部地域の地域産業空間構造 地域産業空間構造から見た都市む職住混在空間の実態と継承に関する研究 その 1」『日本建築学会計画系論文集 83-750』日本建築学会

13 菱山謙二（1999）「日本の皮革産業と差別問題」『社会学ジャーナル 24』筑波大学社会学研究室

14 八木正（1996）「東京都の同和行政と皮革関連産業の地域実態」『同和問題研究 18』大阪市立大学同和問題研究室

15 山本俊一郎（2008）『大都市産地の地域優位性』ナカニシヤ出版

補論
紀要『中小企業季報』の傾向分析

大阪経済大学　梅村　仁
大阪経済大学中小企業・経営研究所　大塚好晴

1. はじめに

(1) 目的

『中小企業季報』の通巻第200号を記念し，1972年から2021年4月発行分（通巻第198号）までの論文タイトルを分析することで，年代ごとの研究テーマの特徴やその変遷を明らかにし，これまでの研究成果を見える化するものである。

(2) 方法

1972年の通巻第1号から2021年の通巻第198号までを対象とし，全論文タイトルから単語を抽出し，単語の出現数や時代ごとの単語の特徴を読み取ることで，研究テーマの特徴やトレンドの変化を分析する。

抽出した単語については，単純集計とともに，年代別の分析や出現数上位の単語については，より詳細な分析を加えている。単語の抽出・集計及び図式化については，以下のソフトウェアを活用して実施している。

【単語の抽出・集計】
・各論文タイトルについて，単語ごとに区切り（助詞等は除く）を入れて，タイトルを要素に分解し，エクセルに入力・整理する。
・上記のエクセルデータをもとに，集計ソフト（秀吉Dplus：株式会社社会情報サービス）にデータをインプットし，出現数の集計作業を実施。

> 【図式化】
> ・テキストマイニングによる共起ネットワーク図の作成においては，テキスト型データの計量的な内容分析を行うフリーソフトウェアである「KH Coder」を活用。また，共起ネットワーク図とは，出現パターンの似通った単語，すなわち共起の程度が強い単語を線で結んだネットワークをいう。
> ・なお，同ソフトウェアを活用した共起ネットワーク図の作成においては，作業者の意図ができるだけ入らないように，助詞等も含めて作成している。

2. 分析結果のポイント

【属性全般】

　執筆者の所属機関所在地では，大阪府や兵庫県，京都府など関西圏からの投稿者が多いものの，1990年代以降は，九州や中国地方，北海道からの投稿者も増加している。

　調査対象地域（日本国内 or 海外）では，日本国内を対象としたものが多いものの，1980年代から1990年代にかけては，海外研究や日本との比較研究が多くなっている。

【詳細単語分析（年代別）】

　論文タイトルの傾向変化をみると，いずれの年代においても「中小企業」という単語が圧倒的に多く出現しているが，年代によって出現する単語には特徴がみられる。

　1970年代には，東西冷戦下の影響を受けて，「社会主義国家」や「マルクス経済学」，「マルクシズム」といった社会主義国家を想起させる単語が出現する点に特徴がある。

　1980年には，「アメリカ」や「西ドイツ」，「イタリア」，「フランス」といった具体的な国名が出現するようになり，海外を対象とする研究が特徴的となっている。また，「国際比較」や「円高」のように，日本と海外との比較研究や当時の国際情勢を反映した研究もみられるようになる。

　1990年代には，具体的な産業分野を想起させる単語が出現する。「自動車産業」

や「自動車」，「自動車部品供給業」など自動車関連の単語は，「下請取引」や「下請」といった単語とネットワークを形成し，自動車産業における取引構造に着目した研究が出現している。また，「流通」や「流通政策」といった単語が新たに出現するとともに，「チャネル」や「システム」，「中小小売業」といった単語と組み合わされるようになり，商業系における流通経路やシステムに着目した研究が特徴的である。

　2000年代以降は，「地域」や「地域経済」，「事例」，「一考察」，「ケーススタディ」といった単語とともに，日本国内の具体的な都道府県名や地域名が多く出現するようになり，日本国内を事例とした研究が多く出現するようになる。一方，1980年代から1990年代に多かった海外を対象とする研究はやや影を薄めるようになっており，研究の関心領域が日本国内，それも地域や地方へとシフトしたものと推測される。また，2000年代以降は「イノベーション」や「起業」，「スタートアップ」のような近年のトレンドを色濃く反映した単語が出現している。同様に，「中小企業」や「小規模事業者」と「事業承継」や「後継者育成」，「人材採用（登用）」という単語が組み合わされるようになり，近年の中小企業のトレンドが反映されている。

　以上の分析から，それぞれ年代における社会情勢や課題，国際環境の変化に呼応する形で論文のタイトルも変遷してきたことが分かる。中小企業季報はその約50年の歴史を通じて，常に時代のトレンドやテーマを発信し続けてきたといえる。

3. 『中小企業季報』の傾向

(1) 属性全般

① 執筆年代
　論文が執筆された年代については，2020年代を除いて，60件〜80件程度となっている。1990年代が最も多く81件，以下1980年代と2000年代が79件，2010年代が78件となっている。

No.	カテゴリ	件数	（全体）%
1	1970年代	63	16.0
2	1980年代	79	20.1
3	1990年代	81	20.6
4	2000年代	79	20.1
5	2010年代	78	19.8
6	2020年代	13	3.3
	合計	393	100

② 執筆者性別

執筆者の性別では，男性が95.2%，女性が4.8%となっている。

No.	カテゴリ	件数	（全体）%
1	男	374	95.2
2	女	19	4.8
	合計	393	100

③ 所属機関所在地

所属機関の所在地では，大阪府が最も多く83件，次いで東京都が77件となっている。また，3位から10位までは，兵庫県（51件），愛知県（48件），京都府（26件），福岡県（22件），広島県（10件），熊本県（9件），北海道（7件），岐阜県（6件）となっており，大阪府や兵庫県，京都府など関西圏からの投稿者が多くなっている。

No.	カテゴリ	件数	（全体）%	No.	カテゴリ	件数	（全体）%
1	大阪府	83	21.1	18	長野県	2	0.5
2	東京都	77	19.6	19	三重県	3	0.8
3	兵庫県	51	13.0	20	滋賀県	3	0.8
4	愛知県	48	12.2	21	青森県	2	0.5
5	京都府	26	6.6	22	長崎県	2	0.5
6	福岡県	22	5.6	23	島根県	2	0.5
7	広島県	10	2.5	24	埼玉県	1	0.3
8	熊本県	9	2.3	25	高知県	1	0.3
9	北海道	7	1.8	26	静岡県	1	0.3
10	岐阜県	6	1.5	27	福井県	1	0.3
11	奈良県	6	1.5	28	茨城県	1	0.3
12	千葉県	6	1.5	29	香川県	1	0.3
13	福島県	5	1.3	30	韓国	1	0.3
14	群馬県	4	1.0	31	中国	1	0.3
15	石川県	3	0.8	32	英国	1	0.3
16	山口県	4	1.0	33	フィンランド	1	0.3
17	神奈川県	4	1.0		判別不能	5	1.3
					合計	393	100

（注） 所属機関が複数記載された執筆者や複数の執筆者がいる場合は，記載されたすべての所属機関の所在地をカウントしているため，件数は母数（393件）よりも多くなっている。

④ 調査対象地域（日本国内 or 海外）

論文タイトルから研究対象とする地域について，日本国内または海外という軸

で分析すると，日本国内を対象とするものが 299 件，海外が 89 件，両者の比較研究が 5 件となっている。

No.	カテゴリ	件数	（全体）%
1	日本	299	76.1
2	海外	89	22.6
3	比較	5	1.3
	合計	393	100

⑤　出現数 5 回以上の単語（上位 45 件）

　全期間の論文タイトルのうち，5 回以上出現した単語を抽出したところ，全部で 45 件となる。「中小企業」が最も多く 137 回，以下，5 位までは「事例」（出現数計 25 回），「課題」（出現数計 22 回），「中小企業政策」（出現数計 20 回），「世界」（出現数計 15 回）となっている。本誌タイトルのように，中小企業や中小企業に関する政策，事例，課題に関する単語が多くなっている。また，具体的な国名としては，「アメリカ」（出現数計 10 回），「西ドイツ」，「イタリア」，「ドイツ」（出現数計 6 回）などが挙がっている。

単　　　　　語	出現数
中小企業	137
事例	25
課題	22
中小企業政策	20
世界	15
日本	13
変化	13
中心	12
視点，問題，地場産業，中小企業問題，展開，研究，アメリカ	10
商店街，分析，動向，対応，考察	8
発展，中小商業，役割，成長，意義	7
地域，中国，中小小売業，西ドイツ，実態，自動車産業，産業，構造変化，企業，わが国，イノベーション，イタリア，ドイツ	6
問題点，中小企業研究，地域経済，市場，英国，スイス国際中小企業学会，場合	5

(2) 年代別×属性分析

①　年代×執筆者性別

　年代別に執筆者の性別をみると，各年代とも男性の方が多くなっている。女性の執筆者は 1990 年代から出現し，2010 年代まで徐々に増加傾向である。

上段：度数		合計	年　　代					
下段：%		合計	1970 年代	1980 年代	1990 年代	2000 年代	2010 年代	2020 年代
性別	全体	393	63	79	81	79	78	13
		100.0	16.0	20.1	20.6	20.1	19.8	3.3
	男	374	63	79	77	74	71	10
		100.0	16.8	21.1	20.6	19.8	19.0	2.7
	女	19	—	—	4	5	7	3
		100.0	—	—	21.1	26.3	36.8	15.8

②　年代×所属機関所在地

　年代別に所属機関所在地をみると，いずれの年代も大阪府や東京都が多く，大阪府が83件，東京都が77件となっている。1990年代以降は，九州や中国地方，北海道からの投稿者も増加している。

上段：度数		合計	年　　代					
下段：%		合計	1970 年代	1980 年代	1990 年代	2000 年代	2010 年代	2020 年代
所属機関（都道府県）	大阪府	83	16	23	16	18	8	2
		100.0	19.3	27.7	19.3	21.7	9.6	2.4
	東京都	77	16	10	16	15	19	1
		100.0	20.8	13.0	20.8	19.5	24.7	1.3
	兵庫県	51	5	15	10	11	9	1
		100.0	9.8	29.4	19.6	21.6	17.6	2.0
	愛知県	48	11	3	11	10	12	1
		100.0	22.9	6.3	22.9	20.8	25.0	2.1
	京都府	26	8	10	3	4	1	—
		100.0	30.8	38.5	11.5	15.4	3.8	—
	福岡県	22	—	2	2	6	10	2
		100.0	—	9.1	9.1	27.3	45.5	9.1
	広島県	10	1	1	4	3	1	—
		100.0	10.0	10.0	40.0	30.0	10.0	—
	熊本県	9	—	—	2	3	4	
		100.0	—	—	22.2	33.3	44.4	
	北海道	7	—	—	2	2	2	1
		100.0	—	—	28.6	28.6	28.6	14.3
	岐阜県	6	—	—	—	—	5	1
		100.0	—	—	—	—	83.3	16.7

③　年代×調査対象地域

年代別に調査対象地域（日本国内 or 海外）をみると，いずれの年代でも日本国内を対象とする研究が海外や比較研究を上回る結果となっている。特に，2000年代以降は日本国内を対象とする研究が多くなっている。

次に，海外を対象とした研究に着目すると，1980年が最も多く28件，次いで1990年代が21件と多くなっている点が特徴的である。それ以降では，2000年代が15件，2010年代が12件と減少傾向になっている。また，日本と海外との比較研究も1980年代と1990年代に出現していることから，この時期に海外をテーマとする研究への関心が高まったものと推測される。

上段：度数 下段：％		年　　　　　代						
		合計	1970年代	1980年代	1990年代	2000年代	2010年代	2020年代
対象国	全体	393	63	79	81	79	78	13
		100.0	16.0	20.1	20.6	20.1	19.8	3.3
	日本	299	52	48	58	64	66	11
		100.0	17.4	16.1	19.4	21.4	22.1	3.7
	海外	89	11	28	21	15	12	2
		100.0	12.4	31.5	23.6	16.9	13.5	2.2
	比較	5	—	3	2	—	—	—
		100.0	—	60.0	40.0	—	—	—

(3)　年代別詳細分析

①　上位45件単語分析

最も多い「中小企業」（出現数計137回）については，1990年代と2020年代を除いて，20回以上の出現数となっている。1980年代は最も多く38回となっている。また，近似する単語である「中小企業政策」（出現数計20回）については，1990年代に10回と突出して多くなっており，政策研究が数多くなされたものと推測される。

出現数が2番目に多い「事例」（出現数計25回）については，2000年代以降だけで20回出現しており，この時期に事例研究への関心が高まったものと推測される。

また，前述したように，1980年代から1990年代にかけて海外を対象とした研究が多くみられるが，当該分析でも「世界」（出現数計15回）という単語はもと

上位 45 件	合計	年　　代					
		1970 年代	1980 年代	1990 年代	2000 年代	2010 年代	2020 年代
中小企業	137	24	38	11	24	31	9
事例	25	1	2	2	6	11	3
課題	22	5	3	5	4	4	1
中小企業政策	20	2	5	10	2	1	—
世界	15	1	14	—	—	—	—
日本	13	2	2	4	2	3	
変化	13	—	2	4	4	2	1
中心	12	1	4	2	1	4	
視点	10	—	1	2	1	5	1
問題	10	3	3	2	—	1	1
地場産業	10	—	3	2	—	5	—
中小企業問題	10	4	4	1	1		
展開	10	1	5	2	1	1	
研究	10	1	3	1	3	2	
アメリカ	10	1	5	2	2	—	
商店街	8	—	—	2	4	2	
発展	7	—	1	2	1	3	
分析	8	2	1	1	3		1
動向	8	2	3	2	1	—	
対応	8		1	5	—	2	
考察	8	—	1	—		5	2
中小商業	7	4	1	2	—	—	
役割	7	1	2	1	1	2	

より，「アメリカ」（出現数計 10 回）や「西ドイツ」，「イタリア」，「ドイツ」（出現数計 6 回），「英国」（出現数計 5 回）といった具体的な国名もこの時期に多く出現している。

　具体的な産業分野を想起するものとしては，「商店街」（出現数計 8 回），「中小商業」（出現数計 7 回），「中小小売業」（出現数計 6 回）など商業系が多く出現している。「商店街」というキーワードについては，すべて 1990 年代以降に出現している。その他，具体的な産業を想起するものとして，「自動車産業」（出現数計 6 回）も出現しているが，1990 年代と 2000 年代に集中している。

　2000 年以降では，「地場産業」（出現数計 10 回）や「地域」（出現数計 6 回）といった単語が多くなっており，地域産業への関心が高まっているものと推測さ

上位45件	合計	1970年代	1980年代	1990年代	2000年代	2010年代	2020年代
成長	7	1	1	1	1	2	1
地域	6	—	—	—	3	3	—
意義	7	1	1	2	1	2	—
中国	6	—	1	1	1	2	1
中小小売商	6	—	2	—	4		
西ドイツ	6	—	5	1	—	—	
実態	6	1	3	—	1	1	
自動車産業	6	—		3	3		
産業	6	2	—	1		2	1
構造変化	6	1	2	2	1	—	—
企業	6		1	—	1	4	
わが国	6	—	2	3	1	—	—
イノベーション	6	—	—	—	2	4	
イタリア	6	1	4	—	1		
ドイツ	6	—	1	4	1		
問題点	5	1	3	1	—	—	
中小企業研究	5	1	2	2	—	—	
地域経済	5	—	2		3		
市場	5		—		3	2	
英国	5	1	3	1	—	—	
場合	5	1	—	1	3		
スイス国際中小企業学会	5	2	2	—	1	—	—

れる。

　近年の中小企業の重要なキーワードの一つである「イノベーション」（出現数計6回）については，2000年代以降に出現するようになっており，昨今の産業分野のトレンドが顕著に表れている。

②　年代別分析（1970年代）
　1970年代においては，「中小企業」という単語が最も多く出現しており，この単語を中心に共起ネットワーク図が形成されている。特に，「社会主義国家」や「経済改革」,「特質」といった言葉で形成されるグループが示すように，東西冷戦下での社会主義体制に係る研究が特徴的である。出現数の都合上，この共起

ネットワーク図には表れていないが，「マルクス経済学」や「マルクシズム」と
いった単語もこの時期に出現している。
　また，「中小商業」や「小売商業」，「中小小売商」といった商業系の研究ととも
もに，「伝統的工芸品」や「産業」といったいわゆる伝統産業に関する研究も特
徴として表れている。その他，「スイス国際中小企業学会」も顕著に表れている。

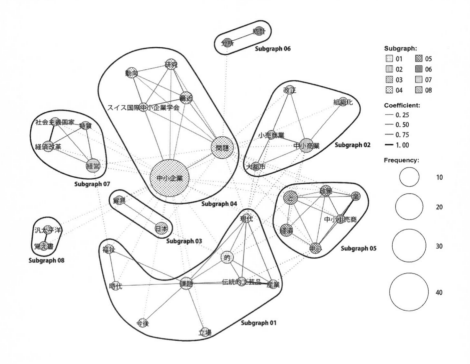

〈共起ネットワーク図とは〉
　共起ネットワーク図とは，出現パターンの似通った単語，すなわち共起の程
度が強い単語を線で結んだネットワークをいう。
〈共起ネットワーク図の作成ついて（補足）〉
　本分析ではKH Corderを利用し，最小出現数が2回以上の単語を抽出対象
としている。なお，共起ネットワーク図については，作業者の意図ができるだ

け入らないように，助詞等も含めて作成している。

〈共起ネットワーク図の凡例について〉

【Subgraph（サブグラフ）】

　Subgraph とは，比較的強くお互いに結びついている部分である。比較的強く結びついている部分を検出しグループ分け行い，その結果をグループ別に色分けして示している。

【Coefficient（コエフィシエント】

　Coefficient とは，共起の程度を示す係数（coefficient）であり，円と円を結ぶ線は共起の程度により異なる。共起の程度が強い部分ほど，より太く表記される。

【frequency（フレキュエンシー）】

　frequency とは，単語の出現頻度であり，頻度が多い単語ほどより大きな円で表記される。

③　年代別分析（1980 年代）

　1980 年代も同様に，「中小企業」という単語を中心に共起ネットワーク図が形成されているが，1970 年代よりも多様な単語が出現している。また，1970 年代と同様に「中小小売商」や「小売商業」といった商業系の単語が見られる一方で，「下請」や「下請企業」，「下請制」といった下請構造の実態や変化に関する研究も顕著に表れている。

　前述したように，1980 年代には，「アメリカ」や「西ドイツ」，「イタリア」，「フランス」といった単語が出現しており，海外を対象とする研究が特徴的となっている。出現数の都合上，この共起ネットワーク図には表れていないが，「ポーランド」や「フィリピン」，「日米」といった単語もこの時期に出現している。また，「国際比較」という海外研究を想起させる単語もこの時期に出現している。

　海外研究との関連では「円高」という単語もこの時期に出現している。なお，「円高」は「地場産業」や「下請」，「構造変化」といった単語とネットワークを形成しており，円高による下請取引や構造の変化に着目した研究が出現したものと推測される。また，人材の育成に係る視点や問題についても，この時期から出現するようになっている。

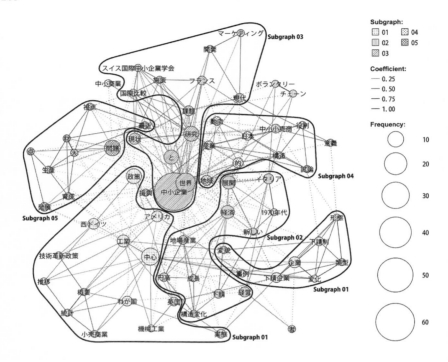

④ 年代別分析 (1990 年代)

　1990 年代も「中小企業」という単語を中心に共起ネットワーク図が形成されている。1980 年代までは「中小企業」と「政策」という 2 つの単語が離れていたが，1990 年には両者が非常に近い距離にあり，「政策」の出現数も増加している。また，「中小企業」の周辺には「理論」や「メカニズム」，「経営」，「工業集積」など多種多様な単語が出現しており，中小企業研究のテーマ的な広がりが生じたものと推測される。

　1990 年代も「中小小売業」や「小売業」，「卸売業」，「商店街」，「問屋」など商業系の単語は継続的に出現している。「商店街」については，1990 年代以降に出現するようになっている。また，「流通」や「流通政策」といった単語が新たに出現している。特に，「流通」については，「チャネル」や「システム」，「中小小売業」といった単語とネットワークを形成しており，商業系における流通経路

やシステムに着目した研究が出現したものと推測される。

　1990年代の特徴として，「自動車産業」や「自動車」，「自動車部品供給業」など自動車関連の単語が出現している。「自動車産業」については，「下請取引」や「下請」といった単語とネットワークを形成しており，自動車産業における取引構造に着目した研究が出現したものと推測される。また，1980年代に多く見られた海外研究を想起させる単語については，「ドイツ」や「アメリカ」，「英国」など1990年代に入ってからも継続して出現している。

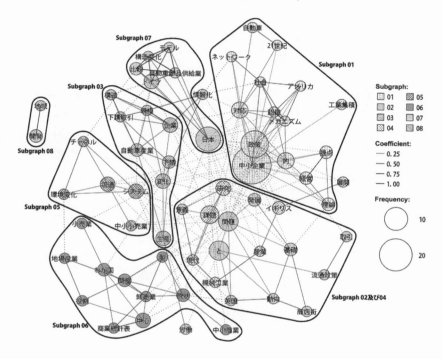

⑤　年代別分析（2000年代）

　2000年代も「中小企業」という単語を中心に共起ネットワーク図が形成されているが，商業系や自動車産業など具体的な産業分野を想起させるものはやや影を薄めた印象である。一方で，「地域」という単語とともに，「政策」や「産業」，「経済」，「集積」など，地域を軸に据えた研究が多く出現したものと推測される。

　2000年代では「事例」という単語も多く出現しており，事例研究への関心が高まってきたものと推測される。また，新たに出現した単語としては，「イノベーション」や「起業」などがある。また，出現数の都合上，この共起ネットワーク図には表れていないが，「アントレプレナー」や「ベンチャー企業」といった単語もこの時期から出現するようになっている。新たなビジネス創出や創業に関わる研究が出現するようになったものと推測される。

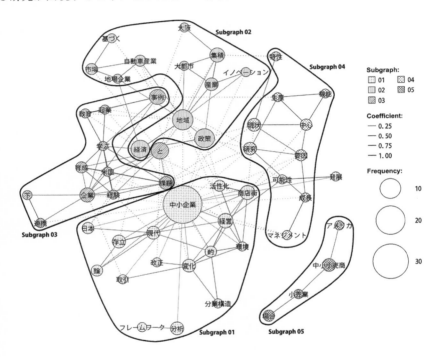

⑥　年代別分析（2010年代以降）

　2010年代以降も「中小企業」という単語を中心に，共起ネットワーク図が形成されている。これまでの年代と比べて，多種多様な単語が出現するようになっており，研究テーマの裾野が大きく広がっているものと推測される。2000年代と同様に，具体的な産業分野を想起させるものは影を薄めた印象であるが，「地域」や「地方」といった単語とともに，「山口県」や「岐阜」，「熊本」，「諏訪地域」

など，地方を対象とした研究が多く出現したものと推測される。

　また，2000 年代に出現した「イノベーション」や「起業」のみならず，「スタートアップ」といった単語も出現し，ビジネス創出や創業に関する研究は盛んに行われているものと推測される。また，出現数の都合上，この共起ネットワーク図には表れていないが，「女性起業家」や「女性創業者」といった単語も 2000 年代以降に出現している。

　2010 年代以降の特徴として，「中小企業」や「小規模事業者」という単語とともに，「事業承継」や「後継者育成」，「人材採用（登用）」など，企業の事業継続に関わる単語も出現するようになっている。特に，2010 年代以降に新たに出現した単語について，この共起ネットワーク図には表れていないが，「クラウドファンディング」や「ソーシャルイノベーション」，「ビッグデータ」といった近年のトレンドともいえる単語もこの時期に出現するようになっている。また，「海外

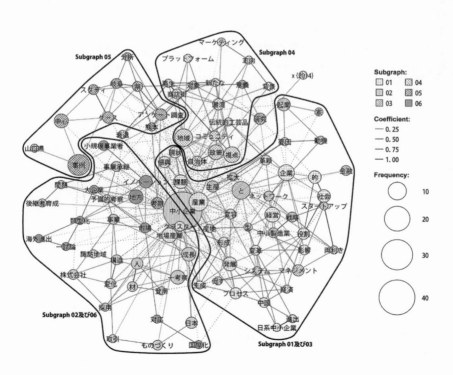

進出」という単語もこの時期に新たに出現しており，日系中小企業を対象とする海外進出に関する研究も出現したものと推測される。

2010 年代以降では「事例」や「一考察」，「ケーススタディ」，「一試論」といった単語が多く出現しており，事例研究への関心がより高まっているものと推測されることもあり，まさに研究内容が多様化してきている。

4. おわりに

これまで『中小企業季報』に掲載された論文のタイトルについて分析をしてきた。その結果，中小企業を取り巻く環境とその諸課題の変遷をデータとして示すことができたと考えている。中小企業問題は，日本経済の縮図とも言われており，軽々に解決するものでは無い。しかしながら，現場を理解し課題を示し，それに対応するための中小企業政策がさらに検討され，より高い効果と実効性のある政策が生まれることが望まれている。そうした政策を考える一助として『中小企業季報』が活用されることを強く望む次第である。本季報へご執筆していただいた先生方や日本中小企業学会をはじめとする関係各位に深く感謝申し上げる。

索　　引

［欧　文］

ADHD 起業家　　95
CSR　　15
CSR 活動　　1, 6, 8, 14
EBPM　　205
EDI（Electronic Data Interchange）
　　138
Global Entrepreneurship Monitor　　228
IT コーディネータ資格制度　　137
ZZP　　225

［あ　行］

アソシエーション論　　28
アディクション起業家　　94
アントレプレナーシープ
　　（entrepreneursheep）　　40, 42
アントレプレナーシップ　　90
アントレプレナーシップ現象　　35, 47
アントレプレネリング（entrepreneuring）
　　39
暗黙知　　13
異質多元性　　89
因果効果　　214
因果推論　　206
インターネット技術　　86
埋め込まれた紐帯　　106, 120
営利法人型 SPA　　120
エコノミックガーデニング　　188
オーストリア学派　　90

［か　行］

解放起業家　　98

解放としてのアントレプレナーシップ
　　39
過小過多　　75, 83
株仲間　　24, 25, 26, 28
革靴　　250
官民連携　　211
起業機会（entrepreneurial opportunity）
　　35, 39
企業規模　　60, 62, 65, 67
企業規模拡大　　60, 66, 68
企業内診断士　　149, 152, 158
企業内の経営課題　　173
企業の社会的責任　　174
企業誘致　　186
疑似企業体　　11, 14
木下川皮革産地　　241
機能主義のパラダイム　　34
規範の内面化　　173
規模拡大　　58, 59, 230
規模縮小　　230
規模の経済　　59, 60, 62
キャリア・アンカー　　150
休止者　　148, 155, 156
共生　　1
共生性　　8, 15
共生性から見た本質論　　5
競争的選抜　　210
業務独占資格　　151
国別行動計画　　167
クリエイター　　253
経営環境の改善　　173
経済学的市場取引　　106
経済的社会的制約条件　　82
形式知　　13
現象学的手法　　36, 44
現場　　33

工業組合法　78
公正な取引　175
高度情報通信ネットワーク社会形成基本法
　（以下 IT 基本法）　137
幸福感（well-being）　101
コーポレート・アントレプレナーシップ
　（Corporate Entrepreneurship）　38
コーポレート・ベンチャリング（Corporate
　Venturing）　38
個人事業主　223
コト消費　253

[さ　行]

サプライチェーンにおける取組　173
さむかわ次世代経営者研究会　197
寒川町　194
自営業者　75
市場の失敗　207
市場の不完全性　207
自治体中小企業政策　184
自発的中小企業ネットワーク　10, 11,
　14
資本装備率　61, 65
社会関係資本　105, 106, 122
社会政策時報　75
従業員満足　8
集合知　13
需要規模　60, 65
需要規模拡大　66, 67, 68
需要創造　65, 66
障がい者雇用　6
承継問題　75, 76
シリコンバレー型モデル　84
自律型下請企業　2
新「中小企業基本法」　82
人為的ネットワーク　105, 107, 122
新規開業　76
シンギュラリティ社会　91
人権デュー・ディリジェンス　168

人権デュー・ディリジェンスの促進
　173
人権を尊重する企業の責任　166
隙間　68
スタートアップ　207
スティグマ起業家　97
ステークホルダー　1
政策評価研究　216
成長　58, 68
成長戦略　58, 59
成長の経済性　65, 68
責任あるサプライチェーン　175
積極型中小企業論　4
攻めの IT 投資　141
戦略的 IT 投資アプローチ　141
戦略的アントレプレナーシップ　38
創業支援　186, 210
早期離学者　233
総合起業活動指数　228
相互扶助の精神　119, 120
創発　13
組織的取引　106
ソフトな支援　208
存立　61, 65, 68

[た　行]

ダークサイド　92
ダイバーシティ・マネジメント　8
正しいビジネス　173
タビオ　109, 118
地域ブランド　252
地方公共団体　212
地方自治体　218
地方分権化　218
中間集団　28
中間組織　27, 29
中間組織論　27, 28
中間団体　27
中間法人型 SPA　120, 122
中小企業基本法　80, 82, 205

中小企業共通 EDI　　139
中小企業政策　　205
中小企業存立論　　33
中小企業庁設置法　　79
中小企業ネットワーク　　10, 14
中小企業の組織　　19, 20, 21
中小企業本質論　　3
紐帯（つながり）　　106
低賃金労働　　174
デジタル社会形成基本法　　144
デジタルトランスフォーメーション
　　（DX）　　129
同業組合　　23, 24, 25, 26
同業組合制度　　78
富の創造　　100
取引の適正化　　176

[な　行]

鞣し製造業　　249
鳴門市　　192
日用消費財　　242
人間尊重の経営　　173
眠れる（埋もれる）資産（資源）　　149,
　　156, 160

[は　行]

パーソン・イン・コミュニティ　　45
パートナーシップ構築宣言　　176
バーンアウト起業家　　93
発展性議論　　4
反実仮想　　214
皮革関連産業　　241
ビジネスシステム　　107, 108, 118
ビジネスと人権に関する指導原則　　165

費用対効果アプローチ　　141
貧困解決起業家　　99
複眼的中小企業論　　4
副業　　153, 159, 160
藤枝市　　190
豚革　　245
豚原皮　　245
ブライトサイド　　91
部落産業　　242
フリーランス　　223
プロコン　　152
プロフェッショナル人材　　157, 158
プロフェッショナル人材事業　　157, 159
「平均的な」企業家　　37
ベンチャー企業　　81, 83, 84, 87
補助金　　210

[ま　行]

守りの IT 投資　　141
マルチレベルの研究デザイン　　47
無形資産　　242
名称独占資格　　151
問題性型中小企業本質論　　3

[や　行]

ユニコーン（一角獣）　　92

[ら　行]

ライフ・コース　　37, 43
ライフサイクル　　76
利他起業家　　96
労働生産性　　59, 60, 63, 229

執筆者一覧 (※執筆順)

梅村　　仁　　大阪経済大学　経済学部　教授 ……………… 巻頭言，第11章，補論
池田　　潔　　大阪商業大学　総合経営学部　教授 ……………………………… 第1章
桑原　武志　　大阪経済大学　経済学部　教授 ………………………………… 第2章
関　　智宏　　同志社大学　商学部　教授 ……………………………………… 第3章
髙橋　美樹　　慶應義塾大学　商学部　教授 …………………………………… 第4章
寺岡　　寛　　中京大学　経営学部　教授 ……………………………………… 第5章
江島　由裕　　大阪経済大学　経営学部　教授 ………………………………… 第6章
太田　一樹　　大阪商業大学　総合経営学部　教授 …………………………… 第7章
岡田　浩一　　明治大学　経営学部　教授 ……………………………………… 第8章
遠原　智文　　大阪経済大学　経営学部　教授 ………………………………… 第9章
渡辺　俊三　　名城大学　名誉教授 …………………………………………… 第10章
岡室　博之　　一橋大学　大学院経済学研究科　教授 ………………………… 第12章
堀　　　潔　　桜美林大学　リベラルアーツ学群　教授 ……………………… 第13章
山本俊一郎　　大阪経済大学　経済学部　教授 ………………………………… 第14章

2022年3月1日　発行

『中小企業季報』第200号記念論文集
深化する中小企業研究
—中小企業研究を本質論、経営的、政策的側面から捉える—

　　　　　編　　集　　大阪経済大学中小企業・経営研究所
　　　　　　　　　　　『中小企業季報』200号記念企画委員会
　　　　　企画委員　　梅村　仁，大塚好晴，野田勝子，
　　　　　　　　　　　後藤健冶，小笠原洋子
　　　　　発 行 者　　脇　坂　康　弘

発行所　株式会社 同友館　　　　　〒113-0033 東京都文京区本郷3-38-1
　　　　　　　　　　　　　　　　　TEL. 03(3813)3966
　　　　　　　　　　　　　　　　　FAX. 03(3818)2774
　　　　　　　　　　　　　　　　　https://www.doyukan.co.jp/

落丁・乱丁はお取り替えいたします。　　　　三美印刷／東京美術紙工
ISBN 978-4-496-05597-3　　　　　　　　　　Printed in Japan